广府人联谊总会　广东省广府人珠玑巷后裔海外联谊会　广东人民出版社　合编

廣府文庫
The Canton Archives

# 广府民系

司徒尚纪 著

南方传媒
广东人民出版社
· 广州 ·

**图书在版编目（CIP）数据**

广府民系 / 司徒尚纪著 . — 广州：广东人民出版社，2023.11
（广府文库）
ISBN 978-7-218-16816-6

Ⅰ.①广⋯　Ⅱ.①司⋯　Ⅲ.①民族历史—研究—广州　Ⅳ.①K280.65

中国国家版本馆 CIP 数据核字（2023）第 151218 号

Guangfu Minxi

# 广府民系

司徒尚纪　著

出 版 人：肖风华

丛书策划：夏素玲

责任编辑：易建鹏

封面设计：亦可文化

版式设计：广州六宇文化传播有限公司
　　　　　Guangzhou Liuyu Culture Communication Co., Ltd.

责任技编：吴彦斌　周星奎

出版发行：广东人民出版社

地　　址：广州市越秀区大沙头四马路 10 号（邮政编码：510199）

电　　话：（020）85716809（总编室）

传　　真：（020）83289585

网　　址：http://www.gdpph.com

印　　刷：广州市豪威彩色印务有限公司

开　　本：787mm×1092mm　1/16

印　　张：18.25　　字　　数：253 千

版　　次：2023 年 11 月第 1 版

印　　次：2023 年 11 月第 1 次印刷

定　　价：98.00 元

如发现印装质量问题，影响阅读，请与出版社（020-85716849）联系调换。
售书热线：020-87716172

# 总　序

　　广府文化，一般是指以珠江三角洲为中心的粤中，以及粤西、粤西南和粤北、桂东的部分地区使用粤语的汉族住民的文化，是从属于岭南文化范畴的中华文化重要组成部分。

　　先秦时期已有不少游民越五岭南下定居；秦朝大军征服南越后，不少秦兵留居岭南，成家立业，可以说是早期的南下移民；唐代以降，历代中原一带战乱频仍，百姓不远万里，相率穿越梅岭，经珠玑巷南下避难。这些早期的南下移民和其后因战乱而南来的流民分散各地，落地生根，开基创业。其中在珠江三角洲一带与原住民融洽相处、繁衍生息的，也就逐渐形成具有相同文化元素的广大族群，他们共同认可和传承的文化便成为多元的、别具一格的广府文化。

　　广府文化可圈可点的形态和现象繁多，若从中华民族发展的历史来看，广府核心地区最大贡献应该在于历代的中外交往，这种频密的交往，使近代"广府"成为西方先进事物传入中国、中国人向西寻求救国真理的窗口。西方文化是广府文化得以不断丰富和发展的重要来源，也成就了广府文化的鲜明特色。广府核心地区是中国民主革命的发源地。在近代以后，广府人与中国民主革命的关系特别密切。广府文化是中国民主革命发源于广东、广东长期成为中国民主革命中心地区的重要基础，而革命文化又成为广府文化最为耀目的亮点之一。孙中山和他的亲密战友们的著作、思想，以及康梁的维新思想从广义看来也应属民主革命思想范畴，他们的思想形成于广府地区，同样是讨论广府文化应予重视的内容。近代广州，是马克思主义早期传播的重要地区，又是中国共产党早期活动的重要舞台，可见广府文化与红色文化一直存在着千丝万缕的特殊关系。

上述数端，都是讨论广府文化时应予优先着眼的重中之重。

广府文化中的农耕文化也很值得称道。广府农耕文化是广府人的先祖为后人留下的一笔具有重大价值的遗产。曾经在珠江三角洲，特别是顺德、南海一带生活过的上了年纪的广府人，大都应该记得自己少小时代家乡那温馨旖旎的田园风光吧？昔日顺德、南海一带，溪流交织如网，仰望丽日蓝天，放眼绿意盈畴，到处是桑基、鱼塘、蕉林、蔗地。人与大自然的和谐相处，在这片平展展的冲积平原上表现得再鲜明不过了。从前人们在这里利用洼地开水塘，养家鱼；在鱼塘边种桑，用桑叶饲蚕；又把经过与鱼粪混凝的塘泥，戽上塘边的桑基作肥料培育桑枝，成熟的桑叶又成为蚕儿的食粮。真是绝妙的废弃物循环再利用！从挖塘养鱼到肥鱼上市；还有桑葚飘香、蚕茧缫丝的整个过程，就是一堂生动而明了不过的农耕文化课。那是先祖给子孙们一代复一代上的传统农耕文化课，教育子子孙孙应当顺应物质能量循环的规律进行生产。这千百年来不知道曾为多少农家受益的一课，如今已在时代进程中，在都市文化和时尚文化的冲击、同化与喧嚣中逐渐淡化以至消隐了，但先祖那份遗产的珍贵内涵，还是值得稳稳留住的，因为"人与自然的和谐相处"，永远是我们必须尊重、敬畏和肃然以对的课题。

广府人，广府事，古往今来值得大书特书者不知凡几！

广府人的先民来自以中原为主的四面八方，移民文化与原住民文化日渐相融，自然形成了异彩纷呈的多元性文化。例如深受广府地区广大观众喜爱的粤剧，就是显著的一例。据专家考究，粤剧是受到汉剧、徽剧以及弋阳腔、秦腔的影响而成为独具特色的剧种的。孕育于辛亥革命前后的广东音乐（亦称粤乐）也是突出的一例。这种源于番禺沙湾，音调铿锵、节奏明快的民族民间乐曲，也是历史上来自中原的外来音乐文化与广府本土音乐文化相结合，其后又掺入了若干西洋乐器如提琴、萨克斯管（昔士风）等逐渐衍变和发展而成的音乐奇葩。

在教育和学术领域方面，历史上的广府也属兴盛之区，宋代广府即有书院之设；到了明代，更是书院林立，成效卓著。书院文化也堪称广府文化中炫目的亮点。湛若水、方献夫、霍韬等分别在南海西樵山设立大科、石泉、四峰、云谷四大书院讲学，使西樵山吸引了各地名儒，一时成为全国瞩目的理学名山，大大提升了岭南文化品位的高度。到了明神宗时期，内阁首辅张居正厉行变法革新运动，民办书院一度备受打压。其后，也因民办书院的办学宗旨和教学方针并非以统治者的意志为皈依，故仍常被官府斥为异端，频遭打压，但民间创办书院的热情依旧薪火相传。清乾隆五十四年（1789），南海西樵名士岑怀瑾于西樵山白云洞内的应潮湖、鉴湖、会龙湖之间倡办的三湖书院，名声远播、成效甚著，可见当时民办书院的强大生命力未因屡遭打压而衰颓。康有为、詹天佑、中国近代民族工业的先驱陈启沅、美术大师黄君璧与有"岭南第一才女"美誉的著名诗人、学者冼玉清都是从三湖书院出来的名家。

清代两广总督阮元在广州越秀山创办学海堂书院，其后朝廷重臣、洋务运动的重要代表人物张之洞，又设广雅书院于广州，这两所书院引进了若干西方的教育理念，培育了一批新式人才，在岭南教育事业从旧学制到新学制转型的过程中起了不容低估的积极作用。这都是很值得予以论述的。

广府在史上商业发达，由于广州曾长期作为中国唯一合法的对外贸易口岸，因而商贸繁盛，经济发达。十三行独揽中国对外贸易法定特权达 85 年之久。十三行商人曾与两淮盐商和山陕商帮合称中国最富有的三大集团。如此丰厚的商贸沃土，孕育出许多民族企业家先驱和精英，也就是顺理成章的了。马应彪、简照南、利希慎、何贤、马万祺、何鸿燊、霍英东、郑裕彤、李兆基、吕志和等，就是其中声誉卓著的代表人物；在改革开放大潮中涌现的英杰奇才，更是不胜枚举。广府籍的富商巨贾和华侨俊杰，在改革开放的伟业中表现出来的爱国热忱、赤子情怀感人至深。他们纷纷以衷心而热切的行动，表现对改革开放的拥护和支持，为祖国的各项社会主义建设事业不惜投巨资、出大力，作出了有目共睹的巨大贡献。

广府地区在文学艺术方面也是英才辈出，清初"岭南三大家"屈大均、陈恭尹、梁佩兰享誉全国；近人薛觉先、马师曾、千里驹、白驹荣、红线女等在粤剧界各领风骚；高剑父、高奇峰、陈树人高举"岭南画派"的大旗，为岭南绘画艺术的创新和发展另辟蹊径；冼星海的组曲《黄河大合唱》，以其慷慨激昂的最强音，气势磅礴，有如澎湃怒涛，大长数亿中国人民的志气和威风，鼓舞不愿做奴隶的人们敌忾同仇，在抗日战争中横眉怒目，跃马横刀，终于使入侵的暴敌丢盔弃甲，俯伏乞降……中国的近现代史，不知洒落过几许广府人的血泪！百年之前，外有列强的迫害和掠夺，内有反动统治者的欺压和凌虐。正是那许多苦难和屈辱，催生了广府人面对丑恶势力拍案而起的勇气，他们纵然处于弱势，仍能给予暴敌以沉重打击的悲壮史实，足以使人为之泫然。清咸丰年间，以扮演"二花面"为专业的粤剧演员鹤山人李文茂，响应洪秀全号召，率众高举反清义旗，占领三水、肇庆，入广西，陷梧州，攻取浔州府，改浔州为秀京，建大成国；再夺柳州，称平靖王。19世纪中叶那两场以鸦片为名的战争，向侵略者认输的只是大清朝廷龙座上的道光皇帝和咸丰皇帝；而让暴敌饱尝血的教训的，却是虎门要塞的兵勇和三元里的农家弟兄。他们以轰鸣的火炮、原始的剑戟以至锄头草刀，把驾舰前来劫掠的强盗们打得落花流水。1932年，十九路军总指挥东莞蒋光鼐、十九军军长罗定蔡廷锴，率领南粤子弟兵，与入侵淞沪的日军浴血苦战，以弱胜强，以少胜多。那撼人心魄的淞沪抗日之战，不知振奋过多少中国人民！在强敌跟前，不自惭形秽，不自卑力弱，真可谓广府人可贵的传统风格。试想想，小小一名舞台上的"二花面"，居然敢于揭竿而起，横眉怒目，与大清帝国皇帝及其千军万马真刀真枪对着干，那是何等气概！何等胸襟！何等情怀！

那许多光辉的广府人和广府事，真足以彪炳千秋，自应将之铭留于青史，以敬先贤，以励来者。

岭南文化的典型风格是开放、务实、兼容、进取；广府民系的典型民风是慎终追远、开拓奋斗、包容共济、敢为天下先。这都是作为广府人应该崇尚和发扬的光荣传统。为何广东成为民主革命的策源地？为何广东在改革开放大潮中成了先行一步的排头兵？为何经济特区的建立首选在南海之滨……这些都可以从上面的概述中得到合理的解释。

以上只不过是信手拈来的三数显例而已，广府文化万紫千红，郁郁葱葱。说工艺园林也好，说民俗风情也好，以至说建筑、说饮食、说名山丽水……都言之不尽，诉之不竭。流连其间，恍如置身于瑰丽庄严的殿堂。那岂止是身心的享受，同时还仿佛感受到前贤先烈们浩然之气渗入胸襟，情怀为之激越无已。

广府！秀美而又端庄的广府！妩媚而又刚毅的广府！历经劫难而又振奋如昔的广府！往事越千年，这里不知诞生过几许英杰，孕育过几许豪贤！在她的山水之间，也不知演出过几许震古烁今的英雄故事！我们无限敬爱的先人，在这四季飘香的热土上所创造的精神财富和物质财富，其丰硕繁赡是难以形容和无法统计的。那一切，都是无价之宝啊！要不将之永远妥善保存和传承下来，那至少是对广府光辉历史的无视和对先祖的不恭。

基于此，广府人联谊会与广东人民出版社决定联合出版《广府文库》丛书，用以保存和传承老祖宗所恩赐的诸多珍贵遗产。我们将之作为自己肩上的光荣责任和必须切实完成的庄严使命。

《广府文库》的出版宗旨，在于传承和弘扬广府文化、广府民系的正能量，力求成为一套既属文化积累，又属文化拓展，既有专业论著，又能深入浅出、寓学术于娓娓言谈之中的出版物，高度概括和总结具有悠久历史的广府民系风貌和广府文化精粹，传而承之，弘而扬之，使之在社会主义建设，在中华民族的伟大复兴过程中起应有的积极作用。选题范围涵盖有关广府地域的各方面；出版学术界研究广府文化的高水平专著，以及受广大读者欢迎的有关普及读物；同时兼顾若干经典文献和民间文献的出版，使之逐步累积成为广府文化研究不可或缺的知识库和资料库，以"整理、传承、研究、创新"为基本编辑方针。《广府文库》内容的时间跨度无上下限。全套丛书计划出版 100 种左右，推出一批具有较高学术价值的原创性论著，以推动广府文化学术研究的创新性发展。内容避免重复前人研究成果、与前人重复的选题，要求后来居上，做到"借鉴不照搬，挖掘要创新"。选取广府文化史最为经典、最具代表性的部分，从具体而微的切入口纵深挖掘，写细写透，从而凸显广府精神的内核和广府文化的神髓，积跬致远，逐步成为广受欢迎和名副其实的文化宝库。

2021 年 12 月

# 目 录

# 前　言

　　广府民系，是分布在我国岭南和海外一个人数众多的族群，在我国汉族民系版图上居重要地位。这个族群对开发建设岭南和侨居地，推动中国历史前进，特别是改革开放以来，对建设中国特色社会主义作出巨大贡献，应予热情讴歌。但细检已有关于广府民系的著作，除了涉及其语言、风俗、饮食、娱乐、工艺、社会生活的单篇论著和若干读物以外，专论广府民系的学术专著仍付阙如。这与这个民系悠久的历史、深厚的文化，近代以来对中华民族发展、对中国革命和社会主义建设的巨大贡献是很不相称的。实应通过专门研究，追溯这个民系的来源，梳理其历史演变过程，总结在适应、改变自然和发展中取得的成就和进步，取得的历史教训和启示等。扩大一点，在岭南四大民系中，对客家民系研究历史早，成果丰硕；潮汕民系研究后来居上，成绩粲然可观；雷州民系概念提出较晚，但相关研究成果竞相接踵。广府民系作为岭南最大一个族群，较之以上民系的文化人类学研究显得比较单薄，未达到应有的程度。基于此，笔者希望通过这项专业工程，为广府民系研究添砖加瓦，但能否达到目的，只有由学界同仁和广大读者作出判断。

民系或族群概念在学界尚有未完全一致认识，在这里姑且援用斯大林20世纪初关于民族划分的标准作为民系标准，因为民系是民族一部分。斯大林1913年在《马克思主义与民族问题》一文中指出，民族是由具共同的语言、共同的地域、共同的经济生活、共同的心理特征的成员组成的共同体。斯大林对民族的这一论述，长期成为学界和民族工作的指南。20世纪30年代，中山大学历史系教授、我国客家学研究的先驱罗香林先生创立了民系的学术概念。按照罗氏意见，民系是指民族中的分支。本书重点在民系四个方面共同体的论述和介绍，以期在纵横结合的维度上阐述广府民系产生的地理基础、形成演变的历史过程，构成民系共同的语言、地域、经济生活和心理特征等特点、发展规律，以及它们相互整合形成的广府民系整体特点和风貌，并提供相应的景观剖面。

广府民系遍及两广、港澳和海外，人数庞大，呈大集中小分散分布格局，是岭南占地和人数最多的民系，形成历史久远，人类活动复杂多样，文明发生早且成果灿烂辉煌，在中国文明史上占有举足轻重地位，在当代建设中国特色社会主义进程中，更是一个生气勃勃、极富创新精神的族群，发展前景必然是辉煌灿烂、无可限量。面对这样一个民系，笔者虽力图寻找、表达它的发展规律、特点和亮点，但由于理论修养欠充、知识有限、经验浅薄，相信拙著存在问题、可议之处定当不少，祈望读者批评指正，使之至臻完善，是所欣幸。

在拙著写作和出版过程中，得到广东人民出版社《广府文库》第一辑主编、作家、诗人岑桑先生，广东人民出版社原社长陈海烈先生，《广府文库》编辑部夏素玲主任、易建鹏先生的大力支持和帮助，在此一并致感谢之忱。

司徒尚纪

2023 年 9 月 26 日

于中山大学望江斋

# 第一章 民系的理论诠释

## 第一节 民系定义

### 一、斯大林关于民族的论述

民系问题研究见仁见智，且与民族问题联系在一起，故有学者认为，应参考民族概念来划分民系。对于民族概念，虽也有争议，但斯大林早期关于民族的论述和界定，至今仍为学界所认同，并广泛用于民族划分。1913年斯大林在《马克思主义与民族问题》中指出："民族首先是一个共同体，是由人们组成的确定的共同体。"这个共同体有四个特征：一是共同的语言，二是共同的地域，三是共同的经济生活，四是共同的心理特征。

这四者的关系，斯大林强调："必须着重指出，把上述任何一个特征单独拿来作为民族的定义都是不够的。不仅如此，这些特征只要缺少一个，民族就不成其为民族"，"只有一切特征都具备时才算是一个民族"。①

我国在民族识别工作中，在斯大林这四条标准之外，另加上"自我认同"原则。群体的自我意识、自我认同，也就是文化自

---

① 中国社会科学院民族研究所编：《斯大林论民族问题》，民族出版社，1990年，第26—29页。

觉的程度及彼此间的差异，同样是民族划分的原则之一。20 世纪 50 年代初，我国开展大规模民族识别，经过 20 多年的工作，最后确定全国有 56 个民族。在这一过程中，有些人群按以上标准可以成为一个独立民族，但这些人群并不自我认为是一个民族，最后也不能划分为一个独立民族。如我国东南沿海的疍民，1950 年曾被认为是一个少数民族，但 1955 年民族识别时又不认定为一个少数民族，而是汉族一部分。疍民自己也不认同是一个少数民族，故于今疍民仍是汉族一部分，这说明"自我认同"仍是民族或民系界定必须遵循的一个原则。

## 二、罗香林关于民系的论述

民系为中山大学历史系教授、我国客家学研究先驱罗香林 20 世纪 30 年代创立的学术概念。按罗氏的意见，民系是指民族中各个支派。一个庞大的民族，在其历史发展的长河中，随着环境和时代的变迁而逐渐分化出不同派系和略有分别的民系。民系的乱离迁徙，途径不同，栖止殊异，到达目的地以后，容易受当地环境的影响，原有属性便发生变化，结果便是民系的形成。[①]

民系这个概念放在特定的历史过程和特定的地理环境的综合作用中加以考察，颇有见解，也符合民系形成的实际。但基于罗氏所处那个时代，学术研究未精，故其对民系划分原则尚未具体化，实际上很难操作。近年，民系研究蔚为时尚、成就斐然。有学者提出，民系的形成，应参考如下原则：一是，在某一时空背景下，生活着一支稳定的居民共同体，其数量一般不低于同一时

---

① 罗香林：《民族与民族的研究》，《中山大学文史学研究所月刊》1932 年第 1 期。

空背景下的土著居民。二是，这一居民共同体须形成独特的心理特征、文化范式及自我认同意识。三是，这一居民共同体须形成一种有别于周边的方言系统。[①]这些原则可操作性强，可用于关于广府民系问题的探讨。

## 三、族群诸说

民系现在又称族群，20 世纪 90 年代作为西方人类学概念被介绍到中国，曾在人类学、民族学界引起强烈的反响。有的学者不主张使用这个概念，但多数学者认为族群概念有利于人类学和民族学的深入研究。在一定意义上说，族群概念的引入和使用，为中国人类学和民族学的研究开辟了一个宽广的天地。

在关于族群的众多概念中，挪威学者弗雷德里克·巴斯的认识是较科学合理的。他认为，族群作为一种由文化孕育出来的单位和组织类型，指的是这样一个人群：（1）生物上具有极强的自我延续性；（2）共享基本的文化价值，实现文化形式公开的统一；（3）组成交流和互动的领域；（4）具有自我认同和被他人认同的成员资格。[②]

另一位西方人类学者纳森·格雷泽则认为，族群是指在一个较大的文化和社会体系中具有自身文化特质的一种群体，其中最显著的特质就是这一群体的宗教、语言的特征，以及其成员或祖先所具有的体质的、民族的、地理的起源。[③]

---

① 王东：《论客家民系之形成》，谢剑、郑赤琰主编：《国际客家学研讨会论文集》，香港中文大学香港亚太研究所海外华人研究社，1994 年，第 37 页。

② 徐杰舜主编：《族群与族群文化》，黑龙江人民出版社，2006 年，第 43 页。

③ 转见周大鸣、吕俊彪编著：《珠江流域的族群与区域文化研究》，中山大学出版社，2007 年，第 2—3 页。

西方学者对族群的界定和理解，一是生物的，即体质上的共同性；二是文化上的共同特质；三是社会的自我认同或被认同。这三者的集合体或共同体，方才成为一个族群。

中山大学孙九霞教授认为，族群可以等同于民族，也可以指民族的下位集团"民系"。她给族群下定义为："在较大的社会文化体系中，由于客观上具有共同的渊源和文化，因此主观上自我认同并被其他群体所区分的一群人，即称为族群。其中共同的渊源是指世系、血统、体质的相似；共同的文化指相似的语言、宗教、习俗等。这两方面都是客观的标准，族外人对他们的区分，一般是通过这些标准确定的。"[①]

## 第二节　民系与区域文化

### 一、区域文化是民系存在和划分的依据

民系是民族的一部分，而共同文化是划分民族的一个重要依据。但民族又离不开血统，例如汉族，其血统就受古汉人、鞑靼人、东胡人、古越人等影响，他们体质上有明显差异，故今日汉人相貌各地都有所不同。但共同文化比共同血统对民族界定更有决定性的意义。陈寅恪先生曾指出：区别胡人还是汉人，看文化而不是看种族，认同汉文化的是汉人，否则就是胡人。[②]对民族如此，对民系也应不例外，仍以文化差异作为主要根据之一。因为民系比民族区分更细、更具体，地域性也更鲜明，故与地域文化的关

---

① 徐杰舜：《族群与族群文化》，黑龙江人民出版社，2006年，第75页。
② 万绳楠整理：《陈寅恪魏晋南北朝史讲演录》，黄山书社，1987年，前言第2页。

系也更紧密。如果说一个民族可以散布在多个省份，那么民系分布则以地域集中为主要特征，民系与地域的文化关系也更不可分割。岭南汉人划分的几大民系，都有地域集中分布特点，文化个性皆以所在地理环境为转移。如客家人山居，耕梯田，重教育，讲客家话；广府人从事水田稻作，重商，讲广州话（俗称"白话"）；潮汕人临海，耕海，也重商，讲潮汕话；雷州人临海，耕稻作、旱作、热作，也以海为商，讲的是属于闽南语系的雷州话。这四大民系都在特定环境下，在各自历史演进中形成、发展文化个性。

## 二、一体两面：民系与区域文化

民系和区域文化，犹如一个物体的两面，难以截然划分主次。区域文化的存在，离不开特定空间，也即某一个地理单元，包括行政区、自然区、文化区等。它们性质可以不一样，等级可以不同，但都可以成为某种文化赖以存在的空间形式。例如湖南以南北走向的雪峰山为界分为湘东和湘西两大区域：湘东由湘江、资江流域组成；湘西由沅江、澧水流域组成。按语言和风俗差异，湖南分为湘资文化区和沅澧文化区，前者使用湘方言，后者使用官话为主，文化区域差异很清楚。[①]虽然至今没有将这两个文化区划分相应民系，但作为文化载体，这两个文化区实际上可分别视为湘东和湘西民系，以湘东、湘西两大地理区域为依托，展现湖南区域文化和湖南人的文化。

区域文化的存在也离不开特定群体，包括汉族、少数民族，都属于某一种文化所依附的载体。市民和农民是两个人群，以城

---

① 张步天：《中国历史文化地理》，湖南教育出版社，1993年，第120页。

乡为地域单元，即城乡二元结构，表示两种文化类型、特质和景观。如马克思指出的："城市已经表明了人口、生产工具、资本、享受和需求的集中这个事实；而在乡村则是完全相反的情况：隔绝和分散。"[1] 显见，城乡二元结构差异实质上也是城市文化和乡村文化的差异，市民和农民依托城乡而存在，两者形成共生共存的经济和文化关系。说到底，市民和农民最大和最根本的不同，是文化的差异。

## 三、民系和区域文化统一于区域

民系和区域文化都要统一到区域，归结于区域，形成两者不可分割的文化区。通常说的文化区，包括文化景观、文化区域和文化中心。例如粤港澳大湾区，实际上就是一个文化区，由粤港澳三地各种文化景观（建筑、方言、风俗、宗教、文艺、价值观等）、文化区域（基塘农业区、粤语区、粤菜区、妈祖崇拜区等）和文化中心（广州、香港、澳门）综合而成。[2] 但不管文化景观、文化区域，还是文化中心，都属于一个或多个民系的人群，这个人群即为文化区的主体，往往成为文化区冠名的前缀。如粤港澳大湾区的区域文化，主要为广府人创造，也包括一部分其他民系人群，但大湾区主流文化仍是广府文化，所以实际上是广府文化加上广府民系构建了这个文化区。如此类推，潮汕文化区、客家文化区、雷州文化区等，同样由潮汕文化、客家文化、雷州文化等加上潮汕人、客家人、雷州人等民系所构成。可见文化和民系之间的有机联系都归结到文化区上来，并以此作为认识、发展区

[1]《马克思恩格斯全集》第一卷，人民出版社，2012年，第184页。
[2] 许桂灵：《中国泛珠三角区域的历史地理回归》，科学出版社，2006年，第185页。

域文化，提高民系文化素质，发展区域社会经济的基础。当今建设粤港澳大湾区，也需粤港澳大湾区各民系提供文化支持。

## 第三节　民系和文化的共存关系

### 一、广府地域概念

"广府"一词通常指使用广府话的族群或民系，可视为"广府人""广府民系""广府族群"的简称。但在实际上，"广府"一词有本义和泛义之别，有着丰富内涵与外延，涉及政区建置、民系、方言、地名、汉译等区域文化、空间布局众多方面。

"府"在岭南之设置，最早可追溯到南北朝时期的都督府。南朝都督府设在军事要冲，管辖若干州县的军政、民政，但不是一级政区，且未在全国普遍推广。隋代在州、郡之上设军政合一的总管府，情况与南朝都督府差不多。只到唐代，广府才完全成为一级政区称谓。

广府首先是一个政区称谓，源于唐代在岭南设置广州都督府（简称"广府"）。唐王朝于武德四年（621）统一岭南，除了在全国实行州县二级政制，另在边地要塞地区设置都督府。都督府地位在州县之上，可兼管邻近各州，带有监察性质。广州都督府共辖 22 州，辖境包括今广东绝大部分地区和海南。岭南五个都督府，除广州为中都督府以外，其余四个皆为下都督府。贞观年间，唐太宗分全国为十道。其中岭南道辖今两广及越南北部。岭南道治广州，与广州都督府同治一地，更强化了广州政治中枢地位。永徽（650—655）之后，岭南五府皆隶于岭南道，由广府都督统摄，长官称经略使。至唐肃宗至德元年（756）升广府经略使为岭南道节度使。广州都督府一直沿袭到南汉。南汉乾亨元年（917），开国之主刘岩改广州都督府为兴王府。自此广州都督府才结束其建置，但由此简化而来"广府"一称却使用至今。

"广府"一词，"府"作为政区建置，并无歧义，唯"广"字之义，有三种说法。一为"广信说"。据道光《广东通志》，广之为名，来于汉交州广信县。三国时交广分治，吴国置广州，州治由广信（今封开、梧州一带）迁番禺，是以名广州。二为黄族说。据徐松石《泰族·僮族·粤族考》，谓"广之为名，最早见于《山海经·海内经》："西南黑水之间，有都广之野……爰有膏菽……百谷自生，冬夏播琴"。此中'都广'泛指华南和西南地区"。徐氏指出，岭南广字地名最初见于此。后来，汉朝在今广西立广郁县和广信县，这就是三国时广州立名的根据。广字的土音原义，只是黄色罢了。[1] 即广州地区是古越族一支黄族居地（另为黑、白、红族），后用于广州政区名称。此说从民族、语言、地名考古出发得出结论，鲜为人知晓，但有一定依据。三为五岭说。民国莫一庸《广西地理》认为，"广"因五岭而来。因山之南北叫广，山之东西叫袤，广州在五岭之南，故名。[2]

广州作为政区专名自三国以后一直沿用至今，唯政区通名有别。如隋唐宋称广州，元称广州路，明清称广州府，民国至今称广州市。而"广府"一称自唐确定以后，使用至今。有人根据《明史·地理志》"广州府，元广州路，属广东道宣慰司，洪武元年为府"，以"广府"为广州府简称。这虽然也是广府来源一说，但比唐代广州都督府简称广府要晚了700多年。不仅如此，因广府使用涉及多个领域，如广府话、广府人、广府民系、广府地区、

---

① 徐松石：《徐松石民族学研究著作五种》，广东人民出版社，1993年，第465页。
② 转见叶地编著：《广东地名探源》，广东省地图出版社，1986年，第1页。

广府菜、广府（州）帮等，追溯它们历史渊源，便存在时间不对应等问题，故此说不及唐代广府来源一说符合历史实际、覆盖面广、使用方便。

广州自西汉以来即与海外通商，三国时期成为海上丝绸之路一个始发港。唐代，广州发展为世界性贸易港。中西交通史专家张星烺作过统计，唐代每日到广州的外舶约 11 艘，一年约 4000 艘，设每艘船载客 200 人，一年登陆广州者多达 80 万人次。[①]阿拉伯商人苏莱曼说，广州是"商船所停集的港口，也是中国商贸和阿拉伯商货所荟萃的地方"，"中国商埠为阿拉伯商人所麇集者，曰广府，其处有回教牧师一人，教堂一所"[②]。唐末，黄巢"开始向广府进发……广府居民起来抵抗黄巢"[③]。可见，唐代外国人已使用"广府"作为广州代称，这显然与广州都督府建置密切相关。

粤方言是我国汉语七大方言之一，又称"广州话""广府话"，广东省内称为"白话"，外省人往往称为"粤语"。何时开始使用"粤语"这个称谓，虽难定于一尊，但从粤语基本上形成于唐代，与"广府"一称出现于同一时期来看，两者有不可分割的联系。

按语言学家李新魁意见，"唐代是粤方言日趋成熟的历史时期"，"唐宋之时，粤方言已经形成为一支与中原汉语或北方话很有差异的方言，它的面貌，已经距现代的粤语不远。唐宋时人，已经感觉到粤方言与北方方言的巨大差异。这就意味着粤方言已经从北方的中原汉语分化出来而成为一支重要的方言，它已经'自

---

① 张星烺等：《中西交通史料汇编》第二册，中华书局，1977 年，第 204 页。
② 苏莱曼：《东游记》，转见陈代光：《广州城市发展史》，暨南大学出版社，1996 年，第 259 页。
③ 穆根来等译：《中国印度见闻录》，中华书局，1983 年，第 96 页。

立门户'了"。广州是粤方言使用中心，据史书记载，唐时广州城人口约 30 万人，而流动人口竟达 80 万人，外来的蕃人至少有12 万人。[①]唐代广州有这样一个庞大人口群体，主要使用广州方言，则这种方言冠名，离不开地方建置。按方言通常以地方命名的习惯，则粤方言称广府话也应在唐代开始。只是至今尚未找到这个称谓最早来源。

## 二、广府民系概念

"民系"一词最早出现于 20 世纪 30 年代。如果按照民系一词出现时间，则广府民系一称还不到 100 年历史。

然而，广府民系作为一种历史存在，可上溯到唐代。自东晋南朝以来，迁居岭南的中原和江东汉族人口不断增加，到唐代以粤语成为一种独立方言为标志，方言载体广府民系作为一个稳定族群已基本形成，分布格局亦大体建立起来。粤语的基本形成是广府民系发育的重要标志[②]，已得到民族学者的认同。只是我国民族学兴起较晚，主要还是近百年之事，而民系研究更迟，所以"广府民系"一称应在 20 世纪 30 年代以后。但普遍成为一个居民共同体的称谓，并进入学术和应用领域，则迟至改革开放以后。

关于"广府民系（广府人）"的定义，学界众说纷纭。有学者以为，因粤语又称为广州话、广府话，讲粤语的人便是广府人。[③]这是从使用语言的角度来定义民系。有研究者进一步将语言和地

① 李新魁：《广东的方言》，广东人民出版社，1994 年，第 64—66 页。
② 练铭志、马建钊、朱洪：《广东民族关系史》，广东人民出版社，2014 年，第 172 页。
③ 徐杰舜：《广府人的形成及人文特征》，《广西民族研究》2000 年第 4 期，第 32 页。

区结合，以为"广府民系通常指使用粤语方言地区的汉族族群"[1]。也有研究者提出，广府民系有广义、狭义之分。从广义上说，以粤语为母语的即广府民系，分布在广东、广西、香港、澳门乃至海外。[2] 而狭义的广府民系，指分布在以广州为中心，珠江三角洲为主要区域的粤语族群。[3]

由以上定义不难看出，广府民系与粤语紧密相关。结合前述民系定义，本书所称的广府民系除主要以粤语为通行语，历史上还有过共同的经济生活和共同的心理特征。

## 三、广府文化概念

民系是以文化差异而划分的居民共同体，故民系文化与民系是这个共同体互为依存的两面。失去文化的民系与没有民系作为载体的文化同样是不可思议的，两者如影随形，不可分割。

岭南有广府、客家、潮汕、雷州等民系文化，共同组成岭南文化。广府文化是其中一个重要组成部分，主要以使用粤语划分，具有开放、多元、重商、兼容、创新、务实等文化特质，并以此区别于其他民系文化。

广府文化称谓，既从广府民系而来，那么按理而言，广府民系形成之日也是广府文化产生之时。但如上述，广府人作为民系专称出现时间在 20 世纪 30 年代，广府文化也应与这个时期相对应。这是就概念而言的。实际上，广府文化的产生和发展有一个历史过程，其中的语言、风俗等历史上早已存在，以后随着广府

① 陈泽泓：《什么是广府民系》，《神州民俗》2009 年第 3 期，第 7 页。
② 张金超、刘世红等：《广府百问》，广东人民出版社，2022 年，第 292 页。
③ 郑佩瑗：《粤语文化地图》，广东人民出版社，2023 年，前言第 11 页。

地区经济、教育、科举的发展、而成为一个相对独立的亚文化体系出现在岭南文化地图上。近年，地域文化热在我国兴起，广府文化研究也蔚为风气，相关论著层出不穷，如纪德君、曾大兴主编《广府文化》，陈泽泓《广府文化》、龚伯洪《广府文化源流》、叶春生《广府民俗》、罗丽《粤剧与广府文化》等，都在整体或某个门类上对广府文化特征作了透视，提供了一系列历史剖面。

伴随地域文化热接踵而起的是地方学建立，既有徽学、北京学，也有岭南学、潮学、雷州学、客家学、广府学等，呈异彩纷呈、百花齐放格局。其中广府学以研究广府文化为宗旨，渐为学界注意，大有成为显学的趋势。近年不少社会名流呼吁建立"珠江学""广州学""香港学""澳门学"等，其实质均属广府学范畴。

一切文化现象，发端于区域，也归结于区域。长期生活在一定区域的人，也必然会产生区域情结，形成区域概念。故区域也成了一种文化符号，整合了区域所存在的民系、方言、习俗、民性等等。人们提及潮汕，就会与当地人群、民风、文化特质等相联系；提及梅州，也一样与客家人、客家文化结合在一起。潮汕、梅州承载潮汕、客家文化，这两个地域概念也就是两种文化概念。

本书所述广府文化的范围包括了珠江三角洲（含香港、澳门）、粤西、粤北，桂东，乃至海外。其中，珠江三角洲（含香港、澳门）是广府文化分布的核心地带。

第二章　广府民系形成的基础

广府民系作为一个复杂的物质和精神文化体系，是在多种多样的因素长期作用下形成的，包括了自然、政治、历史、经济、心理等因素。可以说，广府民系恰是它们相互联系、影响和整合的产物。

## 第一节　自然基础

地理区位和地理环境，乃文化产生和发展的自然基础，更是广府民系形成的背景和条件。

岭南地处我国南疆，北枕五岭，南濒大海，是一个相对独立的地理单元。这造成它既封闭又开放地理区位，极利于孕育和发展富有地域特色的文化体系，广府民系和广府文化即形成发育于这一地理环境。

### 一、地理区位

广府地区远离古代政治、文化中心。即使到了清代，官员从北京到广州赴任，行程也要一两个月。横亘两广北部的五岭山地，在交通落后的古代，更是一道难以跨越的巨大屏障，极大地限制了两广与中原的沟通。唐代以前，中原人对岭南知之甚少，斥之为"蛮荒""徼外"。同样，岭南人难以跨越五岭进入中原，对那里的经济、文化了解更少。虽然五岭间有许多通道可以相互往来，而且事实上两地居民很早就彼此交往，在文化上产生过一定作用，但这并不能改变隔膜状态。另外，两广大部分疆域被海洋包围，使它与大洋彼岸隔离起来，从这个意义上说，又增加了自己的封闭性。结果，"朝廷以羁縻视之，而广东亦若自外于国中，故就国史上观察广东，则鸡肋而已"[1]。由此形成岭南人独特的生活习俗、语言、社会、经济、文化形态，也奠定了岭南存在多个民系的自然基础。

但是，广府恰处在我国南海航运枢纽位置上。生活在此的古越人很早就驱驰于广阔的海洋，随着航海、造船等技术进步，广府先民又不断假道海洋，迈出国门，走向世界，走上与世界各地交往的道路，从而不断增加开放性，并最终给岭南带来无限开放的优势和生机。特别是到了近现代，海洋成为广东对外开放的主要通道，首得海外风气之先。无论是古代还是近现代广府人，正是依靠这种优势，从多方面接受先进文化的熏陶，创造出以中原传统文化为核心，融合了南越文化、荆楚文化、吴越文化、巴蜀文化和海外文化的广府文化。恰如梁启超在《世界史上广东之位置》中分析广东与世界文化关系所指出，"广东非徒重于世界，抑且重于国中矣"。近现代，特别是改革开放以来，广府临海位置更成为它接受世界经济重心东移所带来的文化观念辐射的优势，由此掀起了文化观念更新、新文化意识勃兴的热潮，并产生许多新文化景观。地理区位作为一种历史范畴，对广府文化的作用值得审视。

---

[1] 梁启超：《世界史上广东之位置》，《饮冰室文集之十九》，中华书局，2015年。

# 二、地形地貌

在岭南各民系所在地区中，广府地区兼具平原、山地、丘陵、台地、盆地等多种地形地貌。

广府地区中，西江地区以山地为主，石灰岩区分布广，还有不少大支流汇入，如南有南江、新兴江，北有贺江、悦城河。土地类型包括常绿林红壤中山（800米以上）、季雨林赤红壤低山（500—800米）、季雨林赤红壤高丘（250米—500米）、季雨林赤红壤低丘（250米以下）、季雨林赤红壤台地、冲积平原、溶蚀盆地等数种。其中，常绿林红壤中山面积不大，分布在谠山（1175米）、七星岩山（1225米）等，为贺江与绥江分水岭。季雨林赤红壤低山丘陵以鼎湖山、大田顶山区为典型。鼎湖山被称为"北回归线上的绿洲"。因为世界上北回归线附近多为干旱的沙漠。季雨林高丘是西江地区主要土地类型，面积达1万平方公里以上，是我国热带常绿乔木主要产区之一，八角、茴香林、肉桂即为这一地区特产。荔枝、龙眼、香蕉、杨桃等水果则分布在低地区。低地土地类型以河谷为主，而河谷多分布于红盆地和石灰岩溶蚀盆地。红盆地中的红砂页岩易侵蚀成台地、低丘。罗定盆地和怀集盆地小区就是红层所成的低丘、台地。亦有部分是石灰岩溶蚀平原，由于石灰岩坚硬，不易风化，在平原或盆地上容易形成拔地而起的石山，集成峰林，河流漾洄于溶蚀平原上。云浮盆地即为溶蚀盆地。这类土地类型面积不大，但人口和农田集中，城镇多分布于此，故经济上至为重要。

地形多样及相对集中分布的格局，在水平和垂直两个方向上为广府人培育多种作物、开展多种经营提供了巨大的可能性。肥沃土壤、深厚土层与多种生物资源、水热条件良好结合，为人类繁衍生息、发展生产、繁荣经济、改善生活奠定了强大的地理基础。但问题的另一面是，广府地区由于水网密集、河流流量大，经常泛滥成灾；近海常受台风侵袭；茂密的森林积聚瘴气，损害民众健康；而卑湿的平原低地，早期也不利于开垦。所以，广府先民是在一个自然赐予丰富，但生存条件恶劣的环境里改造、利用自然，发展自己，创造文明历史的。

# 三、气候环境

广府地区跨中亚热带、南亚热带、热带等气候带，加上地形影响，兼具温带、亚热带和热带等垂直地带性特点，形成水平和垂直两个方向上复杂的地理景观。

广府的核心地区珠江三角洲，位于北回归线以南，属亚热带海洋季风气候，冬季极短，阳光充足，四季温暖湿润。全年平均气温 21—22℃，1 月平均气温 13.0—13.3℃，7 月平均气温 28.3—28.7℃。由于海洋气候的影响，除山区外，大部分地区空气中的水蒸气较多，热能消散较慢。珠江三角洲雨水充沛，年均降水量 1600—2000mm，每年 4—9 月为汛期，10—3 月为枯水期。冬季吹东北风，夏季吹西南风，全年以东风为主。这种温热多雨的气候有利于农作物的生长成熟。但珠江三角洲夏秋间常受台风袭击，在汛期往往因为台风涌潮顶托，加重洪水威胁。而洪水威胁的存在，则是珠江三角洲产生独特的经营方式的重要原因。[1]

西江流域山区，包括肇庆、云浮等市县，大部分属南亚热带气候，发展农业生产的自然条件较为优越，尤其适宜发展南亚热

---

①《珠江三角洲农业志（初稿）一：珠江三角洲形成发育和开发史》，1976年，第15页。

带水果。其中的肇庆地区，因北回归线横贯中部和地理环境影响，境内丘陵、盆地、谷地、台地纵横交错，地形复杂，形成多样化的小气候。这一地区除西江两岸每年洪涝较严重，罗定盆地常有春旱、秋旱外，较少灾害出现，影响也较轻。[①]

水、土、光、热和生物资源极其丰富，为人类驯化生物品种、捕捞水产、创造丰富物质文明提供强大后备基地。广东物产"兼中外之所产，备南北之所有"[②]。但在生产力低下的古代，岭南自然环境又是恶劣的，充满了中原人谈之色变的所谓"瘴疠"。汉武帝准备远征岭南，淮南王刘安进谏说："南方暑湿，近夏瘴热，暴露水居，蝮蛇蠚生，疾疠多作，兵未血刃而病死者什二三。"唐韩愈贬潮州上表曰："州南近界，涨海连天，毒雾瘴氛，日夕发作。"《文献通考》谓宋哲宗绍圣年间（1094—1098），广东一路十四州，以英州烟瘴最甚。宋代诗人杨万里《出真（浈）阳峡》诗也说"未必阳山天下穷，英州穷到骨中空"。这样的地理环境，外来者难以久居，土著文化只有混合于外来文化，而没有被外来文化消灭。但另一方面，在这样的生态环境之下，为了生存，人们被迫与大自然进行顽强的斗争，逐渐认识了这里的自然规律，不但改造了自然，也发展了自己，使广府文化内涵不断向纵深扩展，创造出五彩缤纷的物质和精神文化。例如为了防避烟瘴和毒虫野兽侵袭，古人多架木为巢，形成干栏式建筑。饮食、服饰文化也受环境影响。岭南人嗜食槟榔，是为了"辟瘴，下气，消食"[③]。普通百姓，衣着简便，赤足跣行，与湿热气候不无关系。

---

① 广东省科学院丘陵山区综合科学考察队主编：《广东山区农业》，广东科技出版社，1990年，第160页。

② 丘濬：《南溟奇甸赋有序》，《丘文庄公集》卷八。

③ 周去非著，杨武泉校注：《岭外代答校注》卷六《食用门》，中华书局，1999年，第236页。

岭南与我国南方和同纬度其他地区的地理环境有相近之处，是产生相似文化的重要条件。民族迁移一般多选择与故地相近的地理环境，故广府文化能够吸收邻近地域文化为构件。文化传播也往往在双方地理环境大致相似的情况下发生，故广府文化不断向海内外辐射，并为对方吸收，这正是以自然条件大致相近为基础的。

## 第二节　人文社会基础

除了以自然条件为基础以外，包括行政建置、人口迁移、经济生活、交通、社会组织、政治格局等人文社会要素，都独立或综合地影响广府民系和广府文化的历史过程、特点和风貌。

### 一、稳定的政区建置

列宁在《论"民族文化"自治》中说："只要不同的民族住在一国之内，它们在经济上、法律上和生活习惯上就有千丝万缕的联系。"政区建置对民系的作用也一样如此，特别是稳定的政区建置，对民系及其文化的形成发展和传承，发挥了巨大的作用。广府民系也恰恰得益于此，在历史进程中不断获得稳定的生存空间，从而不断扩大发展，构成民系成立的必要条件，即共同生活地域，具体是珠三角、西江流域和桂东、桂南地区。

珠江三角洲，在秦汉时属南海郡地域范围，唐属广州都督府。南汉国将广州改为兴王府。宋代为适应经济发展需要，在西江干流西侧置香山县(辖今中山、珠海)。元设广州路。明代改广州府，辖南海、番禺、新会、香山、东莞、新安、清远等县，涵盖今广州、深圳、佛山、东莞、中山、珠海、江门、清远等地区。明中叶，新置顺德、三水、从化、新宁（今台山）等县。清袭明制，在珠三角仅增设花县（今广州花都）。因此，广州府的基本境域从元代开始基本稳定了600多年。这一地区的居民，长期处于同一行政区划中，对其民风民俗的融合有着很大的影响。

　　肇庆市历史悠久，是岭南开发最早的地区之一。距今14.8万年的封开县洞中岩人遗址是岭南为数不多的旧石器文化代表之一，属新石器时代的文化遗址也不少。① 春秋战国时期为百越族居地。秦置四会县，辖今市域大部分地区，是广东最早的四个建制县之一。西汉元鼎六年（前111）设高要县，隋开皇九年（589）置端州，北宋政和八年（1118）设肇庆府。肇庆是端王赵佶（后来的宋徽宗）封地，属望府。元改称肇庆路。明洪武二年（1369），复为肇庆府，辖高要、四会、阳春、阳江、新兴等县和德庆州及其所属泷水、封川、开建三县。明嘉靖四十三年（1564）两广总督驻地从苍梧（今梧州市）迁至肇庆，辖今两广地区，至清乾隆十一年（1746）才从肇庆迁广州。明末清初，桂王朱由榔监国于肇庆，后称帝（即永历帝），以肇庆为行宫。清仍称肇庆府，较明代增辖鹤山县。

　　需要特别说明的是，香港、澳门同是广府民系和广府文化范畴。香港先后为宝安县、东莞县管辖。1842年，清政府与英国签订《南京条约》，将香港岛割让给英国，后又将九龙、新界割让、租借。澳门本为半岛，明朝时属香山县管辖，嘉靖三十二年（1553）为葡萄牙人赁居。

---

① 司徒尚纪主编：《肇庆市地名志》，广东省地图出版社，1994年，总论。

广西广府地区的政区建置也有悠久稳定的历史。秦统一六国后，在今广西置桂林郡、象郡。汉武帝平南越国后置九郡，其中苍梧、郁林、合浦三郡大部在广西内。三国时，苍梧、郁林、桂林、始安四郡隶属广州，合浦郡属交州。隋时，始安、苍梧、合浦等郡仍在广府地区之内。唐初设岭南道，两广属同一政区。咸通三年（862）分岭南东道和岭南西道。岭南西道设桂、容、邕三管经略使，沿邕州（南宁）基本上为广府范围。宋代广西各州管治范围与唐代基本相同。元代，南宁、梧州、浔州和柳州四路大部为广府范围。明代广西设十一府，其中平乐、梧州、南宁、浔州府，后划入广东的廉州府、钦州，仍在广府地区之内。清代基本因袭明代建置。

纵观广西广府地区，主要沿河流分布，包括湘桂走廊，西江干流、南北流江，都是南下迁民，经济往来，政治、军事交通要道，对广府民系和广府文化的形成和发育发挥重大作用，且和广东广府历史相协调成一体。

## 二、灵活的治理政策

岭南开发较晚，政治、文化上长期处于边缘地位。在宋代以前，统治者更多将岭南视作贡献地方特产的边远地区，采取羁縻治之的策略，形成当地相对独立的政治格局，利于保留和形成特定族群和地方文化风格。虽然秦汉已在岭南建立郡县制度，但直到唐代岭南仍有众多溪洞豪族。古代中原王朝经略岭南，多以地方酋豪或渠帅为刺史。这些氏族，对保存岭南土著血统上的主体地位，发展以广府文化为主体的岭南文化有很大功绩。所以，费孝通先生在谈到汉文化在广东的传播时指出："汉族文化越岭入粤尚在汉代，当时的南越王事实上还是一个强大的地方政权。但是南岭山脉以南地区要成为汉人为主的聚居区，还需要近千年的时间。"[1] 这大抵出现在宋代以后。可见，广东民族和政治格局的多元性，为后来汉族和土著结合、文化融合提供了多种取向与发展余地。

中央王朝对岭南的特殊政策和措施，也有利于岭南文化按照自己的轨道发展，产生特有的文化景观。历史上封建王朝推行闭关锁国时，多留广州为对外通商口岸，外来文化基因得以在这里移植生长。如汉武帝严行抑商政策，但岭南仍然"以其故俗治，毋赋税"[2]。唐政府在岭南实行任命当地土人为官的"南选"制度，有利于保持土著文化；又在广州置蕃坊，专为外商交易和居留地，尊重外人风俗习惯，保障外人权益，对吸收、保留外来文化起很大作用。其时广州至少有 12 万阿拉伯商人。清乾隆帝以粤人不谙官话为由，对广东单独采取一些特殊文化政策。鸦片战争以后，广府比国内其他地区更早接触西方文化，受外来文化影响更深。一方面，封建文化受到猛烈冲击；另一方面，西方文化通过港澳同胞和众多华侨直接进入广府，并与岭南文化相结合，使之更具有开放、多元和活跃的发展机制，最终使广府地区成为引进西方先进文化、思想、科技的试验地和向内辐射基地。

20 世纪七八十年代，广府又一次成为举世瞩目的改革开放前沿阵地和引进外来文化、科技的窗口，与外来文化的接触、交流、融合更广泛深刻，改变广东文化的各个层面。

---

① 费孝通：《中华民族多元一体格局》，中央民族学院出版社，1989 年，第 24 页。
② 司马迁：《史记》卷三十《平准书》。

# 三、人口迁移

文化的发生和发展，离不开文化载体，即人口。而移民一则造成文化传播，二则使不同地域文化发生交流和整合，形成新文化，推动文化向前发展，故移民在文化形成上占有很重要地位。而移民素质、源地、迁移时间、路线和分布，又影响到一个区域的文化特色。岭南文化是由生活在岭南地区各个民族共同创造的，但汉族的到来，无疑在其中起了决定性的作用。而广府民系和广府文化，由于中原北方移民南迁时间早，规模大，延续时间长，主要又沿灵渠、湘桂走廊和大庾岭道南下，所以集中分布在两广西江流域和珠江三角洲，这些地区后发展为广府民系和广府文化分布区。

古越族是岭南土著居民。他们创造了岭南的古代文明。南越文化作为土著文化主体，代表了岭南文化在上古发展的成就和水平。但比起中原汉文化，它毕竟是落后的。所以岭南文化的发展，在很大程度上应归结于汉人的不断南迁。秦汉进军岭南，也是有组织的移民行动。这不仅增加了开发岭南所需要的劳动力和生产技术，而且大大地改善了岭南文化环境。汉人移民与土著越人融合，成为开发岭南的先驱，也为发展岭南农业耕作、手工业、教育等提供人才。在他们浸染、熏陶之下，华夏文化开始在岭南生根，奠定了岭南文化特别是广府文化发展基石。此后历经东晋初、唐末、元初、清初多次大移民，岭南人口的民族成分发生巨变，汉人成为当地居民主体；岭南文化结构也非昔日可比，广府文化成为主体。土著文化不是被汉文化融合、改造，就是作为底层文化积淀下来，与中原文化差距也缩短了。大抵在唐代，以中原文化为脊梁，具有岭南地方特色的广府文化构架已经形成。

南迁广东的汉人，由于源地、入居时间早晚和分布地区环境不同，大约在唐宋时期，渐渐分化，到元明发展为广府、潮汕、客家和雷州四个民系。他们在语言、风俗、经济生活、心理特征等方面都有较大的差异，成为岭南民系和文化区划分的基础。

## 四、海外因素

广府地区濒临南海。自古以来，广府地区与南海周边诸多国家和地区便有政治、经济、宗教、文化等往来，奠定了广府民系和文化发展的一个重要地缘基础。

西汉时，"番禺亦其一都会也，珠玑、犀、瑇瑁、果、布之凑"。唐代，由广州出发的通海夷道，全程长1.4万公里，沿途经过30多个国家和地区，已远至东非和欧洲。宋代与广州通商的国家和地区达50多个，到元代又增加到140多个。明清开辟由广州发航通爪哇、帝汶岛，经菲律宾到南美洲，到日本长崎，到大洋洲，到俄罗斯等航线，形成全球性海上交通大循环，使广府人与广府文化走上与世界各地文化交往的道路。这些航线古今都要经南海海区，同时带来海外文化，包括印度文化、波斯文化、阿拉伯文化、东南亚文化、西方文化等。这些异质文化在岭南与中华文化交流、整合，成为岭南文化一部分，充分凸显了岭南文化的海洋性风格。清代大部分时间严行海禁，但独留广州一口对外通商。古人说广东"兼中外之所产，备南北之所有"，除了广东本土出产的以外，还包括通过海上贸易从海外得到的奇珍异宝。另外，海上贸易带来的巨额利润也是中央和地方政府的财政之源，从唐代起，广州就有"天子南库"之誉。

五代十国中的南汉政权偏安岭南一隅，但颇注意发展外贸。

《南汉书·黄损传》云，广州"犀、象、珠、玉、翠、玳、果、布之富，甲于天下"。其时都城兴王府（广州）修离宫别苑数百所，所耗巨资，几取之于海上贸易所得。宋代南海商船横渡印度洋，阿拉伯商人来广州经商的甚多。其时广州筑东、西、中三城，比唐代大四倍，又开新南城区，其资金一部分为阿拉伯商人捐赠。元代通商规模又比宋代大，《南海志》称"珍货之盛，倍于前志所书"。

清初实行海禁和迁海政策。康熙中，随着沿海局势安定，清政府废除海禁，设粤、江、浙、闽四个海关为对外通商口岸，粤海关居四关之首，税收至丰。到乾隆二十二年（1757），清政府又封闭闽、浙、江三个海关，规定"蕃商将来只许在广东收泊交易"①。自此，粤海关成为全国对外通商唯一口岸，直到鸦片战争结束。广州十三行出现的国际性富商，皆广府商人。如伍浩官、潘正炜家族，年贡皇银 5 万—15 万两，皇帝大寿、作战、治河等费用亦靠行商。广州的特殊地位，无疑为广府经济、文化注入强大活力。

综观历代中央王朝，几乎毫无例外对广东实行特殊开放政策，南海海上贸易强大通道从不中断。由此带来的经济、社会、文化等效应，广府人和广府文化是最大受益者。

广府华侨是个巨大群体，数量大，分布广，在广府文化历史上有举足轻重的作用。华侨有的通过探亲、书信往来，保持与家乡联系；有的回乡办实业、教育、医院及其他福利慈善事业，影响或改变当地文化结构和社会风貌，使之更具海外文化特质和风

---

① 中国第一历史档案馆等编：《清宫广州十三行档案精选》，广东经济出版社，2002年，第 107 页。

格。南海是华侨出洋最重要，甚至是唯一通道，也是连接侨居地和侨乡的中介和纽带，故华侨文化特质、风格、文化势能的强弱及时空分布差异，也必然在广府文化形成的过程和结果中留下深刻的烙印，彰显出鲜明的海洋文化的个性。

岭南人出洋贸易，最早可追溯到东汉。唐代岭南海上贸易发达，华商经南海到波斯湾者不在少数，故后世华侨自称为唐人，称中国为唐山。北宋华人"过海外，是岁不归者，谓之住蕃"[①]，长期住蕃不归者称为"土生唐人"，留居地以东南亚一带为主。元代海运发达，闽广商人已抵达红海沿岸和两河流域。明清时期，南海海上丝绸之路延伸得更广更远，华侨足迹几遍及世界各地。鸦片战争以后，华人大量出国，有更多机会接触、吸收先进的西方文化或其他域外文化，并使之与广府文化交融、整合。

中国有海外华侨华人6000多万，其中三分之二祖籍在广东。华侨华人分布地区涵括不同自然地带、人种、民族、风俗、语言、宗教等，华侨把这些地区文化引入国内，故岭南文化成分更加丰富多彩。20世纪初，华侨从南洋引入骑楼建筑，普遍采用于岭南城镇，开平碉楼便是中西建筑文化结合的结晶。在中国近代史上，许多杰出历史人物或出自广府地区，或得到华侨的帮助，如孙中山、陈宜禧、詹天佑、司徒美堂等，他们的气质、性格、思维和行为都反映了西方文化与广府文化结合和发展的轨迹。特别是华侨开辟国外市场，把中国商品输出海外，或从事远洋航运，发展沿海贸易，都要依赖南海海洋运输，从而对发展岭南经济作出贡献。所以，无论物质文化层面还是精神文化层面，华侨都是广府文化形成发展不可或缺的元素。

---

① 朱彧撰，李伟国点校：《萍洲可谈　后山丛谈》卷二，中华书局，2007年。

第三章　广府民系的形成和演变

广府民系源远流长，是在岭南土著部落基础上，与中原汉人、荆楚人、吴越人及其他族群居民，经过长期的文化碰撞、交融而形成的。在岭南各民系和文化发展史中，广府民系和文化是历史最悠久，积淀最深厚，影响最深刻和广泛的一个。

关于广府民系的形成过程，学界有不同的看法。有学者划分为雏形、发育和形成三个阶段：自秦至汉为雏形阶段，魏晋至隋唐为发育阶段，自宋至明为形成阶段。[①] 有学者以为，民系是地方文人构建的产物，"广府人"这一群体概念，很大程度上是在与潮汕人、客家人相互区别的过程中形成的，而18世纪则是确认"广府人身份历史的关键"。[②]

本书将广府民系的形成和发展分为以下六个时期。

## 第一节　史前时期

从距今80万—60万年的旧石器时代，广府地区便有古人类活动，他们留下来的各类石器工具，反映了史前居民的生产、生活活动及成果，成为广府人先祖留给后人的吉光片羽。

---

① 徐杰舜：《广府人的形成及人文特征》，《广西民族研究》2000年第4期，第32—33页。

② 科大卫著，卜永坚译：《皇帝和祖宗：华南的国家与宗族》，江苏人民出版社，2010年，第62页。程美宝：《地域文化与国家认同：晚清以来"广东文化"观的形成》，生活·读书·新知三联书店，2006年，第45—110页。

# 一、旧石器时代

## 1. 磨刀山人

2013年在广东郁南县发现的磨刀山遗址，属于旧石器时代早期文化遗址，绝对年代约在距今80万—60万年，将广东人类活动史向前推进了数十万年，揭开了岭南文化发展史上新的一页。

磨刀山旧石器遗址的发现填补了广东旧石器早期遗址的空白。目前已知广府地区最早的旧石器时代遗址是广西百色旧石器遗址群（距今80.3万年），磨刀山遗址与其差不多属于同一时期，将广东旧石器文化出现的时间大大提前。2015年，磨刀山遗址与南江旧石器地点群被列入2014年度全国十大考古新发现。磨刀山也成为广府地区古人类最早的发源地。

考古人员在磨刀山遗址出现的西江重要支流南江盆地一带陆续发现60多处同类遗址，集中分布在南江从大湾到河口段江岸四级阶地上。磨刀山遗址出土各类石制品近400件，石制品种类丰富，有石料、石核、石片、石器、断块与碎屑等，石器类型则有手斧、手镐、砍砸器与刮削器等。这一地理分布格局说明磨刀山人的居住、繁衍和活动都离不开河流环境与资源。由此决定他们创造的原始文化是一种江河水文化。从人类和文化传承关系而言，这与以后岭南古越人被解释为水居部族，创造了具有多元、包容、流动、灵活等特征的水文化，有着深刻的渊源关系。

考古发现，人类在旧石器时代有洞穴居和旷野居两种居住形态，以洞穴居为主。磨刀山人属于旷野居的方式，且大有可能结巢居于树上。磨刀山旧石器与广西百色盆地发现的旧石器有惊人的相似之处，而与岭北旧石器文化有较多的差异。<sup>①</sup>这说明岭南文化从一开始就自成体系，呈一独立的文化地理单元。

此前广东发现的曲江、郁南、云浮、封开、英德、阳春等处旧石器遗址，时间最古老的云浮蟠龙洞遗址距今约 20 万年，较国内其他地区的旧石器遗址为迟：重庆巫山人约 180 万年，云南元谋人 170 万年，北京人 50 万年，陕西蓝田人 60 万—80 万年。另有封开洞中岩遗址和黄岩洞遗址（距今 16.9 万—13 万年）、曲江马坝人遗址（距今 12.9 万年）、阳春独石仔遗址（距今 1.6 万—1.4 万年）。这些旧石器遗址的分布区，以西江流域为主体，也包括北江和漠阳江流域，是岭南文化的摇篮，具有不寻常的意义。

郁南磨刀山、百色、柳江等广府旧石器遗址，反映了岭南物质文明发展早期阶段的社会经济和文化状况。这些遗址皆"背靠云贵高原、面向东南亚，处于人类起源、进化和东西方早期人类迁徙和扩散的关键位置"，"在东亚和东南亚早期旧石器考古中具有非常重要的地位"<sup>②</sup>，对探索岭南文明和中华文明的起源和发展具有重要意义。但长期以来，这些遗址的文化价值并未受到足够的重视，特别是未能与"中华文明起源"联系起来，加以综合研究。实际上，以上旧石器遗址，反映岭南也是人类最早的一个文化中心，在中华文化多元一体和多源同归说中占有重要的一席。<sup>③</sup>由于磨刀山遗址发掘时间不长，仅取得初步成果，许多古

---

① 广东省文物考古研究所、北京大学考古文博学院等：《广东郁南县磨刀山旧石器时代遗址发掘简报》，《考古》2017 年第 5 期，第 13 页。

② 谢光茂：《百色旧石器遗址群：手斧挑战莫维斯理论》，《中国文化遗产》2008年第 5 期，第 107 页。

③ 多源同归说是中央文史研究馆馆长、北京大学教授袁行霈在《中国地域文化通览·总绪论》中提出来的，指中国文化有多个发源地，但发源于不同地区的文化都先后汇入中国文化的大海。见《中国地域文化通览·广东卷》，中华书局，2014 年，第 2 页。

地理信息、丰富的石制器及文化内涵，有待深入发掘和详细解读。这样就有可能钩沉历史早期岭南文化的形成、发展规律及一系列的时代剖面，在与其他地区新旧石器文化遗址的比较中，建构岭南史前文化基本发展序列，从而彰显这段时期岭南作为人类古代文明形成的一个中心的历史地位和深远影响。在这一成果基础上，作为岭南文化核心的广府文化及其创造者广府人来源的相关问题，也就有可能迎刃而解。

2. 柳江人

西江流域遍布溶洞，古人类遗址也最多，已明确的古人类遗址有 13 处。其中，1958 年在柳江边发现的柳江人遗址，是我国南方古人类的重大发现，为迄今我国乃至整个东亚发现的最早的新人的代表。它作为珠江流域旧石器时代人类代表曾引起很大轰动。1981 年初，日本《读卖新闻》这样报道和评论："在琉球群岛中的宫古岛洞穴，发现了被认为旧石器人的头骨和直椎骨等，经过鉴定，被认为与中国广西发现的'柳江人'为代表的中国华南地区旧石器人极相似。所以认为中国南部的旧石器人经冲绳渡海到日本的本州等地的看法在加强，而冲绳作为'日本原人的故乡'更受到重视。"[1] 因为柳江人生活在 5 万年前，那时海平面比现在低百多米，人类可以跨海往来，这个看法不无道理。以上古人类居住的洞穴里还出土了中国犀、巨貘、牛、鹿、大熊猫、剑齿象等大型动物化石，这说明人兽的生存斗争在当时仍很激烈，人类并没有完全成为洞穴的主人。除了穴居，还有部分人类可能居住在河岸大树上临时搭建的窝棚中，称旷野居，成为后来珠江流域特色"干栏"建筑的前身。

---

[1] 以上参见司徒尚纪：《珠江传》，河北大学出版社，2001 年，第 43 页。

3. 马坝人

珠江在广东境内的支流，同样是远古人类的摇篮。1958 年在北江马坝狮子岩发现的人类头骨化石，距今 12.9 万年。

在马坝人化石出土地点附近，后又找到一些人类化石和石器工具，时代晚于马坝人。说明在马坝人之后，不断有古人类在这一带活动，形成包括广府先民在内的人类群体。这个人类群体不断向周围扩展生存空间，有些顺流南下，抵达今英德青塘镇、市郊宝晶宫、云岭镇牛栏洞等地。这些地区都有与他们一样的遗骨化石和器物，反映原始人类的发展和活动空间，主要是沿北江干支流扩展。

4. 洞中岩人

继马坝人之后，西江古人类化石和文化遗址也接二连三被发现。1964 年在广东封开县贺江支流渔捞河发现了洞中岩人及共生大熊猫、剑齿象等 20 多个种属的动物化石，距今约 14.8 万年。后在封开县境内先后发现罗沙岩、黄岩洞、螺髻岩、乞儿岩、水石岩等旧石器时代洞穴遗址。封开县这些古人类遗址都集中在贺江两岸一个面积不大的流域内，使人相信远古人类群体分布并不稀疏。贺江在今封开县城江口镇注入西江，形成南北和东西向交汇水网格局，极有利于人们交往。流溪河沿岸和广州附近在距今 15 万—22 万年时已有人类活动，即旧石器遗址的分布扩展到珠江三角洲及沿海部分地区。

# 二、新石器时代

距今 8000—10000 年，珠江流域进入新石器时代。这时期的文化遗址，宛若天上繁星，遍及珠江大地各个角落。广西有

900多处，广东有500—600处，全流域不下2000处。由于生态环境和人类发展时间早晚不一，不同流域形成不同的地方文化风格。如广西双肩大石铲，主要分布在南宁以西，分布地点靠近江河湖泊和低矮山岗坡地。这种大石铲在广东封开、德庆、罗定等西江下游地区也屡有发现，显示出与西江中上游即广府西部地区关系密切的特点。在南宁以东，贝丘遗址很常见，文化遗物也很丰富，有石器、陶器、骨器、角器、网坠、龟甲刀、蚌刀等。漓江边桂林甑皮岩洞穴遗址出土18具人骨、921件陶片、3500块动物遗骨，为广西新石器早期遗址的代表。广府地区占相当大比例。

广东新石器遗址，同样多以河流为依托分布。有洞穴遗址，一般高出河床10—20米；有山岗遗址，多见于河旁或河流分汊处；有贝丘遗址，分布于海滨、河旁；有沙丘遗址，见于河口区或沿海沙滩或岛屿；有土墩遗址，多分布在珠江三角洲。其中山岗和洞穴遗址在西江、北江、东江占多数。西江封开黄岩洞遗址，出土大批削刮器、炭屑、灰烬及食后抛弃的螺、蚌，另有30个种属的动物遗骨，堪称西江新石器文化的缩影。北江马坝石峡遗址，距今约4500年，是以磨光穿孔石器、三足陶器、琮璧礼器为特征，以稻作为主的新石器文化。出土的精致石铲、石镞等工具，令人有观止之叹；近千件色调丰富的陶器，有釜形、盆形、鲽形等形状，有篮纹、方格纹、曲尺纹、圆涡纹等花纹；另有玉、水晶、绿松石等质地高贵饰物和礼器。这些器物用于生产、生活、军事、丧葬等，实为我国石器文化的瑰宝，也是广府文化的一项殊荣。石峡文化内涵与江西樊城堆文化颇多共同之处，说明赣江与北江，甚至包括东江皆属同一个原始文化系统，河流则是把它们连成一个文化整体的纽带。

西江、北江、东江汇流的珠江三角洲，是广府核心地带，在依山傍水的南海西樵山，有一处采石场遗址。遗址以双肩石器制作为主，还包括石核、石片、陶器、纺轮、角器、牙器、骨器、饰物等生产加工，从距今 6000—7000 年延续至 3000 年前。西樵山遗址出土以上系列器物数量甚多，平均每立方米文化层中有 4106 件，贾兰坡教授形容说，"那里经过人工打击的材料就是用火车拉，一时也拉不完"。[①] 尤为重要的是，过去一些遗址出土的石器都是从河滩拾获砾石加工而成，而西樵山石器是开凿岩层取料制作，在技术上是一个巨大的进步。

广府所在西江流域对外开放的地理环境，使西樵山早在新石器时代就开始了对外交流。这里的有段石器与在泰国、缅甸、菲律宾等东南亚地区，甚至与在新几内亚、澳大利亚发现的石器特征极为相似，隐示着史前人类可能相互往来。而有更多证据显示的是，西樵山的细石器传播甚广，北至粤北，西溯西江抵桂南、桂北、桂西左右江，乃至云贵高原，再沿湄公河进入中南半岛，流布越南、老挝、缅甸、印度、孟加拉国等地；东南假道海洋传至马来西亚、印度尼西亚及南太平洋诸岛。向外扩散远超今日之国界，成为环太平洋文化圈一员，反映出广府文化一开始就有面向海洋的特点。

这些新石器遗址反映了珠江流域不同的经济类型。住在洞穴里的人群，附近森林成片，洞内干燥、平坦、避风、冬暖夏凉，以采集、狩猎为主，过着"穴居野外，茹毛饮血"的生活。广西、广东北江、西江有很多洞穴，即属这种经济类型。虽在平坦河谷地带，但附近有山洞的人群，则以渔猎和种植为主，即"靠山吃山、

---

① 转见司徒尚纪：《珠江传》，河北大学出版社，2001 年，第 48 页。

靠水吃水"的经济模式，桂林甑皮岩、曲江马坝、封开黄岩洞等即属其列。在沿江沿海平原，以原始农业为主，兼及渔猎，珠江三角洲新石器遗址即属此类型。但不管哪种经济类型，从珠江源头到出海口，文化交流和传承都从未中断，在这个过程中，形成了珠江流域人类体质和地域文化的共同特性，奠定了后来流域多元一体的民族和文化格局的基石。而广府地区无疑是这个格局的中心。

结合世界各地文明起源的特征和标志，可以肯定文明起源毫无例外要以农业革命为基础。结合以上介绍流域新石器文化特征，距今约 4500 年（相当于中原龙山文化到夏朝），文明曙光逐渐照亮广府大地，广府人祖先活跃在这片广阔大地上，开启文明史。

## 第二节　先秦时期

先秦时期，岭南为古越人居地。古越是一个复杂的部族群体，以血缘关系为纽带，组成氏族或部落，分布岭南各地；在地域上形成许多土邦小国，成为岭南地区进入阶级社会隶属于中原王朝以前土著居民生存的空间组织形式，也是广府政区建置的前身。

据先秦文献和后来考古材料，到战国时期，在珠三角有骐头（兜）国，在东江河谷一带有缚娄国，在广西桂江、浔江和西江一带有西瓯国，在桂南和西江水系有骆越国，在郁水（西江）南有伯虑国，在北江清远一带有阳禺国。以上部落国多分布在水滨，靠水为生。早期这些傍水而居的部族多与江河有千丝万缕联系。生活在这些地区的族群，古书统称"百越"。而生活在今广府民系地区的，主体应是百越中的南越。

　　"南越"之称，在司马迁《史记》中称"南越"，而在班固《汉书》称"南粤"。越与粤古代相通，直到清代，"越"指江浙一带，而两广则称"粤"，以示两地区别，使用至今。据蒋祖缘、方志钦主编《简明广东史》介绍，南越作为一个独立族体在西周时代已形成。据考，南越族在西周至战国时期，主要分布在珠江流域和韩江流域，东起闽粤交界地，西止于桂东北，北达湘南、赣南，南迄于南海岸边。这涉及两广大部分地区，广府地区占了主要部分。

　　生活在江河水浒的南越人，"习于水斗，便于用舟"[①]，舟楫是他们的主要交通工具。近年在化州、怀集、揭西等地出土汉至魏晋多艘独木舟，这些地方都是南越人居地。在物质文化基础上，南越人产生相应的精神文化。为适应热带、亚热带气候环境，越人断发文身。新中国成立初期，海南黎族仍保持文身风俗，乃上古遗传下来风俗文化。

　　南越人生活在水边，水产品是食物的主要来源。后世广府人很多特殊饮食风俗都是从南越先人那里继承下来的。岭南气候湿热，多虫蛇为患，南越人采取"干栏"式建筑，上住人，下养牲畜，以有效地保护自己。西江高要茅岗遗址发现有 4000 年前这种木构建筑遗存，广东各地汉墓也出土过不少干栏式陶屋模型器。后世广府临水地区常见的茅寮，实为"干栏"变种和延伸。

---

① 班固著，颜师古注：《汉书》卷六十四《严助传》，中华书局，1962 年。

## 第三节 秦汉至隋

秦汉时期，岭南被纳入中原王朝版图，民族和文化交流日渐加强，岭外居民通过各种途径进入岭南，广府地区吸收了部分迁民，他们渐渐融合为广府人先祖。

# 一、北人南迁入岭

秦统一六国，建立中国历史上第一个中央集权国家。在秦朝建立过程中，已开始移民南下的历史。秦王政二十五年（前222），王翦带领60万大军攻灭楚国。秦始皇二十九年（前218）屠睢带领大军越岭进入岭南腹地，实际也是秦人进入广府地区的一次军事行动。秦军遭遇越人顽强抵抗，几乎全军覆灭。秦始皇三十三年（前214），秦始皇又派出数万楼船水师征越，委任嚣、赵佗为统帅。他们兵分三路南下，终于打败越人，占领番禺（今广州），并在岭南设置南海、桂林和象郡。秦朝在岭南划分政区的同时，开展大规模移民运动："发诸尝逋亡人、赘婿、贾人略取陆梁。"[1] 陆梁即岭南。任嚣死后，赵佗针对将士都为北方人，未带家属，"使人上书，求女无夫家者三万人，以为士卒衣补。秦皇帝可其万五千人"[2]。虽然不知道这批人实际来了多少，但他们与秦军士卒结为夫妇，繁衍生息，成为岭南最早的秦朝移民。赵佗原籍河北正定，后称南越王，其后裔在岭南生根。唐代龙川人韦昌明撰《越井记》，指出龙川有四户从中原迁来，

---

[1]《史记·秦始皇本纪》。
[2]《史记·淮南衡山列传》。

韦氏是其中一家。《岭南冼氏宗谱》记其祖先冼汭与赵佗同乡里，且有旧交，投其帐，遂在岭南安家，是为冼姓入粤之始。[1] 冼氏后来成为南海郡望族。另有南海《霍氏族谱》，称祖先为山西太原人，后入粤定居南雄。

按秦军入岭，主要沿几条陆路交通线，包括大庾岭道、骑田岭道、九嶷山道、越城岭道等。这些交通线沿途和交会之地，后多为广府人分布地区。

楚越相依，楚是春秋战国时期的强国，楚人入粤势所必然。其中就有大规模军事征伐，如战国初期，楚悼王任用吴起变法，"于是南平百越"。[2] 广州越秀山上有楚庭，万历《广东通志》称：楚庄王时，粤地臣服于楚，"番禺之都有楚庭焉"[3]。至于楚庭出现的具体时间，则有不同说法。《广东新语·宫语》较为可信："周惠王赐楚子熊恽胙，命之曰'镇尔南方夷越之乱'，于是南海臣服于楚，作楚庭焉。"[4] 周惠王于公元前676年即位，照此推算楚庭距今约2700年。

语言作为文化载体，亦可透露人类迁移和栖居信息。至今粤方言中不少词语，源于南楚方言。如"陈楚之间，南楚之外曰睇"。现代粤语仍广泛使用"睇"字，如睇相、睇风水等。《方言》说："南楚凡骂庸贱谓之田儓，或谓之𣭈。"《康熙字典》解释"𣭈"为"农夫之丑称也"。粤语中"𣭈佬"即是对农民的蔑称。这种方言对应背后有不少人员交往，其中有的是楚人，成为广府先人

---

① 骆伟：《岭南族群与谱牒探究》，《广府文化研究论丛（一）》，广东人民出版社，2017年，第53页。

② 《史记·孙子吴起列传》。

③ 万历《广东通志》卷十一《藩省志》。

④ 屈大均：《广东新语》卷十七《宫语》，中华书局，1985年，第460页。

一个来源。

吴越人在历史早期也随着势力消长和文化传播进入岭南，一部分发展为广府人。新石器时代，岭南先民与江浙先民已有所接触，曲江石峡文化一些陶器、玉器与江浙良渚文化很相似，表现了相互间一定的文化联系。春秋时吴国和越国都是强国，形成共同文化。而吴、越与北方各国，由于习俗不同，语言不通，文化只能向南传播，特别是楚灭越以后，部分越人流入岭南，传进吴越文化成分更多，融合为南越文化的一部分，今仍班班可考。吴越曾拥有全国领先的造船业，能制造多种楼船和桥船。越国灭亡后，其先进造船技术传进岭南。后来在广州出土的南越国时期楼船模型所反映高超造船水平，与此不无关系。特别是吴越语言元素，在广东保留甚多。

## 二、汉人进军岭南

进入汉代以后，汉人成为广府人来源主体。汉人前身为中原人，也是加入广府先民的一个成员。

中原与岭南的文化交往，已在考古发掘中得到有力佐证。粤东商末到西周浮滨文化遗址出土的陶器中，大口尊器形与河南二里冈所见同类器物相近，[1] 信宜出土西周铜盉与中原西周中晚期铜盉形制相同等。这些实物不但表明岭南已受中原礼乐教化的影响，而且从出土区位观察，可知人员和文化交往是沿五岭一些连接通道主要是珠江水系进行的，而后者是广府先民最早居住和开发地区。

---

① 《广东省博物馆馆刊》1988年第1期，第41页。

汉人大规模入粤发生在汉武帝平赵佗所立南越国时期。赵佗本为秦军将领，奉秦始皇命率军平岭南，先为龙川令，后为南海郡尉。赵佗乘秦末天下动乱之际，在岭南割据称王，建立半独立性质南越国。元鼎五年（前112），伏波将军路博德和楼船将军杨仆率领大军攻占岭南，平定南越国。这次进军路线，与秦军入岭基本相同。这批军人绝大部分留驻岭南，成为广府先民。后人评曰：“任嚣、尉佗所将率楼船士十余万，其后皆家于越，生长子孙”，“今粤人大抵皆中国种，自秦以来日滋月盛，不失中州清淑之气”。① 中原汉人入粤，不只是军事占领、政治征服，还有文化交流和融合。赵佗称王后，推行“和辑百越”政策，体现为尊重越人习俗，使汉越文化得以和平相处，并渐渐融合，减少了由军事征服产生文化冲突，维持南越国社会安定和发展。另外，赵佗大力提倡汉越通婚，宰相吕嘉“男尽尚王女，女尽嫁王子兄弟宗室”②。第三代南越王婴齐亦娶越女。在封建社会，借助于联姻，可以弥合原来陌生的族群之间的裂痕，化解、消除彼此间的矛盾和斗争，达到巩固统治、稳定社会之目的。南越国控制的西江、北江、东江沿岸和珠江三角洲地区，是广府先人主要分布地区，汉越文化融合较深，为以后广府民系形成奠定了坚实基础。也由于这个原因，广府民系形成时间比岭南其他民系要早，保留南越文化成分要多。

## 三、广府人群体雏形

一个族群的形成，必须依靠大量具有共同地域和文化背景的

---

① 《广东新语》卷七《人语》，第232页。
② 《史记·南越列传》。

人。如果说秦汉中原北方移民到来，仅揭开广府先民形成序幕的话，那从东晋到南朝，则是一个转折时期。

汉末三国时期，北方动荡不安，政局不稳，战火连绵。相反，岭南远离政治中心，社会相对稳定，许多中原人士举家来到岭南，又以广府地区为先。例如汝南名士许靖为避董卓之乱，带领全家寓居南海，聚徒讲学。到了西晋末年，中原地区发生永嘉之乱，掀起我国历史第一次南下移民高潮，中原文化以前所未有的规模和速度流布岭南。志称："东晋南朝，衣冠望族，向南而迁，占籍各郡，……其流风遗韵，衣冠气习，熏陶渐染，故习渐变，而俗庶几中州。"① 这次移民高潮持续了近300年，南迁人士与岭南土著杂居，促进了民族融合，也深刻改变了南越文化成分，中原文化地位大大提升。而这一切主要以广府地区为平台发生的。20世纪50年代初，广州郊区发现多座晋代砖室墓，出土的墓砖上有"永嘉世，九州荒，余广州，平且康""永嘉世，天下荒，余广州，皆平康"等铭刻。《交广记》补曰："西晋建兴三年，江扬二州经石冰、陈敏之乱，民多流入广州，诏加存恤。"② 反映晋代广州地区人民安居乐业、经济繁荣的社会景象。这些移民大量入居和经济发展又是与广置行政区域分不开的。萧梁时期广东设14州39郡146县，达到历史巅峰，虽有"十羊九牧"的滥置现象，但到底与移民到来人口增加有关。萧梁所设的这些郡县，属今广府地区的共8州26郡117县，州、郡、县分占57%、67%和80%。③ 而其时客家、潮汕、雷州民系分布

① 道光《广东通志》卷九十二《舆地略十》。
② 嘉靖《广东通志》卷三十一《政事志四》。
③ 参见司徒尚纪主编：《广东历史地图集》，广东省地图出版社，1995年，第16、101—102页。

区，行政建置甚为疏落，反映广府地区成为外来移民集中、文化融合进程加快、区域开发进一步发展的地区，奠定了广府民系和人口版图基础。

## 第四节　唐宋时期

唐宋是广府民系定型成熟的决定性时期。这一时期，中原移民激增，广府人地盘和队伍进一步扩大，广府文化也成为岭南文化主流。

### 一、唐宋移民高潮

唐开元年间张九龄开通大庾岭道后，极大方便了岭南与北方交通，北人入粤者日渐增加。安史之乱后，移民逐渐以珠江三角洲地区为落户目的地。广州作为世界性贸易大港、通海夷道起点，中外商贾云集，进一步加强了它作为区域经济和文化中心对民系形成的凝聚力。随着俚僚等少数民族进一步汉化或他迁，珠江三角洲和西江地区遂为汉人为主的居地。汉族吸收土语成分，推动粤方言发展和趋于成熟。

五代时期，岭南为南汉政权割据，保持一个相对安定的社会环境，吸引了为避北方战乱而南下的移民入居。南汉在立国初期，对人才重视有加，南汉境内名流毕集。恰如苏轼指出："自汉末至五代，中原避乱之人，多家于此。"[1] 在这半个多世纪里，以

---

[1] 苏轼：《伏波将军庙碑》，李之亮笺注：《苏轼文集编年笺注（诗词附）》，巴蜀书社，2011年，第629页。

都城广州为中心的区域经济文化无疑比其他地区为优。如南汉主在广州大兴土木，营造宫室园林、寺院、陵寝等，即塑造了广州的城市形象。现保留下来的建筑遗存遗址，如流花桥、清海军楼、游台、药洲等，使广州成为岭南古代建筑文化荟萃之所。

北宋末和南宋末，金人和元人相继南侵，又有大量灾民流落岭南。这两次移民人数多、规模大、时间长、分布广，对岭南各民系的形成影响直接又深远。据《元丰九域志》统计，北宋后期广东（含海南）户口中，主户占61%，客户占39%，而北宋初客户仅占13%，显见宋代岭南户口增加主要原因是岭外人口南迁。宋代主客户虽以是否占有土地划分，即地主或自耕农为主户，无土地者为客户，但外来移民初来几乎是没有土地的，可视为客户。

北宋客户地区分布 [①]

| 客户组别 | 广南东路 | 广南西路 |
|---|---|---|
| ≥ 50% | 广州、端州、南恩州、梅州、惠州、雷州 | 浔州、融州 |
| 30% ~ 50% | 循州、封州、新州、化州、万安军 | 象州、梧州、龚州、贵州、宾州、郁林州 |
| ≤ 30% | 韶州、潮州、连州、康州、南雄州、英州、高州、琼州、昌化军、朱崖军 | 桂州、容州、邕州、昭州、藤州、柳州、宜州、横州、白州、钦州、廉州 |

显见，外来人口超过当地人口的地区主要在珠江三角洲、西江和漠阳江流域，它们成为广府地区的主体；梅州和惠州客户超过当地人口，奠定了它们成为客家系地区的人口基础。

大量历史文献、族谱、家乘等记载了宋代这两次人口迁移。

---

① 资料来源：梁方仲：《中国历代户口、田地、田赋统计》，上海人民出版社，1980年，第147—148页。

据黄慈博《珠玑巷民族南迁记》，宋室南渡时取道大庾岭下珠玑巷而定居于珠江三角洲地区的移民共有73姓165族。而据曾昭璇考证，有141姓，遍布28个县市、668个乡镇，其中高要109姓，新会92姓，东莞78姓，南海75姓，中山67姓，鹤山57姓，增城55姓，顺德53姓，开平32姓，广州28姓，番禺24姓。[①]有研究者对珠玑巷移民后裔作了调查，得出以下结论：珠玑巷移民后裔占广府民系的60%以上，约2000万人。其中珠江三角洲宋代以后成陆的地区是珠玑巷移民后裔分布的高密区，占当地人口的比例在80%以上，其他地区则在40%以上[②]。这样高的外来人口比例对当地族群社会结构有举足轻重的意义。特别是这些移民聚族而居，结成村落，这种以血缘关系组合起来的族群，只要有某个共同因素把他们联合起来，即可在地域上连成一片，构成与其他族群相区别的群体。事实上珠江三角洲村落大部分始建于宋，视南雄珠玑巷为祖先发祥地，在族谱上记载祖先自珠玑巷迁来。珠玑巷由此成为南迁居民情结所在，近年掀起一次又一次寻根问祖热。而宋代作为这个民系形成的关键时期，还可从这个民系迁移时代和地域分布中得到验证。吴松弟统计了65个由外省迁入广东的广府氏族的信息，如下表所示。[③]

65个外省迁入的广府氏族迁移时代分布

| 五代以前 | | 宋代 | | 元代 | | 不明 | |
|---|---|---|---|---|---|---|---|
| 数量 | 比重 | 数量 | 比重 | 数量 | 比重 | 数量 | 比重 |
| 8 | 12.3% | 49 | 75.4% | 1 | 1.5% | 7 | 10.8% |

---

[①] 根据曾昭璇、曾宪册《宋代珠玑巷迁民与珠江三角洲农业发展》（暨南大学出版社，1995年）综合所得。

[②] 曾祥委、曾汉祥主编：《南雄珠玑巷移民的历史与文化》，暨南大学出版社，1995年，第82页。

[③] 资料来源：吴松弟：《中国移民史》第四卷，福建人民出版社，1997年，第177页。

这65个氏族中大部分是宋代迁入的，据此似可得到广府民系移民主要是宋代迁入这一结论。

65个外省迁入的广府氏族迁移地区分布

| 迁出地区 | | | 迁入地区 | | |
|---|---|---|---|---|---|
| 北方 | 南方（除广东） | 不明 | 珠江三角洲 | 粤北 | 不明 |
| 22 | 30 | 13 | 14 | 50 | 1 |

宋代从南方其他地区迁来岭南的移民比北方地区多，更容易适应岭南地理环境，其中粤北主要指南雄，事实上这些迁民在南雄停留一段时间以后大部分再度南迁，最终多以珠江三角洲为归宿。

广西作为广府人一个大本营，宋代移民也节节攀升。秦开灵渠以来，湘桂走廊长期为南北交通要道，大批中原移民经此落籍于西江地区。唐开大庾岭道后，五岭交通重心东移，但西江水量大，通航条件好，仍不失其交通地位。宋代经湘桂走廊迁入桂东、桂南的岭外移民也不在少数。博白县因北方迁民太多，影响到老虎习性，从不伤人到吃人。这些地区后都是广府民系居地。

宋代经珠玑巷南下迁民，多为有组织的群体，并得到官府支持。这大不同于以往个体行动，使迁民运动具有新时代特征。如番禺市桥《谢氏族谱》记迁民出发前"赴（保昌）县陈告，准立文案、文引，乃赴府告准结引，立号编甲，陆续向南而行"。南雄贡生罗贵一行南迁，保昌县、南雄州都给文引。[1]这种集体迁移方式不但利于人口集中和聚落建设，而且对加强居民内聚力、认同感也大有裨益。如迁到番禺市桥的谢氏，"众相开辟基

①《宋代珠玑巷迁民与珠江三角洲农业发展》，第221页。

址,共结婚姻,朝夕相见,仍如今日之故乡也"[1]。这些迁民多有资财,部分后入广州、佛山等城镇经商,对珠江三角洲商业文化建立和繁荣做出贡献,这也是广府民系的一个特质和优势。

唐宋广州作为贸易大港,外商纷至沓来。据《唐大和上东征传》记,唐天宝年间广州即有"白蛮(阿拉伯、波斯等国白种人)、赤蛮(南海周边诸国黑种人)等往来居住,种类极多",仅居住在专设"蕃坊"里的外侨即达13万人。广州光塔街,设有专供外国人集中活动的"蕃坊",今天广州玛瑙巷、大纸(食)巷、普宁巷(旧称普宜人巷)等正是"蕃坊"遗迹所在。宋代在广州外侨数量更多,仅广州城外便有"蕃汉数万家"[2]。这样一个庞大的异族人群,难免与当地人通婚,以致卢钧任广州刺史时立法"下令蕃华不得通婚"[3]。到五代,蕃汉通婚比唐代多。南汉主刘铱非常宠幸波斯女子[4]。宋代土蕃通婚禁之不绝。朱彧《萍洲可谈》记载,那时蕃客不但娶广州女子为妻妾,而且广置田宅,所生混血儿称"土生蕃客"或"五世蕃客"。这个混血人种或群体,使广府民系居民注入更多外来种族基因。

唐宋大量移民入岭,使中原汉语对粤方言产生更进一步的影响,特别是一些贬官逐臣、名流学者来到岭南为官、兴教办学等,使粤语在唐代日趋成熟。宋代在中央王朝强干弱枝政策作用下,粤语朝着与中原汉语距离越来越大的方向发展,不但不再或很少接受中原汉语,而且大量吸收当地族群语言、阿拉伯语等外来语,使之更具方言特色,从而完成了方言定型、成熟的过程,成为一种有别于中原汉语的方言。这同是广府民系定型成熟的主要标志。

---

① 《番禺市桥谢氏族谱》。
② 李焘:《续资治通鉴长编》卷二三七,中华书局,1995年,第5775页。
③ 欧阳修、宋祁:《新唐书·卢钧传》,中华书局,1975年,第5366页。
④ 吴兰修:《南汉记》卷五引《清异录》。

在宋人著作中已清楚地记述粤语与中原汉语很不相同。周去非《岭外代答》记载，广西地区"早曰朝时，晚曰晡时，以竹器盛饭如篦曰箪，以瓦瓶盛水曰罂，相交曰契交，自称曰寒贱，长于我称之曰老兄，少于我称之曰老弟，丈人行呼其少曰老侄，呼至少者曰孙，泛呼孩提曰细子"。[1] 这些词语与今日粤语意义甚为相近或一致，而与中原汉语相距甚远，显见粤方言在广西已经形成。在广东也有同样情况。苏轼有诗曰"倦看涩勒暗蛮村"，今日粤语称有刺的竹木为"勒"。语言学者研究了宋代广东方言，认为很多读音与现代粤语相同。粤语与壮语有不可分割的联系，很多壮语用词广见于西江地区。而粤北唐代还是以少数民族语言为主，到宋代成为客家方言地区。

至此，宋代由于移民从岭外大量入居，少数民族汉化或他迁，形成汉移民地域集中分布格局。以地缘为基础的民系代替原先以血缘为基础的氏族，最终促进民系形成，在珠江三角洲和西江地区地域上联成一片的即为广府民系。

## 二、俚僚人汉化

民系文化形成与民族融合有不可分割的联系。唐宋移民壮大了汉人队伍，增加了与当地俚僚人接触和融合的机会，结果汉文化在岭南越来越处于优势地位，汉俚文化界限逐渐消失。特别是经过冼夫人的努力，汉俚文化融合过程在隋唐时期变得更加迅速，程度也更深。广府文化也同步生长和壮大。

冼夫人本是俚人首领，梁武帝普通三年（522）出生于高凉

---

① 周去非著，杨武泉校注：《岭外代答校注》卷四《风土门》，中华书局，1999 年，第 160 页。

郡（沿今广东阳江）。《隋书·谯国夫人传》载，冼夫人"幼贤明，多筹略"，她带头与高凉太守冯宝结婚，这是一种促进民族团结的政治联姻。婚后，她约束族人遵守法纪，又常协助丈夫断决案件，即使是亲人犯案，也不徇私，从此"政令有序，人莫敢违"。冼夫人全力推行民族和睦政策，"由是信义结于本乡"，不但旁郡"怨隙止息"，服从其领导，雷州半岛、海南岛的俚人也纷纷归附麾下，粤西地区出现了民族团结的局面。

冼夫人还反对地方割据和分裂活动，维护国家统一。太清二年（548），冼夫人智挫高州刺史李迁仕，配合陈霸先平定侯景的叛乱。太建元年（569），冼夫人与陈将章昭达配合，内外夹攻，平定广州刺史欧阳纥的反叛，粉碎了其分裂国家的阴谋。

开皇九年（589），隋灭陈，岭南数郡共举冼夫人为主，尊为"圣母"。冼夫人在确知陈亡后，召集首领数千人"尽日恸哭"，而后归顺隋朝。朝廷感其顾全局、识大义，册封她为"宋康郡夫人"。

开皇十年（590），番禺王仲宣反，"诸州跟叛"，岭南地区出现动乱局面。冼夫人不顾年近古稀，率兵平叛，"所到之处，闻风归顺"。隋文帝册封为"谯国夫人"。每逢年节，冼夫人将分别藏放的梁、陈、隋三朝赐物陈列出来训示子孙，要他们像她一样忠国爱民。冼夫人将近八十岁高龄时，还请示朝廷查办了番州（即广州）总管赵讷，并亲持诏旨巡历十几个州，抚慰因赵讷贪财暴虐而亡叛的俚、僚各族人民，保持了岭南的安定。

冼夫人还积极在粤西地区推广汉人的礼俗，传播汉族的先进生产经验，改革俚人落后的社会习俗，加速了粤西乃至海南等地封建经济文化发展的历史进程，为岭南的汉文化发展和社会进步作出了重大贡献。为纪念冼夫人的功绩，后人在海南和广东高州、雷州、化州、阳江等地区建造了很多庙宇，其中茂名就有冼庙一二十处，茂名、海南等地每年都举行几次盛大的纪念冼夫人活动。海外华人建的冼庙也为数不少。1962 年，马来西亚雪兰莪建成一座规模宏大的冼太庙，并派专人到高州冼太庙引导香火回雪兰莪，让冼夫人代表的民族融合精神在当地传播。

冼夫人的历史功绩和思想文化对国内乃至世界都有很大影响，在岭南地区更是具有特殊的地位。自梁陈至明清，统治者给予册封谥号之外，魏徵、苏轼、李东阳、王士禛等名人为她作记。新中国成立后，周恩来总理赞誉冼夫人为"中国巾帼英雄第一人"。

俚人是汉至唐生活在粤西、桂东、桂南一带的居民，其先民是先秦时的西瓯、骆越人与汉代的乌浒、南越人。宋代出现的壮人和黎人，是俚人的后裔。俚人在汉唐屡见于史籍，常与僚并称。他们在开垦岭南大地、创造岭南古代文明等方面，都作出过积极的贡献。

俚人以部落为单位，居住在村峒里面，首领称"渠帅"或"都老"。断发、椎髻、跣足和鸡卜是俚人社会的主要风尚习俗，这其实是南越族的一种遗风。

秦汉在岭南设置郡县后，一些交通和经济条件较好的地区如珠江三角洲等逐步建立了封建制度，越人逐渐汉化。而地处僻远、生产力发展较慢的俚人聚居区，直到隋唐时奴隶制仍然残存，郡县制度还很不健全，甚至徒有其名。事实上，粤西还多是俚僚部落首领的世袭领地，朝廷派来的官吏，因是"他乡羁旅"，所以"号令不行"，甚至贪虐无道，激化矛盾冲突。为了息事绥边，使少数民族顺服，封建王朝选择了以蛮夷治蛮夷的羁縻政策，实为汉俚制度文化的融合，加速了俚僚地区的汉化。[1]

---

[1] 魏徵：《隋书·谯国夫人传》，中华书局，2000 年，第 1209—1211 页。

俚人的祖先很早就掌握了冶铜技术。在战国时期，两广地区的百越人就已广泛地铸造并使用铜鼓了。作为百越族在两广的主要支裔，俚、僚人继承了铜鼓的铸造技术。俚、僚人所铸铜鼓，广泛应用于战争、报警、祭祀、驱逐猛兽、辟邪以至于娱乐等。在我国南方地下出土铜鼓比比皆是，而以两广、云、贵为最，仅广东省和广州市博物馆收藏的就有数百面之多。广东铜鼓分布，明显地以北江为界，其西为分布区，包括西江、鉴江流域，即粤西、桂东等，主要为广府人居地；北江以东为客家、潮汕地区，几乎不见铜鼓踪影。这个地域分布格局，说明俚僚人与广府先民之间，有着非同寻常的血缘、族缘关系。

广东各地俚人，在先进的汉文化影响下，大部分逐渐被汉化；另有部分迁入海南岛，与原在岛上的俚人汇合，发展为黎族。生活在西江流域的蛮、瑶等少数民族，也在一定程度上接受汉文化，朝着多元一体的民族文化方向发展。例如生活在钦州一带的乌浒蛮，其首领宁氏家族积极学习汉文化。永昌元年（689），宁悌原进士及第，官至谏议大夫，兼修国史。分布在今罗定江一带的葛僚，出了个惠能和尚，对佛教文化贡献甚大。

2006年，广东省考古研究所在信宜境内的荔枝（岭子）岗、马岭岗和高州境内的亚公山、牛角山、光山、塘尾岭、屋背岭等七座小山上，发现了消失已千年的俚人文化遗址。通过考证，证实这些遗址的真正主人是粤西土著俚人。[1] 他们生活的地区与洗夫人的主要活动范围相近，当时仍保留较多俚族文化形态，成为汉俚文化融合的基础。[2]

---

[1]《1500年前粤西土著如何生活？》，《南方日报》2007年8月22日。

[2] 司徒尚纪主编：《中国地域文化通览·广东卷》，中华书局，2014年，第72—77页。

## 三、粤语定型成熟

秦汉多次进军岭南，留下大批中原移民，使岭南社会发生很大变化，语言也不例外，这是促使广府民系形成一个重要指征。

从秦汉到六朝，入岭汉人不断增加，到唐代岭南俚人相继汉化，粤语方言也进入稳定阶段。到五代十国时期，岭南为南汉政权割据地，与中原和北方联系减少，反而加速了粤语方言独立发展，显示更多的地域特色。

宋代，统治者推行强干弱枝政策，中央集权有所加强，地方势力被削弱。这使岭南土著与汉人之间产生更多隔阂，结果反使在唐代稳定了的粤语方言脱离了原来汉化轨道，朝着与中原和北方汉语偏差越来越大的方向发展，在原来汉化基础上重新大量吸收古越语成分，形成成熟定型的粤语方言。一些今粤方言地区，在宋代流传"泊舟曰埋船头，离岸曰反船头，舟行曰船在水皮上，大脚胫犬曰大虫脚"等说法，至今仍在使用。经过多次移民，到宋代广东客户人数超过主户，外来汉人成为当地居民主体，原先墨渍式扩散的语言据点已拓展、相连成为连续面，覆盖广大地区。粤方言占据广府广大地区，成为广府人日常交往的通用语，也是广府民系形成的重要标志。

## 四、广府文化定型

一个民系的形成和稳定发展，应以所承载的文化定型为标志。粤语定型成熟，仅是广府文化形成的一个表现。物质和非物质文化的诸多要素，在唐宋时也发生质的飞跃，成为广府民系识别的标志。文明或文化的基础在于开发，利用自然条件与资源，变为人类需要的物质或精神财富。直到宋代，人们对岭南地理环境才有较多认识，特别是在掌握了沿海低地和冲积与珠三角平原的特点与规律以后，开始了以围垦为中心的土地利用，在农业技术方面取得很大成就，明显地改变了农业土地利用面貌，创造了前所未有的物质文明。这是广东社会摆脱蛮荒与落后，走向文明与进步的滥觞，广府地区又居主体地位。

唐代广东始有水利建设记载，到宋代已广泛而较大规模地发展起来，包括修筑堤围、陂塘、沟渠等设施。土地按不同属性加以开发利用，形成围田、沙田、基塘等类型，分别种植水稻、桑、蕉、水果以及养鱼，生产大量粮食和其他农副产品，供应市场。广东稻作文化在全国享有很高声誉。据统计，在两宋320年间，在今高要、南海、东莞、博罗、三水、顺德、中山、番禺、高明、鹤山、珠海等11个市区县筑堤28条，总长66024.7丈，捍卫了34322.4顷田地。[1]这些堤围主要分布在西江、北江和东江干流两岸。如宋哲宗元祐年间李岩为东莞知县时主持筑堤达12条[2]。很多村落也建于宋代，为修筑堤围佐证，如顺德桑园围。番禺沙田区有礼村、植村、市头、罗边、植地庄、穗石、沙湾、古坝、黄阁、深湾等宋村，东莞有石美、莫屋、滘联、李屋、麦屋、沙滘、小享等村。迁民中有不少有财力者，到达新居地后即着手开垦经营土地，且颇有成效。北人南迁，保持面食习惯，加上政府推广和气候等原因，北方旱作文化在岭南扎根开花，宋代广东小麦种植普遍，在广东农业文化史上有特殊意义。此外，经济作物生产也崭露头角，广东出产的甘蔗、槟榔、水果、棉花及其制品不仅

---

① 《珠江三角洲农业志（初稿）二》，1976年，第11页。
② 道光《广东通志》卷一一五《山川略十六》。

闻名遐迩，而且给土地利用指明了方向。对这些作物的栽培及产品推广、销售等所需要的许多技术和渠道，都离不开一定的社会文化背景，而它们的成功，正是文化进步和传播的结果。

城镇和建筑作为一种文化景观，也深刻反映区域文化发展程度。隋唐岭南许多州郡县治所，虽为政治中心，但有不少是有治无城，或城镇规制很小，无补于城镇文化景观的形成和集中。到宋代，广东普遍修筑府州县城。这不但打破了古典城市规划制度，而且促进建筑文化革新，日益走向成熟。例如广州作为广南东路、广州及番禺、南海两县这三级行政建置的治所，城垣扩建和修缮达十余次。其他州县除修治旧城以外，宋代增筑州军县城的就有香山、肇庆、英德、阳江、化州等。保存至今的宋代肇庆城代表了这一时期广东城镇布局的基本格局和文化风貌，与全国其他地区城镇没有原则差异，反映了广东城镇规划制度已定型，此后不过在其基础上扩大、改造而已。宋代广东住宅平面布局多用四合院式，与中原城市一般平民所居相同；在建筑物组合上，单体建筑面宽、间数少、间隔较窄，环廊多有石栏杆，与其他地区由前厅、穿廊、后寝组成的工字形布局相似。塔也在宋代大量出现，如南雄三影塔、六榕寺花塔、阳江北山石塔等。许多地方多孔石拱桥的建筑工艺亦有很高成就。祠堂、园林、别墅也相应增多。这些建筑进一步借鉴中原和江南风格，同时结合岭南地理特点，注意到景观和观景的关系，内外渗透，因形就势，轮廓变化灵活，艺术形象丰富，建筑细部向精巧细致方向发展，显示广府建筑技术和建筑艺术已达到成熟阶段。

宋代是中原文化南下的全盛时期，除了奠定广府物质文化基础以外，还开创了广府文教肇兴新局面。自此，封建文化在广府走上持续发展的道路，出现上承隋唐、下启明清的大转变。

广东儒学设置过去甚为寥落，宋代始得到较大发展。以仁宗时在广州建州学为发轫，到南宋时全部州和一半县都设立学校，南迁官绅还为族中子弟创办书院，聘请宿儒名流讲学，进而推动学风兴起，培养一批科举人才。"粤东（即广东）为天南奥区，人文自宋而开"①，宋代广东学业景观焕然一新，涌现了一批著名理学家，如惠州知州、丰湖书院山长刘克刚，博罗县主簿、钓鳌书院山长罗从彦，东莞理学家名家翟杰等。李昴英，官至龙图阁待制、吏部侍郎，著有《文溪存稿》20卷，为南宋理学代表人物。

据道光《广东通志·艺文志》统计，宋元广东修志书凡59种②，但凡州都有州志，少数县有县志。王靖《广东会要》、陈岘《南海志》、孙崇《南雄州志》、陈大震《南海志》、《清远县志》等，皆为这一时期重要地方志。方志增多，反映人们对广东了解已经不少，也是文化发展的一种见证。另外，私人著述也显著增多，如陈昭《太平圣惠方》、余靖《武溪集》、苏轼《海外集》、许牧《广州记》、王中行《广州图经》及《增江志》、苏辙《龙川略志》《龙川别志》等，皆为汉文化传入广东的结晶。这些论著、方志多以广府地区为对象，说明广府文化已居岭南各民系地域文化之首了。

## 第五节　明清时期

明清是广东社会经济发展的一个重要时期。广东已摆脱过去

---

① 《广东新语》，潘序第 1 页。

② 据方志学者李默《广东方志要录》统计，宋元广东共修志 115 种，最多的是广州有 11 部。

落后状态，跻进全国先进地区行列，也迎来了文化发展新局面。伴随这种变化的是广府民系人口数量增加，商品经济兴盛和商品观念普遍加强，商业精英集团崛起，广府文化全面振兴，标志着广府民系鼎盛发展时期到来。

## 一、广府民系人口居岭南之首

明末清初掀起中国历史上最后一次移民高潮，因广府、客家、潮汕、雷州四大民系已经形成，移入岭南的居民已不可能再产生新的民系，只能因来源或入居地不同，分别加入既有的民系队伍，使各民系在人数、地域分布上发生变化。广府民系得益于珠江三角洲经济崛起和对外通商口岸的地位，吸引更多外来人口，融合外来文化，日益发展成为岭南最大族群。这时取道大庾岭道南下的移民主要定居于珠江三角洲，部分流入城市，这为大面积成陆的三角洲开发和城市商业经济繁荣注入新的力量，也使广府民系较之其他民系处于优势地位。这类记载甚为详尽。佛山金鱼堂陈氏始祖于元泰定四年（1327）由南雄珠玑巷卜居佛山田边坊。[①]明清人口在省内迁移比外省移入的比例要高。据对肇庆市区范围居民的统计，明代落籍于此的共 40 姓，其中来自外省的仅 8 姓，占 20%；清代落籍于此的有 63 姓，其中来自外省的有 11 姓，仅占 17.5%。[②]这样一来，经济发达的珠江三角洲和西江沿岸能比其他民系地区吸引更多的人口，从而加强了广府民系的地位，这可从下表反映出来。

---

① 光绪《南海金鱼堂陈氏族谱》卷八下。
② 肇庆市端州区地方志编纂委员会编：《肇庆市志》，广东人民出版社，1996 年，第 842—848 页。

明清各民系在广东的人口比例 ①

| 民系 | 地区 | 明代 | | 清代 | |
|------|------|------|------|------|------|
| | | 人数 / 万人 | 比重 | 人数 / 万人 | 比重 |
| 广府 | 广州府 | 62.8 | 27.2% | 157.1 | 33.7% |
| | 肇庆府 | 41.6 | 18.0% | 51.8 | 11.1% |
| | 罗定州 | 3.1 | 1.3% | 8.1 | 1.7% |
| | 怀集县 | 2.0 | 0.9% | 0.3 | 0.1% |
| | 高州府 | 6.8 | 2.9% | 18.6 | 4.0% |
| | 廉州府 | 7.5 | 3.3% | 9.4 | 2.0% |
| | 小计 | 123.8 | 53.6% | 245.3 | 52.6% |
| 客家 | 韶州府 | 8.0 | 3.5% | 34.6 | 7.4% |
| | 南雄府 | 6.8 | 2.9% | 7.0 | 1.5% |
| | 惠州府 | 10.9 | 4.7% | 23.4 | 5.0% |
| | 嘉应州 | — | — | 20.6 | 4.4% |
| | 连州 | — | — | 9.1 | 2.0% |
| | 连山 | — | — | 0.8 | 0.2% |
| | 小计 | 25.7 | 11.1% | 95.5 | 20.5% |
| 福佬 ② | 潮汕 | 29.7 | 12.9% | 75.6 | 16.2% |
| | 雷州 | 22.6 | 9.8% | 5.9 | 1.3% |
| | 海南 | 29.1 | 12.6% | 43.6 | 9.4% |
| | 小计 | 81.4 | 35.3% | 125.1 | 26.9% |
| 总计 | | 230.9 | 100% | 465.9 | 100% |

明清广府民系占广东全省人口过半，客家民系人口比例上升
最快，而潮汕民系、雷州民系反见萎缩，这与清代雷州半岛人口
比前代下降有关。

明代广府地区生活着不少瑶、壮族人，嘉靖年间广东 33 个

---

① 资料来源：司徒尚纪主编：《广东历史地图集》，广东省地图出版社，1995 年，
　第 45—46 页。明为洪武二十四年（1391）人口，据康熙《广东通志》计算。清代
　人口据雍正《广东通志》，原为丁，按 1 丁合 4 口推算。
② 潮汕系、雷州系、海南系曾合称为福佬系，实为三个独立的民系，为方便统计，
　这里姑且仍袭用旧称。

州县仍有瑶寨900多处，其中肇庆府有540多处，占60%左右[1]。明中后期粤西罗旁地区瑶人多次起事失败后，一部分瑶人或隐瞒民族成分，或分散粤西各地，或向粤北及两广交界山区转移。在强迫或自然同化之下，瑶人数量迅速减少。清代广东瑶人的斗争同样被反复镇压，瑶人数量进一步减少，其分布基本上限于粤湘桂交界山区，原居地被广府民系或客家民系占据。广府民系不但在珠江三角洲和西江地区相连成片，而且增辟新分布区。如海南岛西北儋州流行"乡话"，实为粤方言的一种。[2]这些移民于明清时期从广州府或肇庆府属恩平、开平、高明、新宁、阳江等迁来，被称为"新客"[3]。从方言判断，应属广府民系移民从大陆向海岛转移的一个例证。

　　1553年澳门为葡萄牙人赁居和1842年香港岛割让给英国后，两地很快发展为中西文化交流基地。西方文化首先在珠江三角洲和西江地区传播，并被整合为当地文化的一部分，包括近代产业、西式和中西合璧式建筑、西医、新式学校、报刊、艺术、宗教、礼仪、服饰、语言、风俗等，无论物质文化、制度文化，还是观念文化都极大地充实、丰富了广府文化内涵，使之更具时代和地域特色，并由此形成一个具有开放意识、重商、冒险等文化品格的社会群体，他们即为广府民系最早的一批文化精英。

## 二、广州帮商人崛起

　　"商帮"是指以地域为中心的一种自发和松散的商人群体。

---

① 嘉靖《广东通志》卷三十一《政事志》。
② 民国《儋县志》卷十五《舆地志》。
③ 冯子林：《冯宫保军牍》卷十一。

广东地区主要有广州帮、潮州帮和客家帮。他们族群归属不同，经营商品范围和地域有异，表现出不同的海洋文化风格，由此彰显出广东地域文化的差异。其中，广州帮商人数量最多，商人资本最雄厚，影响最广泛。

广州帮是指籍贯为广州府地区的商人，是明清时期著名的地缘性商人集团。明代广州府相当于今珠三角绝大部分地区。因此，所谓广州帮商人，也就是由广州府属下的珠江三角洲各县市的商人构成，也有人称广府商人。[①] 有资料显示，在广州、佛山等地经商的商人中，有60%属广州帮。史称"省会、佛山、石湾三镇客商，顺德之人居其三，新会之人居其二，番禺及各县各府、外省之人居其二，南海之人居其一"[②]。据黄启臣先生统计，明清时期有姓名、籍贯且经营地点可考的广州帮商人有358人（户），主要分布在南海、佛山、顺德、番禺、香山、新会、高明、鹤山和广州，占广州帮商人总数76.65%。[③] 此外，广东沿海地区，如恩平、阳江、肇庆、惠州、湛江、雷州、徐闻、遂溪等地区，乃至韶关、南雄、乐昌等内陆地区也有为数不少的广州帮商人。

广州帮商人除充分利用北、西、东江和沿海航线与内地做生意以外，也同时利用南海交通，角逐海外市场，足迹遍及越南、柬埔寨、泰国、印度尼西亚、马来西亚、新加坡、日本、朝鲜、美国、欧洲、大洋洲等。在一个陌生国度里，要适应、熟悉当地自然、社会文化环境，这需要坚韧的心理素质；而为了融入当地社会，还要克服语言、习俗、法律、生活习惯等障碍。

在广州帮商人中，最有代表性的应推十三行商人。明清时，

---

① 黄启臣：《广东商帮》，黄山书社，2007年，第78页

② 龙廷槐：《敬学轩文集》卷二《初与邱滋畲书》。

③ 黄启臣：《广东商帮》，黄山书社，2007年，第88页。

随着商品经济的进一步发展，牙商（亦称牙人，在交易中为买卖双方说合，并从中抽取佣金的商人）人数大大增加，形成一个专门的行当，称为牙行。随着清康熙二十三年（1684）开放海禁，对外贸易逐渐兴盛，但官府规定所有进出口商货须经洋货行进行。康熙二十五年（1686），广州成立洋货行。作为官府与外商交涉的中介，洋货行对官府负有承保和缴纳外洋船货税饷，传达官府政令、代递外商公文、管理外商等义务。这些洋货行初为牙行性质，乾隆年间组成公行，专揽丝、茶及大宗贸易。洋货行最少时四家，最多时达二十六家，通称"十三行"，实际上是清政府特许的垄断性商业组织。由于得到官府的认可，代表清政府主持外贸业务，行商具有半官半商双重身份，后被统称为"官商"。基于此，十三行的商号，多以"官"字冠后，如"潘启官""伍浩官"。

南海颜亮洲创立泰和行，以"开诚布公，为远人所信爱"[1]。泰和行主要与英国东印度公司做生意，承保该公司来广州贸易的商船，在行商中拥有雄厚经济实力。泰和行实行家族式管理模式，举凡内外业务，均由颜姓兄弟负责。颜亮洲死后，泰和行由两个儿子继承。到乾隆年间，在颜亮洲次子颜时瑛经营下，泰和行已雄踞十三行的第三位。

番禺潘启官创立同文行，在十三行商中也举足轻重。潘启官精通外语，方便与外商沟通，商务发展蒸蒸日上，主要与英国东印度公司开展丝、杂、毛织品等贸易，获利甚巨，后在广州河南购地建置园林豪宅，旧为广州名胜。潘氏经商以务实进取、讲究信用著称，由此赢得广阔发展空间。例如，退赔英国东印度公司购买质量低下废茶或运输致损废茶的损失，保障商号信誉。潘氏

---

① 南海《颜氏家谱》。

勤奋好学，乐于接受新生事物，信息量广。据悉，潘启官通英语、西班牙语、葡萄牙语，可以直接与外商交谈，甚有利于双方贸易，有谓"夷人到粤必见潘启官"①。潘氏还积极吸收西方先进经商知识，注重调查、收集市场信息，树立起盈利观念、信息观念、诚信意识、市场意识、竞争意识、效率意识等。这些近乎近现代商业发展需求的理念，都在潘启官身上有不同表现，从而有效地保障了同文行运作。《潘启传略》称："当时海舶初通，洋商以公精西语，广兼真诚，极为钦重，是以同文洋行商务冠于一时。"②潘启官在与外商的频繁接触中，发现英国东印度公司伦敦董事部使用汇票进行贸易结算具有节省时间、提高效率、资金流转迅速、安全兑现等胜于现金交易的优点，于是将汇票引入同文行的经营，表现了他的超前意识。③这可视为十三行商人较早接受西方新鲜事物的一个案例，显示出广府海洋商业文化的光辉。

南海商人伍国莹创立怡和行，与英国东印度公司进行毛织品和茶叶贸易，贸易额年年直线上升，经三代人苦心经营，伍国莹之子伍秉鉴成为广州首屈一指的富豪。美国《华尔街日报》于2001年统计了1000年来世界上最富有的人，伍秉鉴赫然在列。其成功之处在于总揽、利用善于经商的卓绝人才。外商也评论其"拥有大量资本及高度才智，因而在全体行商中，居于卓越地位"④。用现代管理学话语来说，就是人才战略制胜。伍氏集团注重与地方政府建立密切关系，通过各种途径，向清政府捐助而

---

① 张维屏：《艺谈录》下卷。

② 潘刚儿、黄启臣、陈国栋：《广州十三行之一：潘同文（孚）行》，华南理工大学出版社，2006年，第23页。

③ 章文钦：《十三行商早期首领潘振承》，杨万秀主编：《广州名人传》，暨南大学出版社，1991年，第66页。

④ 格林堡著，康成译：《鸦片战争前中英通商史》，商务印书馆，1964年，第62页。

获得丰厚回报。志称"计伍氏先后所助不下四万（两），捐输为海内冠"[①]。充分利用行政力量推动商业经营，从制度文化层面而言这也是一个成功之道。伍氏集团除经营茶叶等以外，还"投资于美国保险业"[②]和美国铁路事业。史载："名（伍）崇曜者，富益盛。适旗昌洋行之西人乏资，即以巨万畀之，得利数倍。西人将计所盈与之，伍既巨富，不欲多得，乃曰：姑留汝所。西人乃为置上海地及檀香山铁路，而岁计其入以相畀。"[③]又有载，伍氏"有买卖生理在咪唎坚国，每年收息银二十余万两"[④]。这无疑是吸收海外先进商业文化在广州推广的有益尝试。

## 三、广府商品经济居岭南高峰

明中叶以来出现的资本主义萌芽，在清初社会安定以后进一步发展，商品经济潮流冲击广府地区各个角落，由此产生社会经济和文化效应，把广府民系推上岭南各民系高峰。

清初基于稳定沿海社会秩序、廓清敌对势力的需要，曾实行"迁海"政策，岭南社会备受其害。迨统一台湾，平息三藩之乱，清政府于康熙二十四年解除海禁，开海贸易。但到乾隆二十二年封闭闽、浙、江三海关，仅保留粤海关一口通商，且由设在广州的十三行经营。广东得以独擅外贸之利，这种状况一直持续到鸦片战争结束。在这个背景下，广州商贸兴旺，为外贸服务的商品

---

① 光绪《广州府志》卷一二九《伍崇曜传》。

② 转引自潘刚儿、黄启臣、陈国栋：《广州十三行之一：潘同文（孚）行》，华南理工大学出版社，2006年，第23页。

③ 徐珂编撰：《清稗类钞》第5册，中华书局，1984年，第2332页。

④《筹办夷务始末》（咸丰朝）第二十六卷，中华书局，1979年，第973页。

农业、手工业基地相继出现，扩大了商品流通，形成一个近乎全民性的经商热潮，席卷珠江三角洲和沿海各地。

清代珠江三角洲商品经济之兴盛，广州、佛山、石龙、陈村等广东四大镇的出现是一个重要标志。其中，广州作为四大镇之首无须多述，而与之毗邻的佛山的兴起和发展，不但与广州相得益彰，而且影响所及，远在三角洲以外，在整个流域居重要地位。

据不完全统计，明嘉靖年间（1522—1566）珠江三角洲16县有175个圩市。[①] 到清代，圩市数量急剧增长，雍正至乾隆年间（1723—1795）已达570个[②]，比明嘉靖年间增加了2.3倍。圩市平均服务人口和服务面积也相应加大。

根据计算结果，珠江三角洲圩市分布网络，大致以广州、佛山为中心从密到疏向四周延伸。最密的番禺、南海、顺德、新会等地，嘉靖年间圩市平均服务半径约5.3公里；而稀疏的新宁、归善、清远等三角洲边缘地区，圩市平均服务半径达40公里。到雍正、乾隆年间，以上两种地区圩市平均服务半径分别为2.8公里和9公里，两者差异明显缩小。边缘地区城镇化过程加快，核心地区圩市越来越密集，显示广州、佛山地区作为一个巨大城镇群体已经形成，并向周围多向辐射。每个圩市的服务人口与它的服务半径成反比，圩市稠密地区服务的人口呈下降趋势，而边缘地区圩市服务人口一般都比较多。但不管怎样，商品经济发展程度是决定圩市分布的重要条件。如南海圩市，嘉靖时平均服务半径4.6公里，平均服务人口6019人；雍正到乾隆时，平均服务半径下降为2.9公里，平均服务人口为6076人。而地处三角洲边缘的恩平县，相应为8.5公里、1490人和6公里、905人。

---

① 嘉靖《广东通志》卷二十五《民物志六》。
② 据雍正《广东通志》和雍正、乾隆年间珠江三角洲各县志统计。

两县如此悬殊，除了因为南海人口密度、交通条件优于恩平以外，更重要的在于它是三角洲商品经济最发达的地区。[①]

圩市散布在广大城乡之间，除承担商品交换功能外，还是交流信息、买卖劳动力，开展各种服务乃至社交、娱乐的场所。在大经济中心辐射不及之地，圩市却能发挥其特有功能，所以圩市数量增加，功能复杂化，使珠江三角洲经济网络更具活力，成为明清时期珠江三角洲经济发展的特色。

这个网络的对外辐射范围不限于广东省内，而直接或间接到达国内重要的工商业城市。这主要是通过粤商在国内的活动来实现的。据研究，粤商会馆在清代分布于全国各大商业重镇，其中北京有26个，苏州8个，天津、汉口各3个，福州、厦门、芜湖、成都各2个，营口、芝罘、怀宁、常德、重庆、九江、宁波、台南、梧州、桂林、昆明、扬州等各1个。[②]粤商活动地域之广，人数之多，反映了珠江三角洲对外经济辐射能力之强。当然，被吸引到广佛等珠江三角洲城镇经商的外省商人也很多。侨居佛山的就有山陕、江浙、江西、福建、河南、湖广等地商人，他们在佛山修建地域性会馆，如莲峰会馆、山陕会馆、楚南会馆、楚北会馆、琼花会馆，还有本省商人建的潮蓝行会馆、南邑道祖庙等。会馆中有许多属手工业会馆，包括冶铁、铸造、织造、成衣、泥水等；更有大批商业性会馆，如西货、布匹、绸缎、油糖、颜料、药材等。这些具有共同经济利益的联合体，是网络运行的组织者，在生产和流通领域中发挥主导作用。人口和劳动力的地域转移促进商品经济活跃、城镇繁荣、贸易市场扩大，提供了更多的就业机会。在商

---

① 郑天祥等：《以穗港澳为中心的珠江三角洲经济地理网络》，中山大学学报编辑部，1991年，第63页。

② 何炳棣：《中国会馆史论》，中华书局，2017年，第35—96页。

品化生产中被迫离开土地的部分农民和小手工业者，相继进入城镇谋生。这种人口向城镇集中的现象，一方面促使城镇规模不断扩大，另一方面加剧了城镇对交通、商业、贸易、信息网络的依赖，并不断提出新的需求，成为珠江三角洲经济结构和功能得到调整和改进的机制，广府商品经济也由此踏上岭南经济高峰。

## 四、广府人才群体和学派兴起

到明代，广东文化随着社会经济前进而踏上向前发展道路。尤其是在珠江三角洲和沿海地区，社会分工进一步扩大，城镇兴盛，海外贸易繁荣，传统农耕文化观念被动摇，商品经济和资本主义萌芽出现造就了一批时代先进人才。

据不完全统计，有明一代广东被察举618人，举人6437人，进士874人，凡7929人，超过此前广东上述人才总和。清代广东这些人才也不过6192人[①]，所以说明代是广东人才鼎盛时期。而广东人才重心又在以珠三角为主体的广府地区，足以说明这一点的还有在历代有关广东的2115种文献中，撰于明代的有992种，占47%，超过清代（723种，占34.2%）[②]。明中叶以后，广东商品经济发展也大大增加了人才对广东区域的选择取向。全国各地不少商人落籍广州或佛山。后来粤商成为角逐于海内外的巨大商人集团。

清代广东科举人才和完成地方文献都在明代之下。只是明代所修散佚不少，现存地方志多修于清代，容易产生清代文化兴

---

① 据道光《广东道志·选举表》、《明清进士题名碑录索引》（上海古籍出版社，1980年）统计，举人数字截止到道光二年（1822）。
② 据道光《广东通志·艺文志》统计。

盛表象。另外在明清之交的抗清斗争中，广东许多知识分子仗义死国，幸存者或遁迹山林，或遁入空门，或以诗文自娱，学者无闻，人才浅露。当然，自明中叶西风东渐以来，在中西文化冲突、交融之中，也产生了一批近代文化人才，如理学大师新会陈白沙、增城湛若水，岭南三大诗家番禺屈大均、顺德陈恭尹、南海梁佩兰，思想家南海朱次琦、番禺陈澧等，皆为这时广府人才的代表人物。

清代广东学校分布[①]

| 广府 | | 客家 | | 潮汕 | |
|------|------|------|------|------|------|
| 数量 | 占比 | 数量 | 占比 | 数量 | 占比 |
| 493 | 51.9% | 224 | 23.6% | 86 | 9.1% |

广东不同民系地方志分布[②]

| 广府 | | 客家 | | 潮汕 | | 雷州 | | 海南 | |
|------|------|------|------|------|------|------|------|------|------|
| 数量 | 占比 | 数量 | 占比 | 数量 | 占比 | 数量 | 占比 | 数量 | 占比 |
| 239 | 38.9% | 199 | 32.4% | 55 | 8.9% | 63 | 10.2% | 59 | 9.6% |

地方志具有地方百科全书的性质，珠江三角洲州县修志次数多，卷帙庞大；粤北开发历史悠久，志书数量也不少。文献作者的地籍分布基本上集于粤中，主要又在南海、番禺、顺德等学风兴盛之地。这些地方不仅是广东财赋之地，也是人文渊薮。

明代广东经济重心完全移到珠江和韩江三角洲地区，粤北已

---

① 道光《广东通志》卷一三七至卷一四四。

② 本表据广东省立中山图书馆《馆藏广东地方志目录》，并参考陈谦《明清两代广东修志概况》（载《岭南文史》1983年第2期）整理而成。本表未含省通志，包括府、州、县志及乡、围、城坊、山、水、寺志等。所列1615部地方志，现存322部，其余已佚。

失去昔日的领先地位，文化随而南移。珠江三角洲所在的粤中区，各类人才占全省49%，韩江三角洲所在的粤东区则占16%。其中南海有进士148人，举人563人。顺德有进士99人，举人257人。番禺有进士86人，举人405人。三县进士、举人总数分别占全省38%和19%。[①]

清代广东人才地域分布格局基本上仍袭前朝。只是客家地区大批人才相继产生，有后来居上之势。

人才要通过教育培养，故学校分布也反映人才分布。道光初年，广东府、州、县学及书院、社学、义学等凡950间。其中广府地区的南海、番禺、顺德三县学校多达251间，占全省26%。

一个地方学风盛衰还体现在地方文献撰述及其作者地籍分布上。秦汉以来有关广东地方志凡615部，记述广东文献作者941人，它们的地区分布如下表所示。

广东文献作者民系分布 [②]

| 广府 | | 客家 | | 潮汕 | | 雷州 | | 海南 | |
|---|---|---|---|---|---|---|---|---|---|
| 人数 | 占比 | 人数 | 占比 | 人数 | 占比 | 人数 | 占比 | 人数 | 占比 |
| 695 | 73.9% | 119 | 12.6% | 88 | 9.4% | 14 | 1.5% | 25 | 2.6% |

清朝广东学术和文艺出现一时繁荣局面，成为广府传统文化成熟一个重要标志。朴学即汉学，在明末清初，广东朴学在全国并未居重要地位。嘉庆二十二年（1817），阮元调任两广总督，成为广东学术一个新的转折点。阮元在任期间，除了开局修志，还仿浙江诂经精舍模式创办学海堂，采取一系列措施，终于扭转

① 以上数字据道光《广东通志·选举表》统计。
② 据道光《广东通志·艺文志》整理，省外作者不含在内。

广东学术滞后局面。乾嘉期间，广东朴学成果颇丰。梁启超在《中国近三百年学术史》中罗列了十三个方面，包括经书笺释、史料搜补鉴别、辨伪书、校勘、文字训诂、音韵、算学、地理、金石、方志、类书编纂、丛书校刻等，广东都有代表人物和成果传世，广府人又囊括大半。

道光后期，鸦片战争首先在广东爆发后，又有太平天国运动、红兵起事，社会局势动荡不安，广东学术研究大受挫折，处于沉寂和低谷。迨咸同中兴，广东朴学始有复兴之象，产生以陈澧为首的东塾学派，重振广东朴学遗风。尤其是光绪十年（1884）张之洞督粤办洋务，开广雅书局、广雅书院，培养了一批全国性的一流学者。直到后来新学兴起，广东朴学才在清末画上句号，但在广东学术史上的贡献和地位却不容忽视。近代广东图书馆学专家杜定友认为，宋代广东学术中心地为罗浮山，明代学术中心地为西樵山，清代学术中心则在广州。①

明末广东有一批明朝遗民文人，终身不仕清。在明清之交社会大变动背景下，在经历家国变故之后，他们有感而发，或为诗，或为文，在作品中表达复杂感情和社会生活，同时也保持与中原、江南文人墨客的交游唱酬，从而促进了清前期广东文学的发展，在诗歌、散文、小说、杂剧等领域都有所成就。

清初诗歌，以反映时代风云、民生疾苦、清廷民族压迫和弊政为主，涌现出以屈大均、陈恭尹、梁佩兰为代表的诗人群体。除了他们以外，还有廖燕、程可则、方殿元、方还、易弘、陈瑸、王隼、刘世重、梁无枝、刘祖启、陈遇夫等20位左右著名诗人。②

① 杜定友：《广东文化中心之今昔》，许衍董总纂：《广东文征续编》（第四册），香港广东文征编印委员会，1988年，第21页。
② 陈永正：《岭南文学史》，广东高等教育出版社，1993年，第296—327页。

特别是廖燕，工诗善文，其诗慷慨激昂，掷地有声；其文则充满批判精神，被目为清朝文坛奇士，有《二十七松堂集》及多篇散文传世。

到清中期，朝廷屡兴文字狱，文坛相对萧条。但广东山高皇帝远，仍能保持相对宽松文化环境，有利于文学创作和形成地方特色，然已缺乏清初那种现实主义精神和豪迈气概了。这时活跃在文坛上的广府人有顺德张锦芳、黎简、罗天尺、何梦瑶、胡亦常、黄丹书，钦州冯敏昌，番禺吕坚、潘有为，三水刘步蟾，新丰赵希璜等。他们的诗歌，不乏反映现实、针砭时弊的佳作。其中黎简存诗两千余首，有《五百四峰堂诗钞》二十五卷存世，以关心民生、揭露黑暗的诗作最有价值，艺术上以境新、句奇、意深、情寄见长。如"苍凉日色沉沙树，悲壮江声入水村"，"尘埃风浪移今古，离合身名有短长。对此伤心兼望远，雨蓑烟艇梦苍凉"（《大夫冈怀石帆》）。黎简还以书、画驰名，后人评价甚高，誉其诗、书、画"三绝"。

清代广东文坛也有不让须眉的巾帼。中山大学教授冼玉清撰《广东女子艺文考》统计得书 106 种，作者凡百家，几乎全为清代人。广东女作家为数不少，且不乏佳作。著名的有番禺王瑶湘、陶馀、张秀瑞、马雪妹、梁霭（1861—1887），阳春谢方瑞，南海吴尚熹（1808—？），顺德丘掌珠（1799—1844），梅州叶璧华（1841—1915），琼山吴小姑（1825—1852）等，绝大部分是广府人。她们诗词不止于闺阁之气、行云流水之自然，也不乏雄健笔锋。如吴尚熹《满江红·秋夜感怀》："百岁韶华弹指过，鸿来燕去岂飘泊？问襟期，原不让男儿，天生错！"这愤愤不平的呼号，恰是广东女子少受儒家礼教"女子无才便是德"约束的写照。

# 第六节　近代时期

19 世纪初开始，西方殖民主义者大量往中国输入鸦片。作为清政府唯一的对外通商口岸，广州深受鸦片之害。鸦片战争的导火索"虎门销烟"、中国人民近代以来抗击外国侵略者的先声"三元里抗英斗争"，都与广州乃至广府有莫大的关联。随后爆发的鸦片战争使广府地区比省内其他地区更早沦为半殖民地半封建社会。一方面，伴随外来侵略而来的西方文化，使广府文化遇到了前所未有的打击和挑战。另一方面，广府人从西方文化中汲取有益的成分，使得广府文化不断扬弃、蜕变，从而获得新生，成为时代先进文化。在这个时代背景下，广府民系不断得到新文化熏陶、启迪，从而获得新生。

## 一、广府地区的反侵略斗争

两次鸦片战争的爆发，打破了清朝统治者"天朝上国"的美梦。而广州作为鸦片的主要输入地和鸦片战争的前线，当地的社会、经济、文化更早受到冲击。

面对外来侵略和越来越腐朽的封建统治，广府人奋起反抗。其中，1841 年 5 月爆发于广州城北三元里的抗英斗争，是鸦片战争以来各地人民反侵略斗争中规模最大的一次，也是近代以来中国人民抗击外国侵略者的先声。面对英国侵略军的枪炮，三元里人民用原始的冷兵器展开了血肉搏击，取得了鸦片战争诸次战斗歼敌人数名列第 4 位的战绩，显示出广府人民不畏强迫、坚决抗击外来侵略的英勇斗争精神和气概。在清政府被迫与西方列强签订《南京条约》《黄埔条约》等不平等条约以后，虽然炮火暂息，但在广州和香港、澳门等地，人民群众的反抗斗争继续发展，其中以广州反入城斗争，规模最大，延续时间最长。从 1842—1857 年，广州及附近南海、番禺、从化、花县、增城等地，在士绅的领导下，广大农民、手工业工人、店员、城市贫民等，以团结御侮为共同目标，掀起了一系列反侵略的斗争。广州人民众志成城的抗争，挫败了侵略者强行入城的计划，连侵略者也不得不承认："附近民众和团勇会坚决抵抗我们入城，结果使我们非用极大的武力不能达到目的，因为他们的抵抗力量比 1841 年第一次抵抗时要强得多。"①

随着西方列强侵略范围的扩大，更多广府地区的民众投入反侵略斗争。就在广州人民抵抗英军入城的同时，出生于广东花县的洪秀全创立了拜上帝教。洪秀全先是在广州、顺德、南海、番禺等广府地区传教。之后，由广东入广西，在贵县、桂平等地区，深入广大贫苦劳动人民中进行宣传和组织工作。随着影响的扩大，拜上帝教活动范围向四周的贵县、平南、藤县、陆川、博白和广东信宜、化州等地区蔓延。1851 年 1 月 11 日，洪秀全在桂平金田村正式发动起义，史称金田起义。此后大军出桂平，大败清军，突围北上，攻克武昌，随后浩浩荡荡顺江东下，于 1853 年占领江宁（今南京），席卷清王朝半壁江山，沉重打击了清王朝的腐朽统治。

就太平军主要活动区域而言，广府地区不属于核心区域。但从太平天国发端兴起的历程我们可以看到，洪秀全的家乡花县，

---

① 陈旭麓主编：《近代中国八十年》，上海人民出版社，2019 年，第 61 页。

随后宣传拜上帝教的顺德、南海、番禺、增城、从化、清远、英德等地，都位于广府地区。由此可以说，太平天国运动肇端于广府地区。[①]而随着起义军对清军的牵制，广州及附近的东莞、佛山等地响应太平天国运动也掀起了几次较大规模的反清斗争。比较著名的有佛山陈开起义，广州城郊李文茂、甘先起义，东莞何六起义。顺德、香山等地会众也纷纷起事。其中，鹤山籍的粤剧艺人李文茂，于 1854 年 7 月在广州北郊江村起事，后与陈开率领的起义军会合，攻陷佛山，杀溺清军千余人，击毙英军数十人。义军一度攻破肇庆、藤县，后进入广西桂平，建立大成国。直至 1861 年，陈开被清廷杀害，起义才宣告失败。

可以说，在近代史上中国遭受列强侵略的 100 多年里，广府地区的反抗斗争始终未曾停息过。19 世纪末 20 世纪初，祖籍香山翠亨村（今属中山市）的孙中山首次提出了比较明确、系统的民主革命纲领——三民主义，并不断为之而努力，虽九死其犹未悔。经过持续不断的努力，以孙中山为代表的革命党人发动的辛亥革命，不仅终结了延续 2000 多年的君主专制制度，在中华大地上建立起亚洲第一个共和制国家，而且传播了民主共和的理念，打开了中国进步潮流的闸门。其间，广府地区、广府民系扮演了重要角色。中国第一个资产阶级革命团体兴中会，总会设于香港。孙中山谋划、组织的多场起义中，有三次发生在广州。其中，1911 年的广州黄花岗起义，是武昌起义前的最后一次，也是最为惨烈的一次起义。这次起义虽然失败，但极大地打击了清王朝的腐朽统治，加快了全国革命高潮的到来，不久之后武昌起义的

---

[①] 张金超、刘世红等：《广府百问》，广东人民出版社，2022 年，第 47 页。

一举成功，正是建立在黄花岗起义的基础上。

新民主主义革命时期，广府地区的民众在中国共产党的领导下，开展了一系列广泛而深远的革命斗争。1923年中共中央机关由上海迁往广州，并在广州召开了第三次全国代表大会。中共三大后，中国国民党第一次全国代表大会在广州召开，正式形成第一次国共合作。此后，工人运动、农民运动、学生运动、妇女运动风起云涌，大革命的风暴迅速由广州席卷全国。其中，1924年在广州创办的黄埔军校是第一次国共合作的产物，对中国近代历史的进程产生过深远的影响。军校创立后，为推进国家统一、实现民族独立，来自五湖四海、不同阶级、不同成长背景的一批批热血青年奔赴黄埔，为中国革命的胜利作出不可磨灭的贡献。1924—1926年开办的广州农民运动讲习所（简称农讲所），则为全国的农民运动培养了大量的人才，被称为农民运动的"推进机"。其中，毛泽东任所长的第六届农讲所规模最大、学习时间最长。1925年爆发的省港大罢工，持续达16个月之久，其声势之大、时间之长，不仅在中国工运史上是空前的，在世界罢工史上也是罕见的。1926年5月，广东革命政府派遣国民革命军第四军叶挺独立团和第七军一部为北伐先遣队，从广东挺进湖南，揭开了北伐战争的序幕。以上一系列事件，让广州再次成为革命力量汇聚的中心和大革命运动的发源地，并直接影响到中华民族后来的命运。

1938年日军侵入广东以后，在中国共产党的领导下，广府及周边地区成立了广东人民抗日游击队东江纵队、珠江纵队、广东人民抗日解放军等抗日武装，转战南粤辽阔大地，华南敌后战场成为全国三大敌后抗日战场之一。

在漫长的革命斗争中，无数广府人抛头颅，洒热血。而伴随着外来侵略与广府人民的反抗斗争，广府人的民族意识、民系意识被一步步激发出来。

## 二、"广府民系"的正式提出

鸦片战争后，以魏源、林则徐为代表的先进中国人开始摆脱盲目自大的心态，逐渐放弃了华夏中心主义的传统民族观念。他们开始睁眼看世界，重新审视中国与世界的关系，寻找救国救民的真理。

甲午战争中北洋舰队的覆灭及其后《马关条约》的签订，则再一次深深地刺激了先进的中国人，以梁启超为代表的先进知识分子隐约地意识到必须有一种民族共同体的出现才能更好地抵制外族侵略。20世纪初，梁启超顺应民族主义发展的时代潮流，把欧洲的民族概念介绍到中国。1902年，梁启超在《论中国学术思想变迁之大势》中首次提出了"中华民族"这一概念。从此，真正现代意义上的"民族"一词在中国开始普遍使用。抗日战争则进一步强化了中国人的民族共同体意识，使得中华民族概念更加深入人心。[①]

继梁启超提出中华民族的概念，1933年，任职于中山大学广东通志馆的罗香林，在其出版的《客家研究导论》一书中，根据汉族移民史、汉语方言区的划分，将广东人分为"客家"、"福佬"和"本地"（广府）三个"民系"。民国《广东通志》中"民

---

族略"部分，研究者以为是罗香林所撰写，其中有云：

> 广东民族，大别言之，可分汉瑶黎蛋四种；而汉族又
> 分广府、客家、福老三系，虽皆同自中原迁徙而来，顾以
> 迁徙途径及抵粤时代之不同，语言习俗，每多歧异。

在罗香林写就的"民族略族系篇"初稿中，罗香林进一步提出："今日广东汉族，在宋时已形成广府、客家、福老三系"。这是学术界首次正式明确提出"广府民系"。因为罗香林的学术影响力，广东分广府、客家、福老（后演化为潮汕）三大民系的论点的叙述，在学术界影响深远，一直延续到今天。[①] 此后，尽管学术界对广府民系概念的定义存在争议，但不可否认的是，从语言、民俗等文化方面对民系进行讨论，已逐渐为研究者所接受。

## 三、广府人走向海外

广东人早就假道海洋，移居海外谋生，在传播中华文化的同时，也将海外文化带回祖国。这种双向文化交流从未中断，近代更为频繁，广府人在其中起到主力作用，出现走向海外之高潮。

据统计，鸦片战争后珠江流域有近 600 万华侨，广东人居大半，广西人也有百万之众。[②] 据英国官方统计，1881—1915 年，约有 400 万中国移民抵达新加坡[③]，其中主要是广东、福建移民。

---

① 程美宝：《走出地方史：社会文化史研究的视野》，中华书局，2019 年，第 167 页。
② 刘权：《广东华侨华人史》，广东人民出版社，2002 年，第 128 页。
③ 饶尚东：《东马客家移民史略》，《国际客家学研讨会论文集》，1994 年，第 129 页。

到清末，国门洞开，广东人移居海外已不限于东南亚。以广府台山人为例，1870 年到美国的就有 5000 人，1876 年在旧金山宁阳会馆登记的台山人已达 4.6 万人，1880 年在美国的台山人达 12 万人。[①]

侨乡民性外向、开放、兼容，深受西方文化浸染，思想活跃，容易接受新生事物。1872—1875 年，中国四批留美学生 120 人，后来走出容闳、詹天佑、唐绍仪等时代精英。留学生中，广东人占多数，又以香山、番禺、南海、顺德等县为主，仅香山一县即有 40 人，占广东留学生的二分之一，故近代广东能接受外来的先进思想文化，成为近代思潮萌发的重点地区与革命的策源地。在变革现实、改造中国社会的革命运动中，华侨在财力、物力上大力支持，更有大批热血青年，远涉重洋，回归祖国，参加辛亥革命、二次革命、北伐战争、土地革命战争、抗日战争、解放战争。孙中山曾发出感慨："华侨为革命之母。"1911 年广州黄花岗起义 800 名敢死队员中，华侨占 500 人，黄花岗七十二烈士中，华侨有 30 人之多。

根据华侨祖籍地的文化特质、侨居地文化背景、侨乡文化特色，广东侨乡大致可分为珠三角、五邑、潮汕、客家等四个华侨文化区，其中前两个为广府文化区，广府华侨占广东华侨大半。

珠三角广府侨乡，含广州、佛山、中山、肇庆、珠海等地，为广府文化核心区。华侨多分布在东南亚，近世侨居美加者增多。此区毗邻港澳，深受西方文化浸染，故华侨文化以西方文化为主流。广州骑楼建筑，以爱群大厦为代表的高层建筑，南海陈启沅

---

[①] 1931 年《台山县政公报》，见张国雄等《五邑文化源流》，广东高等教育出版社，1998 年，第 56 页。

创办的继昌隆缫丝厂、香山马应彪创办的广州先施百货公司、江门冯如创办的广东飞行器公司，华侨兴办的市政设施、近代学校、报刊等，无不展示华侨文化在珠三角的深刻痕迹。

江门下辖新会、台山、开平、恩平、鹤山统称五邑，是广东重点侨乡，所属各区市目前华侨、华人总人口超过当地常住人口，因此有海内外两个江门的美誉。五邑华侨主要分布在北美，民国时期侨汇成为当地经济主要来源。20世纪初就依靠侨资修筑近代中国第一条民营性质的铁路——新宁铁路，中西合璧式碉楼、骑楼建筑遍及城乡，侨办医院、图书馆、刊物等很普遍。开平关姓、司徒姓图书馆即建于20世纪30年代。英语大量渗入当地方言，以生活用语为多，如商标称"唛头"（mark），红苹果称"蛇果"（delicious）等。在台山，这种英语称"台山英语"，多不合英语语法规范，但反映了老一辈华侨文化水平。早在20世纪30年代，仅台城（台山县城）即有冰室、饭馆200多家，供应美式、墨西哥式、南洋式饮食。台山、开平一些村庄由于侨居加拿大和南洋者甚多，自称为"加拿大村""南洋村"。在思想文化层面，一些农村妇女敢与男子在宗族祠堂开展辩论，以示男女平等，这都为西方文化在五邑地区的投影。

随着广府华侨走向世界，广府文化也同时在海外传播，不过这主要是生活习俗、文化教育和传统文化的传播。例如粤剧是广府人喜爱的剧种，19世纪中叶以后风行东南亚和美洲，在新加坡设有戏行组织"八和会馆"。新加坡、马来西亚广府华侨戏友甚多。粤菜也随着广府华侨走向世界而流布天下。在旧金山，粤菜馆就很多，光顾者不只是华侨，外国人也是常客，他们对粤菜制作和烹调技术赞不绝口。华侨在海外办报，使广府文化在海外的影响力逐步扩大。19世纪70年代，南洋各地52个埠头就有华文报社68家<sup>①</sup>，欧美等地也不在少数。这些报纸不但在维护华侨利益、宣传广府文化方面发挥重要作用，而且对推动变法维新乃至民主革命也有过很大贡献。华侨不忘桑梓，在海外兴教办学，延续祖国历史文化，不仅办中小学，还有女校、工商专门学校，办学层次多而门类广，培养一批又一批对国家民族有深厚情怀的华侨子弟，对侨居地、对侨乡社会经济文化发展作出贡献。

---

① 司徒尚纪主编：《中国地域文化通览·广东卷》，中华书局，2014年，第482页。

第四章 广府民系的共同语言

语言是民系的一个显著特征，它不仅包括民系的历史和文化背景，而且反映民系对世界的观念、思维方式和生活方式。恩格斯说："首先是劳动，然后是语言和劳动一起，成了两个最主要的推动力，在它们的影响下，猿脑就逐渐地过渡到人脑。"① 这说明语言对民系形成有不可忽视的作用。马克思也说过："（部分）方言经过经济集中和政治集中而集中为一个统一的民族语言。"②粤语的形成即反映了这种经济和政治的统一关系。

　　粤语是广府民系的母语，也是广府民系异于其他民系最大一个文化标志和最直观的文化景观。因为只要一开口说话，就可据此判断出一个人的族群归属，联想起他的其他相关特征，故对识别民系具有不可取代的意义。

# 第一节　粤语的演变与成分

## 一、粤语的演变

　　粤语，由秦汉起至今，大致经历过秦汉、六朝至隋唐、宋至明清三个不同历史时期的与不同族群杂处、融合的阶段。

　　秦汉时，广州及其附近地区生活着南越、骆越等族群。随着

---

① 《马克思恩格斯选集》第四卷，人民出版社，1995年，第377页。
② 《马克思恩格斯选集》第三卷，人民出版社，1995年，第500页。

秦始皇南平百越和汉武帝灭南越国，以任嚣、赵佗等为首的中原吏官、将领、士兵先后徙抵广州。加之赵佗推行"和辑百越"的民族政策，鼓励北来人员与越人通婚，使得南徙中原人与当地住民杂处融合，这阶段可称为粤语发育第一个时期。

东汉末年起，中原长期处于动乱状态。相对而言，岭南地区较少受战乱波及，成为北方士人和平民的避难地。西晋建兴三年（315），江南地区陷入动乱，大量人口流入广州。《晋书·庾翼传》载："时东土多赋役，百姓乃从海道入广州。"除此，又有来自西亚的波斯人、阿拉伯人，南海诸岛中的马来人等来到广州聚居。

随着北人南迁与海外人士涌入，粤方言进一步受到外来因素影响。据李新魁考证，东晋时的某些粤语词已与现代一样，如嵇含《南方草木状》记："五敛子，大如木瓜，黄色，皮肉脆软，味极酸，上有五棱，如刻出。南人呼棱为敛，故以为名。"五敛子即杨桃，现代粤语把"棱"叫作"敛"，正与晋时嵇含所述相同。①

唐代，在广州及附近地区生活的有疍、俚、僚、僮、瑶等族群。随着大庾道的开通，北方人进入岭南更加方便，南徙广州更加频繁，汉人在广州人口中的数量和比例逐渐增加。凭借在生产方式、文化、教育等方面的优势，在北方人与当地住民融合速度进一步加快的同时，粤语所接受的中原雅音更加规范化。粤语进一步形成既有相对独立的语音体系、词汇系统和语法结构，又与中原汉语有较为严整的语音对应规律的方言。

到了宋代，粤语便"自立门户"，"大概已与现代的粤方言相去无几"。明清时期的粤方言，更与现代粤方言大体相同。②

---

① 李新魁：《广东的方言》，广东人民出版社，1994 年，第 59 页。

② 李新魁：《广东的方言》，广东人民出版社，1994 年，第 66—68 页。

# 二、粤语的成分

在漫长的历史进程中，粤语一方面保留了古越语本底，又大量吸收、融合其他方言，构成一个吸纳四方、融汇中外的方言体系。广府人即使用这个方言体系进行语言交流和文字表述，反映自己的民系特征，并以此与其他民系相区别。

（一）古汉语

粤语保留了大量古代汉语语音、词汇和语法方面的特点，使它不同于中原、长江流域的汉语，成为保留古汉语元素最多的方言之一，素有古汉语"活化石"之美誉。以语音为例，古汉语中的入声字，在中原没有了，粤语却保留着。以词汇为例，朱熹诗"问渠那得清如许"的"渠"，即粤语中的"佢"（他）。类似的还有："腼"，指动物脊椎两旁的肉，广州话称"腼肉"。"拎"，手拿，租房广告常见"拎包入住"语。"焗"，干炒或烘干食物，如"焗发"。"畀"，给予，口语常用"畀面"（香港多作"俾面"）。

大抵在唐代张九龄开凿大庾岭道以前，北人入粤主要走湘桂走廊、西江地区，这一带的方言保留古汉语更多些，故有人提出西江"封开是广州话最早的发源地"①之说。唐宋汉语主要从大庾岭方向向南传播，珠三角成为传播中心，粤语在这个时期定型成熟，与北方汉语差异越来越大，到明代与现代粤语已大体相同。这样，要从粤语中分离出中原古汉语，就要做一番细致考究和钩沉。

（二）楚方言

广府地区与楚地（包括今湖南、湖北）相邻，陆上交通方便，

---

① 谢敫：《中原传入古汉语，广信传播成粤语》，《羊城晚报》2004 年 7 月 18 日。

人员往来频繁。战国时，随着楚国势力向东南扩展，楚方言进一步流布广府地区。

今粤方言中的睇（看）、抱（孵）、咁（这样）、冚嬉（不认真）等词语，即出自楚方言。如"睇"，汉代扬雄《方言》云，"陈楚之间，南楚之外"称看见为睇。"咁"，《方言》中有同音的"湴"字："湴，或也，沅澧之间凡言或如此者曰湴如是。"语言学者李新魁认为："粤方言的最早源头，应该是楚人南迁、楚语南来所导致的结果。"①

（三）吴方言

春秋战国时，吴、越和南越就有交往。楚灭吴、越后，部分吴、越人逃入岭南，吴、越地区使用的吴语（春秋战国时期，吴、越方言有所差异，但基本属于同一种语言）随之传播到广府地区。据《广东新语·文语》："广州语多与吴趋相近，如须同苏、逃同徒、豪同涂、酒同走、毛同无、早同祖，皆有字有音"。② 粤语称美好物事为赞（盏），今苏州、宁波等地仍用此字。粤语"咁多"实为吴越语"呮多""呮好"。粤语自称"我们"为"侬地"，"侬"乃吴越古音。过去在珠江三角洲地区流行除夕"卖懒"风俗，意即将懒气、懦气丢掉。此俗源于吴越，当地叫"卖痴呆"。

（四）壮语

广府人与壮人的祖先同属百越人，族源、文源关系很深，在历史进程中，两个族群来往甚多。在粤语中，壮语成分保留甚多，影响深远。

今粤语中习惯将副词置于动词、形容词之后。如普通话说"先走"，粤语说"行先"；普通话称"母鸡"，粤语说"鸡乸"；

---

① 李新魁：《广东的方言》，广东人民出版社，1994 年，第 44 页。
② 屈大均：《广东新语》卷十一《文语》，中华书局，1985 年，第 340 页。

普通话说"早晨",粤语说"晨早",等等。粤语中的"几"(如"几好食"),与武鸣壮语出自同一语源。粤语中的"一啲"(一点)、"啱"(合适)、"叻"(能干)、"郁"(动)等,在广西龙津壮语中也得到保留。这类用词甚多,显见二者关系非同寻常。

粤语中,壮语地名占有相当比例。在肇庆一带,壮语地名占全部地名 20% 左右。[①] 壮语地名有通名在前、专名在后所谓齐头式命名方式,在文化内涵上也异于汉语地名。粤语中,留存至今的主要有如下几类壮语地名。

1. 表示稻作文化

壮语"那"字,意为水田,为稻作文化的一个标志。"那"字地名除广西广泛分布以外,主要集中在广东西部和海南地区。如阳江有那峒,阳春有那阳,恩平有那吉,开平有那坡,台山有那扶,番禺有那都,清远有那落,新兴有那康,高要有那落,封开有那冲口,等等。

2. 表示自然地理实体或区域

"洞"(也作"峒")字用于地名本指山间谷地、盆地或群山环抱的小河流域,后演化为某个氏族居地,含义有所扩大。隋唐时粤西冼夫人"世为南越首领,跨据山洞,部落十万余家"[②]。含"洞"字的地名,主要分布在北江以西,粤东已很少见。如顺德有仙洞,台山有洞美,新会有洞阁,阳春有大洞,阳江有高洞、随峒、儒洞,德庆有峒表,四会有峒心、峒坑,深圳有南洞、白花洞等。按壮语地名齐头式结构,"洞"字应在地名起首,但现在被加上一些修饰语,显示与汉人到来后冠以新含义有关。

"夫"(也作"扶")字作为壮语地名意为那边。东晋时有

---

① 司徒尚纪主编:《肇庆市地名志》,广东省地图出版社,1999 年。
② 魏徵:《隋书·谯国夫人》,中华书局,2000 年,第 129 页。

夫宁县（今广西藤县北），刘宋时晋康郡有夫阮县（今罗定境内）。今广西有扶绥县，县内有扶岜，德保县有扶平。顺德有扶闾，广宁有扶楼、扶罗，怀集有扶溪，封开有扶来、扶学、扶塘、扶赖，德庆有扶号，四会有扶利等。

"罗"字地名大量散见于广东省内，但粤东很少，以粤西南较多。顺德有罗沙、罗水，阳春有罗银，阳江有罗琴山、罗引山，粤中有罗岗、罗林、罗溪、罗坑、罗仔、罗秀等。西江流域的"罗"字地名，在肇庆市境内即有 50 处，其余则计有罗定、罗镜、罗坪、罗逢、罗孔、罗荔、罗沙、罗枣、罗坤等。

"冲"（也作"涌"）字用于地名除了小河意义以外，也有类似"洞"字含义。如顺德有冲鹤、银涌、熹涌、南涌、仙涌等，凡数十个。中山有大涌，新会有冲塘、冲廉、冲茶、冲花，从化有冲岭，台山有冲洋、冲华、冲柴、冲云等。

"濑"作为地名，含河滩之意。阳江有上濑、下濑、西濑等，与阳江曾是俚人分布区有关。

3. 表示村落人文景观

"古"字地名多见于广西，在珠江三角洲和西江地区也不少，如广州有古田、古坝，佛山有古灶、古楼、古鉴、古朗、古粉，中山有古镇，台山有古斗，鹤山有古劳，高要有古旁，新兴有古伦，德庆有古杏，郁南有古番等。

"都""思"用于地名，表示规模较大的村落。这类地名在广西少，而在粤中、粤西较多。如顺德有都宁、都粘，新会有都会，高明有都权，新兴有都斛，德庆有都洪，云浮有都骑，罗定有都门，封开有都缕，怀集有都布等。"思"字地名多见于西江地区，如封开有思六，郁南有思和，德庆有思恩，新兴有思来，云浮有思劳，高要有思霖、思可等。在壮语中"思"与"虚"等同音义。虚后演变为墟（也作"圩"），即集市。以墟、圩为地名者大量见于广府地区，当地人曰"趁圩""等圩"，圩的规模当然较大。

壮语"云"指村落。"云"字地名在广西较常见，在广东多见于高州、雷州和西江地区。如高要有云解山，德庆有云贞、云邦，封开有云迳，郁南有云霄塘，罗定有云罗凤，怀集有云田等。此外，顺德有云路，中山有云汉，深圳有云林，鹤山有云勇，博罗有云步等。"良"字壮语意为平地，不能按汉语解为良好。良字地名在粤中、粤西与广西联成一片，构成大面积分布区。如南海有良村，顺德有良教、良村、良槎，东莞有良边，新会有良溪，开平、新兴有良洞，中山有良都，三水有良岗，广宁有良田，德庆有良义，清远有良湾等，皆为有一定规模的聚落。

4. 表示蓝色文化

广府地区多为水乡泽国，河道纵横，低地遍布，反映人类对水资源认识、开发利用及防洪治涝的地名甚为普遍。如以涌（冲）、塱、涡、旺、坭、埗、漖、滘、沥、氹、塘、磡、基等字起首的地名，多与水有关。这类地名是蓝色文化的一部分，很多属壮语或后来形成的粤方言地名。

涌（也作"冲"），即河，广州城内有西关涌、东濠涌，三水有芦苞涌，佛山有佛山涌等。水沟曰滘（也作"漖"），广东不少地区有此类地名，但不及珠江三角洲常见。广州有沥滘、横滘、增滘、东漖、步漖，顺德有北滘、新滘，东莞有道滘。田边水沟曰圳，除了深圳，广州有圳口南，南海有梅圳，三水有圳东，德庆有圳边，封开有圳田、圳竹等。冲积平原或水网沼泽地称塱，珠江三角洲、西江沿岸和粤西一些小河入海口地区多此类地名。如顺德有横塱、古塱等，广州有西塱、塱口、塱边，东莞有大塱，中山原有南塱（现作"南朗"），阳江有新塱、阮塱、司塱等。镬底状积水洼地曰涡，三水有含涡字地名 33 个。

　　古岭南有很多带"镡""谈""中"的地名，为百越语"水塘"或"湖"的译音字，故今日称塘的地名，不少属壮语地名。如顺德有新塘、凤塘、莲塘、仙塘等，广州有白蚬塘、雷塘、菱角塘等。壮语地名"氹"在西江地区也很常见，其意也为塘。封开一带有氹良，德庆有氹雪岭等。

　　古越人以舟楫为渡河工具，在地名上常用步（埗）、埔、甫等表示津渡码头。这类地名在岭南山区较少，但广见于珠江三角洲地区。如顺德有平步、岳步等，广州有十八甫、黄埔、官禄埗、增埗，南海有盐步，深圳有上步，皆为货物转运码头或渡口，反映商业文化兴盛。一说埔同垎，为平原上高地，由沙质堆积物形成，此类地名在西江尤其是肇庆地区多见，如四会有华垎、罗垎、鹿垎等，不是村落就是水田地名。

　　宋代以降，在西江沿岸和珠江三角洲各地，人们为取得耕地和防洪治涝而大规模围垦，于是含"围、基"的地名大量出现，如顺德有桑园围、联安围等数十处。所筑基堤也不少，广州即有长堤、东堤、西堤、黎家基、水松基等，也是水文化的一种反映。

　　此外，古人认为"龙"生于水，凡有水的地方就有龙。广府地区水网密布，带"龙"字的地名非常普遍。广州旧日的街、巷、里、坊、约等，就有 100 多处以"龙"字命名，如龙藏街、龙津路、龙翔里、龙溪首约、龙船涌街等。顺德"龙"字地名甚多，如龙江、龙山、龙涌等。肇庆以"龙"字起首的有龙江、龙凼、龙须、龙湾、龙塘、龙冲、龙垌坑等。在江门，带"龙"字的地名多至 55 处，如龙口、龙子潭、龙田里、龙村、龙护、龙泉、龙珠、龙脊、龙蟠、龙潭等。在阳江市境，"龙"字地名也有 43 处，如龙冲、龙渊、龙窟、龙仔、龙池等。在深圳则有 46 处，在珠海有 11 处。"龙"字地名虽非广府地区独有，但比很多地区分布广泛，显示水文化很发达。

（五）瑶语

瑶族曾广泛分布于两广，明代西江流域是瑶族分布中心。据顾炎武《天下郡国利病书》记载，明代广东境内仍有瑶山 891 座。瑶族无文字，但有语言，在同汉族交往中，彼此的语言也相互融合。广府话中的谂（想）、踹（跨过）、尾（后）、尽（最后）等词句，则与瑶语中的勉话接近。[1]

（六）阿拉伯语

隋唐以来，大量阿拉伯人来到广州，从事商业活动，在广州城中形成"蕃坊"，与广府居民有较多接触，留下许多阿拉伯元素。今广府话中的霖（好，对）、罅（缝隙）、污糟（肮脏）、那渣（肮脏）、冚（盖）等语词，都源出于阿拉伯语的音译。[2]

今广州城中多个地名，也源于阿拉伯语。据马逢达《广州蕃坊考》，这些地名如下表所示。[3]

广州源于阿拉伯语的地名

| 古地名 | 今地名 | 阿拉伯语含义 |
| --- | --- | --- |
| 甜水巷 | 甜水巷 | 小山岗 |
| 朝天街 | 朝天路 | 朝天房 |
| 大市街 | 惠福路 | 大食街变音 |
| 诗书街 | 诗书路 | 阿拉伯语狮子音译 |
| 大食巷 | 光塔路 | "大食"，唐朝对阿拉伯帝国的统称 |

---

[1] 李新魁：《论广州方言形成的历史过程》，《广州研究》1983 年第 1 期。

[2] 马逢达：《广州话中的外来语——阿拉伯语》，《广州与海上丝绸之路》，广东省社会科学院，1991 年，第 177—178 页。

[3] 转见曾昭璇：《广州历史地理》，广东人民出版社，1991 年，第 235 页。

（续表）

| 古地名 | 今地名 | 阿拉伯语含义 |
|---|---|---|
| 仙羊街 | 海珠中路 | 送别巷音译 |
| 仙邻巷 | 仙邻巷 | 登岸 |
| 蓬莱北街 | 蓬莱北街 | 真主至大 |
| 擢甲里 | 擢甲里 | "擢甲"，小巷音译 |
| 蒲宜人巷 | 普宁巷 | 蒲姓阿拉伯人居地 |

这些地名皆以光塔路为中心，以今天的区划来说，大抵东起解放路，西迄人民路，南达惠福路和大德路，北止于中山路，覆盖广州老城内，形成伊斯兰教文化地名集群，反映阿拉伯人信仰、风俗、语言、服饰、商业和建筑文化，给广州文化景观空间组合留下宝贵的吉光片羽。

随着时间流逝，许多广州人并不了解这些地名的含义，常望文生义地解读。如以为甜水巷与糖水有关，诗书路为读书人雅集或售卖图书之地等。这都掩盖或曲解了这些地名的真正含义，使它们失去反映中外文化交流的历史价值。实际上，这些阿拉伯语地名，不仅是中阿文化、商贸交流的见证，而且为广府人自觉或不自觉地使用，彰显的是广府人海纳百川、不拘一格的襟怀和强大的吸纳异质文化、变为自己文化一部分的能力，是很有历史和现实意义的。

（七）英语

自英国完成工业革命，成为"日不落帝国"以后，英语作为强势语言传播到英国殖民势力所到之处。广府即为英语在我国登陆的首站，英语也深刻地改变了广府语言文化景观面貌。

乾隆二十二年（1757），清政府规定洋船仅能循广州口岸在粤海关的管辖下进行贸易，广州独具对外通商优势。这一时期，正是英国工业革命蓬勃发展的阶段。伴随着工业革命的开展，中英贸易额大幅度上升，英国在中西贸易中地位上升，几占中西贸易额的 80% 以上。[1]英语地位压倒此前占优势的葡语，产生以广东土音注读英语的所谓"广东英语"（洋人称为 Canton English）。这是广东人自创的一种没有语法规则、混合多种语言的中式英语，官方的行商、通事，民间的店主、画师，多用这种广东英语与外国商人和船员交流。[2]这种英语在鸦片战争后传到上海，称"洋泾浜"英语。"洋泾浜"是英法上海租界的界河，故名，但这种英语的源头在广府。故广府是英语在我国最早立足和传播的基地，而广府人用土音注英语读音，化洋为中，是广府人对传播英语的一个巨大贡献。鸦片战争后大量广府人迁居上海，也加速了广东英语入沪。后来的人们每讲早期英语，往往以洋泾浜英语为代表，却不提或少提广东英语，这实是本末倒置，应予正名。

鸦片战争后，香港全境陆续被英国侵占，在英国殖民统治的100 多年间，英语在香港的使用变得普遍。19 世纪 60 年代，洋务运动在我国兴起，在"中学为体，西学为用"口号之下，更需掌握英语以引进西方科技文化。为培养外事翻译人才，清政府于1864 年开办广州同文馆（馆址在广州北大门朝天街），英语为主要学习科目，后来扩至法、德、俄等语。广州同文馆至 1905年停办，培养不少外交、洋务人才。如首届毕业生左秉隆曾随曾纪泽出使英国，任英文三等翻译，后任清廷驻新加坡总领事。此外，外国教会在广州、香港等地开办学校、教堂、医院等，客观上促进了英语的传播。到清末，学习英语成为广州社会风气，连普通女性也卷入其中。时人有词云："髻盘委堕鬓如云，窄袖蛮

---

① 刘圣宜、宋德华：《岭南近代对外文化交流史》，广东人民出版社，1996 年，第 85 页。
② 叶霭云：《阿美士德使团（1816—1817）中方译员研究》，李庆新主编：《海洋史研究》（第十六辑），社会科学文献出版社，2020 年，第 108 页。

靴衬布裙。妆束工趋时世样，女儿还喜演英文。"[①]

1978 年以来，我国在经济、文化、社会等方方面面与西方国家建立千丝万缕的联系，广府作为改革开放前沿地区，英语以前所未有的规模和速度得到传播，进入社会生活各个层面，不少英语词汇融入广府话中。如摩登便是英语 modern 的音译。这类词还有模特（model）、马达（motor）、贴士（tips）、波士（即老板，boss）、杯葛（即拒绝、抵制，boycott）。粤语中夹杂英语更成为普遍现象，如"粤语识多 D""今晚 OT（overtime，加班）"等。

（八）葡语

明嘉靖年间葡萄牙人租居澳门，后澳门发展为中外贸易港市，葡语在澳门流行，初时用广州话注音，称"广东葡语"。印光任、张汝霖《澳门纪略》列举了杨炳南口述、谢清高笔录的"广东葡语"。如国王称"哩"（rei），公主称"必林梭使"（princesa），王子称"必林西彼"（principe），一等文官（首相）称"善施哩"（chanceller），上尉称"呷必丹"（capitão）等。由于是以广州话注音，故能与粤语展开交流。只是 18 世纪以后，中英贸易地位上升，英语地位压倒葡语，广东英语取代广东葡语，粤语中的葡语元素日见减少，不复为广府人知晓。

# 第二节　粤语的文化特色

## 一、语音体系

粤语有多个片方言和点方言。作为粤语的代表语，广州话有

---

① 龚伯洪编选：《广州古今竹枝词精选》，广东人民出版社，2017 年，第 107 页。

20个声母，53个韵母，9个声调（阴平、阴上、阴去、阴入、阳平、阳上、阳去、阳入、中入）[1]。其中，与现代汉语差异最大是声调，且变化最快。现代汉语普通话声调已经无入声，而现代粤语仍保留入声，这使得粤语的声韵很有优势，一些古代押入声韵的诗词用粤语朗诵起来很有韵味。如柳宗元诗《江雪》用粤语读起来甚为顺口："千山鸟飞绝，万径人踪灭。孤舟蓑笠翁，独钓寒江雪。"诗中"绝""灭""雪"在粤语皆为入声韵字，读起来能充分体现隆冬大雪满天、渔翁垂钓的意境，给人以苍茫孤单感。但用普通话读以上三字，则变成阳平、去声和上声，语言美感大不及粤语。

在潮汕话、雷州话中，文白异读是一种普遍现象。但这一点在广府话、客家话中都表现得很不明显。这种现象与方言形成历史相关联。一般而言，文读保留较多上古读音，异读则是唐朝以后读音。广府话无文白异读现象，可说明广府话和客家话形成时间较晚。广府话无这种现象，通俗易懂，方便广府族群成员交流和学习。这也是一种语言优势和长处，也是广府话从发源地西江下游、珠三角不断向粤西南、粤北、桂南、海南甚至海外扩布的重要原因。

## 二、内部差异

广东省内以粤语为主要使用语言的地区集中在粤中和粤西南，包括广州、深圳、佛山、东莞、中山、珠海、江门、茂名、肇庆、

---

[1] 详见《广州话音系说明》，饶秉才、欧阳觉亚、周无忌编：《广州话词典（第2版）》，广东人民出版社，2020年，第540-548页。

清远、云浮等市。这些地区开发较早，与秦汉进军岭南所经的路线和早期行政建置地区基本一致。惠州、韶关、湛江、连州、英德、吴川、廉江等县市部分地区，也通行粤语。

基于语言环境、人员流动、社会交往等原因，粤语自然而然产生了语音的分歧、差异。如位处珠三角边缘、紧靠雷州半岛的阳江话，虽也属粤语范围，但与广州话略有差异，声母和韵母有自己个性，地方口音很浓，连广州人也难听懂。

粤语按其特点差异，在广东可分为广府片、四邑片、两阳片、粤西片等四片。广府片，包括广州、佛山、东莞、中山、深圳、云浮、清远七市及所辖各市、县，珠海市区，肇庆市区及所辖四会、德庆、封开等市、县境内。此外，韶关、乐昌两市城区也属此片。广府片以广州话为代表，在粤语中有很大代表性和影响。四邑片，包括江门及所辖鹤山、开平、恩平、台山四市，珠海斗门，以台山话为代表。两阳片，包括阳江及所辖市区县，以阳江话为代表。粤西片，包括湛江市区及所辖廉江、吴川，茂名市区及所辖化州、高州、信宜，肇庆所属封开、广宁、怀集。[1]

粤语在广西主要分布在桂东、桂东南、桂南地区。桂西左右江沿岸的龙州、百色、田东、田林等地也有使用粤语的。根据其内部差异，广西粤语可分为广府片、邕浔片、勾漏片、钦廉片等。其中的广府片和邕浔片，有学者统称为"沿江片"，主要分布于西江至左右江沿岸的商埠、城镇：广府片主要分布于梧州市区、苍梧县和贺州市区，贵港市平南县的丹竹、大安等乡镇，与广州话最为相似；邕浔片主要分布于南宁市区、崇左市区和南宁横州、

---

① 广东省地方史志编纂委员会编：《广东省志·方言志》，广东人民出版社，2004年，第12—14页。

崇左宁明、贵港桂平、贵港平南等县市及其附近，百色、龙州等地的粤方言也可划归此片。勾漏片因玉林勾漏洞得名，主要分布于玉林市区及周边县市，贺州八步区的大部分地区、昭平县和钟山县的部分地区，梧州的藤县、岑溪、蒙山等地区，又称本地话、玉林话、藤县话、岑溪话等；钦廉片粤方言主要分布于北海合浦、钦州浦北、钦州灵山、防城港东兴、防城港上思等县市。[1]

广西粤语中，勾漏片粤语形成时间最早，保留了较古老的语音历史层次，而且与少数民族接触时间长，相互之间影响较大。邕浔片及广府片粤语都是明清时期由广东移民带来的，多分布在沿河城镇地区。钦廉片粤语主要分布在沿海地区，受客家话的影响较大。[2]

广西地区另有平话，主要分布在交通要道附近，大体可以分为桂南平话、桂北平话两片。桂南平话主要分布在南宁的宾阳、横州、上林、马山及贵港等县市，南宁市区部分地方，左右江流域的一些城镇和村庄；桂北平话主要分布在桂林市区部分地方及桂林的灵川、永福、龙胜，贺州的富川、钟山等县市。桂北平话内部分歧较大；桂南平话与勾漏片粤语有较大的一致性，很多学者倾向将桂南平话划归粤语。[3]

# 三、惯用语多

惯用语通常包括成语、谚语、歇后语及俗语。它们的构成

---

[1] 陈小燕、杨丕芳等编著：《广西汉语方言》，广西师范大学出版社，2021年。

[2] 唐七元编著：《广西汉语方言概要》，世界图书出版广东有限公司，2020年，第2页。

[3] 陈小燕、杨丕芳等编著：《广西汉语方言》，广西师范大学出版社，2021年。

及所表现的意义都有各自的特点。粤语中较有特色的是俗语和歇后语。

粤语中有许多"三字格"或"四字格"的俗语，在长期的使用过程中形成固定结构，成为很有表现力的词语。除了有一些是按其表层意义来使用之外，许多俗语还有深层意义，人们对它们的使用，就着重于其深层意义。以下为李新魁先生收集的部分三字格俗语。

打斧头：比喻替人做事时从中得利

执死鸡：获得意想不到的好处

游车河：坐车兜风

抛浪头：用气势阻吓别人

卖猪仔：被卖到国外当劳工

揸葵扇：做媒人

发钱寒：梦想发财，形容贪财之人

摆乌龙：故意或无意之中把事情搞砸

放葫芦：吹牛

打牙较：闲聊，吹水①

有许多惯用语，用生动、具体的表层结构来表达深层意义，通常采用比喻的手法来达到说明某一个道理、表示某种意思的目的。例如：

画公仔画出肠：过分表露，毫不含蓄

有头威无尾阵：比喻虎头蛇尾

---

① 以上参见李新魁：《广东的方言》，广东人民出版社，1994年，第231—234页。

除了上述俗语外，还有些惯用语是用整个句子来表达的，有生动具体的结构，而且喜用比喻以说明深层次的道理或反映某种现象。例如，民国时搞金融投机的小钱庄，但凡顾客光顾，无论买或卖都要刮一笔，因有"剃刀门楣"之称，一般百姓只知道"剃刀门楣"而不识什么投机钱庄。类似的还有"冷手执个热煎堆"（比喻意外捡到好处）、"打死狗讲价"（造成既成事实，谋取高的收益）等。

还有一些惯用语，是以歇后语的形式出现。这些歇后语是千百年来人们创造和提炼出来的日常用语，大多数有形象、生动、谐趣、富有说服力的特点。歇后语构成的形式，大多是前半截话说一个比喻，后半截话说明本意。较常用的歇后语，只要说出前半截，后半截的本意已不言而喻，因此一般只说出前面的比喻部分就够了。

歇后语的构成一般根据两个原则，一是推理，一是谐音。推理或者说是比喻的解拆，谐音或者说是同音字的联想。这两种形式构成的歇后语有异曲同工之妙。推理而得的歇后语，如"麻骨拐杖——靠唔住""电灯胆——唔通气""床下底破柴——撞大板""白蚁蛀观音——自身难保""隔夜油炸鬼——无火气""木匠担架——自作自受""门扇底烧炮仗——见声唔见影""牛皮灯笼——点唔明"等。由谐音构成的歇后语，如"教书佬搬屋——执书（输）""老鼠跌落天平——自己称自己""沙湾灯笼——何府（苦）"等。

这些惯用词占了广府人日常用语很高比例，广泛用于生活、曲艺、说书、相声、粤语影视作品中，对传播广府文化、塑造广府人形象，发挥很大作用。假如离开了这些惯用词，粤语魅力便大打折扣。其中广府曲艺包括木鱼歌、龙舟歌、南音、粤讴、粤曲、说书，拥有大量听众，不乏出色唱词。如道光年间南海人招子庸创作的《粤讴》，泪动万千人。郑振铎评其"好语如珠，即不懂粤语者读之，也为之神移"。[1]鸦片战争后，时人创作《颂林制军》，讽刺奕山等人的卖国行径，歌颂林则徐忠诚爱国。这个粤讴作品即有大量粤语词：

> 你真正系笨，做乜苦苦要做忠臣？纵然忠烈，有几个明君？有道正好做官，无道要隐。奸臣用计，重办乜夷人？虽则你系报国精忠，原是本分，总系圣人远隔，黑白难分。你睇人地做官，重有连升品，战而无计，用了六百万余银。好比你系岳飞，同佢一样饮恨，将近成功，调佢转身。被贬伊犁，心又怎忿。唉！心不忿，忠臣难见信。等我四面城门来关紧，炮台整过好让过夷人。[2]

正因为粤语有如此巨大魅力，故《粤讴》不仅感动无数广府人，而且扩布到海外。1904年香港总督金文泰把《粤讴》译成英文，改称《广府情歌》出版。后葡萄牙人庇山耶氏译为葡文出版，使《粤讴》走向全世界。

## 四、反映地方文化词汇丰富

广府地区有大面积江河，且与海洋相通，因此以"水"为核心的词语特别多，反映这里的交通、资源利用和日常生活等都与

---

① 郑振铎：《中国俗文学史》，吉林人民出版社，2013年，第453页。
② 转见陈泽泓：《广府文化》，广东人民出版社，2012年，第263页。

水有不可分割的关系。兹列举粤语中若干"水"字词语如下。

粤语中部分"水"字词语 [1]

| 粤语 | 普通话意义 | 粤语 | 普通话意义 |
| --- | --- | --- | --- |
| 水路 | 路程 | 磅水 | 交钱 |
| 水脚 | 路费 | 回水 | 还钱 |
| 心水 | 喜欢，偏爱 | 掠水 | 搜刮钱财 |
| 眼水 | 眼力 | 命水 | 命运 |
| 通水 | 通信息 | 吹水 | 闲聊 |
| 威水 | 威风，神气 | 嫩水 | 细嫩，幼稚 |
| 叻水 | 能干 | 水尾 | 剩货 |
| 灵水 | 机灵 | 水皮 | 质量差 |
| 放水 | 小便，造假 | 水货 | 走私货 |
| 醒水 | 注意 | 水客 | 捎客 |
| 反水 | 倒戈 | 一头雾水 | 不解其意 |
| 睇水 | 把风，放哨 | 整色整水 | 装模作样 |
| 老水 | 成熟 | 风生水起 | 商场得意 |

类似的与水相关的词语、短语甚多，这种现象恰是广府文化海洋性的一个投影。另外，珠江三角洲河网密布，濒临海洋，鱼、虾、蟹等水产品丰富，由此引申出许多生动有趣的比喻。例如，把"冒失的人"说成"失魂鱼"，把满脑坏水的人称为"墨鱼头"，以"水过鸭背"来形容左耳进右耳出，用"炒虾拆蟹"形容一个人满口粗言秽语，用"干煎虾球"比喻人冻得缩成一团，粗心大意是"大头虾"，以势欺人则是"大石砸死蟹"。

广府地区地处亚热带，天气炎热，气候潮湿，时晴时雨，湿热的气候易使物品发霉，令人心情烦躁，甚至生出许多病症。因而粤语中凡是带"湿"的大都成了贬义词。如"湿滞"表示麻烦、难办的事情；"咸湿佬""阴湿鬼"更是贬义用词，表示厌恶、

---

① 资料来源：罗康宁：《粤语与珠江文化》，（香港）中国评论学术出版社，2006年，第72页。

轻蔑。除此之外，还有一些与天气有关的词语，如广州人称洗澡为"冲凉"，特别强调了其时间短、爽快惬意，不同于北方人洗澡的特点，极具地方特色。还有"凉茶"，是广府人为了祛除湿热而发明的传统保健品，清热解毒，适合岭南炎热的气候条件。

这些与水有关的词汇，可称为"海洋语言"，是广府话中极为独特的一面。据李新魁先生分析，广府地区所处这种特定的海洋文化背景，造就了广府人开拓、创新、务实、重商的理念，也促成广府人喜好以"水""海"为比喻构词方式，才有了今天这么多特色鲜明的粤语词汇。江河、海洋与广府人的生活已经密不可分，与商业贸易更是息息相关，广府人连栏杆也称为"栏河"，"河边"称为"海皮"，可想而知，水文化、海洋文化已经渗入广府人的思维方式深处，与广府人的日常生活融为一体。

广府文化的一个显著特点是超前的商品意识，这也是海洋文明显著的特征。海洋是商品交换、文化交流的通道，海洋文明的内核是商业文明，而广府人自古就有重商传统。自西汉始，广州商品交换、对外贸易兴盛。与其他民系相比，广府人更精于经商、善于变通，更敢于冒险、开放进取、务实创新，表现在粤语中的这类词汇也不少。其中，与谋生有关的词语有"捞世界"（闯荡，谋生）、"揾米路"（谋生，寻活路）、"吊沙煲"（指失业，缺乏生活来源）、"食谷种"（吃老本）、"大碌藕"（形容花钱大手大脚）等。有些反映人们挣钱行为、心理的词语也十分形象生动，除前面提到的"发钱寒""打斧头""执死鸡"，还有"拗手瓜"（相互较量）、"卖面光"（装点门面，爱面子）、"大王眼"（贪心，胃口大）、"执手尾"（收拾残局）、"饮头啖汤"（指敢为人先）、"人细鬼大"（比喻人小而计谋多）、"阔佬懒理"（满不在乎的样子）等。也有些贬义词语用来形容经商中的一些坏现象，如"打脚骨"（敲竹杠，拦路抢劫）、"放白鸽"（串通起来进行欺诈活动）、"揾老衬"（占别人的便宜）、"冇口齿"（说话不算数）等。甚至连海盗、黑社会的用语也"登堂入室"，引申为一般意义。如"磅水"，原是黑社会勒索钱财时的黑话，类似索要"保护费"、"留下买路钱"，如今已通用于经商上，成了"交费""交款"的意思。

第五章　广府民系的共同地域

共同地域是一个复合概念，它以土地为核心，实际上包括自然地理区、行政区、经济区、文化区的集合，一起构成为一个具有共同性质的区域。一个民系即依托某个区域，繁衍生息，从事各种活动，创造自己的文化成果，并以此区别于其他民系。

土地是一种可重复使用的资源，利用得当，就可以永续利用。土地又是财富之母、民生之本，对于任何一个国家和民族，土地都是赖以生存和发展的物质基础。故土地历来被重视，在国家概念中，土地是一个不可或缺的组成要素。历史上很多战争发生的动因，就是为了争夺土地。土地的地位和作用如此重大，以至于土地利用被视为文化的同义语。任何民系的生存发展，都必须以占有土地为基础。土地概念的具体化和扩展，形成地域或区域，它是民系生存、繁衍、发展的必要空间，共同的地域构成民系形成的必要条件。千百年来，广府民系开发利用大自然赐予他们的土地资源，辟草莱，开阡陌，使荒原化为沃土，荆榛变作稻粱，与此同时，建聚落、兴水利、开交通，相互联结成以共同地域为依托的广府族群。

## 第一节　西江河谷和珠三角平原

农业是文明的基础。从新石器时代晚期开始，广府先民在西江两岸、珠三角从事农耕和水产捕捞，以后随着历史开发和三角洲沉积加快、地域扩大，广府民系繁殖、发展的地盘不断扩展，奠定了广府民系地域的基础。

# 一、西江地区

## （一）早期开发

历史早期，西江两岸和珠三角森林密布，瘴疠弥漫，水网纵横，鳄鱼为患，野象横行，人类生存受到极大的威胁。土著居民深居溪洞和河岸之间，过着刀耕火种和捕捞水产的生活。其中，西江地区是目前考古发现广东最早有人类活动的地区。在广东 400 多处新石器遗址中，西江地区有 70 多处。这些遗址出土的器物，文化风格更多地与珠江三角洲西樵山文化、北江石峡文化、桂南大石铲类型文化相似。有研究指出，广西几何印纹陶是在广东几何印纹陶影响下发展起来的。这都反映西江由于区位优势，一开始就吸收了邻近地区经济成分，表现了经济多元性特点；也反映经济的创造者，应是同一地域社会群体，即广府先民。

在距今 3500—2000 年，岭南进入青铜时代。广东 300—400 处青铜遗址和 100 多处青铜墓葬中，相当一部分布在西江地区，如广西贺州、富川和广东罗定、广宁、肇庆、四会、怀集等有青铜墓葬，有些墓葬规模很大，仅罗定一号墓就出土青铜器百件以上。这些青铜器除具有中原风格以外，有的还与江淮、楚地相近甚至相同，例如肇庆、罗定出土的编钟与湖北随州出土的基本一致，肇庆松山战国墓出土的铜罍、壶、豆、盘、剑、戈、矛、镞等兵器来自楚地或深受其影响。广府民系不少能工巧匠产生于西江流域，与这个工艺传统不无关系。

秦汉进军岭南，使之名义上归入中央王朝版图，西江是主要交通线，也是经济开发基地和自西向东推移的经济轴线。在这一过程中，秦开凿灵渠，使之成为贯通中原与岭南的交通大动脉。自此，中原移民、先进生产技术和文化首先在西江地区立足，这一地区也成为岭南先进地区。例如秦在岭南置南海、桂林和象郡，很大一部分辖境在西江地区。汉武帝在岭南置九郡，其中苍梧郡和南海郡大部分在西江地区。1973年在长沙马王堆三号汉墓出土长沙国《地形图》上，岭南地区只标出"桂阳"（治今广东连州）和"封中"两个地名。后者位于广东、广西、湖南交界处（即今贺江流域），说明它早为北人所知，经济开发当在其他地区之上。故封开、梧州一带有"初开粤地"之说。蒙文通先生研究《汉书·地理志》后认为，苍梧郡"宜为秦桂郡中物阜民殷之地"。

秦汉西江沿岸经济开发与作为两广通衢大道的作用是相互推动的。除运粮以外，汉在高要设盐官，转输和监督广东沿海产盐入广西和西南其他地区。盐官在岭南仅两处，另一处在番禺。据《史记·货殖列传》，四川临邛富商程郑办冶铁业很出色，越人是其经商对象。《蜀都赋》记四川"蒟酱流味于番禺之乡"。其时，西江交通颇畅通，不仅大宗粮食、盐铁等假道流布两广，平头百姓也乐于乘船外出。梧州、高要等皆为西江水运中心，东抵全国经济都会之一广州，再从"涨海（南海）出入"海道，即连接海外交通线，使西江初步成为沟通沿海与内陆的经济走廊。沿岸广府先民由此获益不少，故有上述商业之繁荣。

（二）唐时兴盛

隋唐时期，在广府先民的继续开发下，西江地区迎来历史上第一个辉煌时期。

隋代西江地区仅有苍梧和信安二郡。唐初苍梧郡改置梧州，信安郡分置端州、康州、新州和泷州，下辖端溪、都城、晋康、悦城、泷水、开阳、镇南、建水、高要、平兴、新兴、永顺、封川、开建等14县。这自是西江地区经济基础加强、政治地位上升的反映。因为没有一定财政收入，是难以维持庞大行政建置的。

同时，西江地区人口明显增多。据《新唐书·地理志》记载，唐代天宝年间新、端、泷、康四州人户分别为 9500 户、9500 户、3627 户和 10510 户。其中新州为广东人户最密州之一（每平方公里 3 户以上），端、泷、康州则与粤北连州、韶州同为广东人口稠密地区（每平方公里 2—3 户），远在广州、循州和潮州等地区之上。在生产力低下的古代，人户多寡成为地区开垦水平重要标志，西江地区开垦地位优越是不言而喻的。

在古代的农业社会，人口增多有利于农业向纵深发展，西江地区即由此而受益。据托名柳宗元撰《龙城录》记，高要一位老农曾说："深耕浅种，时耘时籽。却牛羊之践履，去暝螣之残害。勤以朝夕，滋之烘土，而有秋之望，盖富有年矣。"这是深耕细作的表现，对比原来的火耕水耨是个很大进步。另据《岭表录异》载，西江农民还首创稻田养鱼技术："新、泷等州山田，拣荒平处以锄锹开町畦，伺春雨，丘中聚水，即先买鲩鱼子散于田内。一二年后，鱼儿长大，食草根并尽，既为熟田，又收鱼利。且种稻且无稗草，乃齐民之上术也。"这种生产技术传承至今。此外，据唐代段公路所撰《北户录》，唐代包括端州、新州在内岭南诸州同样有鱼塘饲养鲤鱼或鲩鱼。这在土地利用上也是一个新成就。

农业得到发展的基础上，西江地区矿冶业和手工业颇负盛名，饮誉岭外。唐代端砚作为文房四宝之一已上贡朝廷，闻名全国。砚材取之于羚羊峡两岸和北岭山一带，但以羚羊峡南岸烂柯山材料为上乘。诗人李贺有"端州石工巧如神，踏天磨刀割紫云"之句。生活在当地的瑶人也能采制砚石。封、端、康、泷等州产银，列为土贡。此外，新、康州产金，康、封、新州产葛布，康、封州产麻布也有一定声誉。

唐代按政区位置、辖境大小、户口多少和经济水平高低等将京师以外的县分成 5 等。唐代广东共 88 个县，南海、番禺、曲江和桂阳为上等县，西江之四会、化蒙、怀集、洊水、新会、义宁等属中等县。全省下等县凡 61 个，西江地区虽也占一定数量，但仍不失与粤北一样拥有人口和经济优势，是唐代岭南两个先进区之一。这是广府人辛勤劳动的结果。

（三）宋代式微

中原南下广东路线，走北江比走西江要短。自唐开元四年（716）张九龄奉令开凿大庾岭山路以后，西江航运地位在南北往来方面渐渐被北江取代。五岭其他交通线，包括灵渠也相继衰落。及至宋代，广东人口和经济重心转移到珠江三角洲，西江地区总的趋势是由盛转衰，西江经济走廊辐射作用也受到很大限制。这在多方面反映出来。

首先，地方行政建置萎缩。宋代曾对唐代广东州县东疏西密的格局作了调整，粤东地区州县有所增加，而西江地区从北宋到元都无新置一县，这虽是使地方建置趋于平衡的举措，但毕竟是以地方经济为基础的。

其次，宋代京畿以外地方建置，以户口为标准，府分 7 等，军州分 8 等，而县分 6 等（即望、紧、上、中、中下、下）。西江在广东境内一带，封、端、康、新等州皆为下等。北宋末年，端王赵佶即位为宋徽宗，升端州为肇庆府。南宋初年，康王赵构即位为宋高宗，升康州为德庆府。两府皆属望府，但非经济原因所致。封州从下州升为望州，也是其他原因升格的。当然这些府州升格，对提高西江地区政治地位作用是无可置疑的。至于这些府州属下的县，除高要、四会在《宋史·地理志》属中县以外（王象之《舆地纪胜》列为下县），余皆下县。而广东其他地区望、紧、上、中县数量相当多，使西江地区相形见绌。元代在南宋故地改府州为路，肇庆和德庆变为下路。只有肇庆路属下高要、四会升为中县，其余为下县，前者与宋代以来西江下游两岸围垦，经济发展有关，但仍不能改变整个西江地区经济地位相对下降的局面。

再次，在宋代大量中原和江南人口入居岭表过程中，定居西江地区的人口数，逊于广州、惠州、南恩州和雷州，无复过去之盛。据《元丰九域志》统计，宋代各州客户（没有土地的民户）占总户数比例，端州为55%，新州为38%，封州为37%，广东平均为39%。比例较高的广州为55%，惠州61%，南恩州75%，雷州70%。客户中，绝大多数是没有土地的外来民户。从这个意义上说，西江和北江地区在宋代都不是移民主要入居地。由于这种转变，到元代肇庆、德庆、南恩、封、新五路州的人口密度仅为每平方公里8.9人，低于全省每平方公里12.3人的平均水平。

当然，以上情况仅说明西江地区经济在全省相对地位下降，并不能说没有发展。实际上，宋代主要在西江下游河谷低地（主要在高要和四会境内）出现以围垦为中心的土地开垦高潮。这对扩大耕地面积，保障水稻生产起一定作用。此外，利用洼地种植蒲草也很广泛，织席业继之发展起来，成为当地传统家庭手工业。

（四）清时复盛

明朝时期，西江地区长期动乱频仍，瑶人起事、倭寇之乱不断，经济、社会发展因此受到影响。为平息动乱，明政府于成化年间在梧州开两广总督府。嘉靖四十三年（1564），两广总督驻地从梧州迁肇庆，直到清乾隆十一年（1746）才迁回广州。这近200年间肇庆成为仅次于广州的岭南政治中心。

为一劳永逸计，官府在动乱地区广泛增置州县。明代广东西江地区新置广宁、三水、顺德、高明、东安（今云浮）、西宁（今郁南）等县及罗定直隶州，这些州县的增置都与当地动乱局势有关。加上清代新置的鹤山县，西江地区成为明清广东新置州县最多地区之一。这一定程度上反映了西江地区政治地位的上升。

经历了明中叶后的动乱，及至清中叶，西江地区社会趋于稳定。洪武初年，肇庆府（另加怀集县）人口 35.96 万人，到雍正时达到 157.2 万人，增加了 3.37 倍。随着局势的稳定，西江沿岸土地围垦迎来又一个高潮。围垦范围一部分在羚羊峡附近，西江、北江和绥江交汇地带，以及西江三角洲；另一部分推进到海坦附近。前者有高要景福围、丰乐围、头溪围，四会与三水间大兴围和龟岗围，鹤山古劳围，新会天河围、粉洞水两岸，顺德龙山围、大成围、大洲围、龙江鸡公围、马营围等；后者主要在香山北部和新会南部，包括西海十八沙、东海十六沙等。新置的广宁县，土地除军屯以外，其余的"听从民往开耕居住"。弘治三年（1490），泷水知县瞿观主持开辟荒田 9 万亩。万历五年（1577）泷水县升格为罗定州后，州县官募民垦辟，使那里成为"农桑被亩、鸡犬相间"之地。万历年间，珠江三角洲及其邻近各县灌溉农田占耕地总面积比重，高要、三水在 80% 以上，四会为 65%，高明、鹤山各为 20%，新会为 7.5%。这些新垦土地，成为新的粮仓。

水利事业是衡量农业生产力水平的标尺。伴随土地开发高潮到来，水利工程广布西江各地。高明县罗塘陂，"明永乐间乡民筑，凿石为圳，水流二十里，灌田一百五十余顷"。万历九年（1581），肇庆知府王泮"凿跃龙窦，导沥水，南入江"，每窦设闸通于江，"自是启开以时，雨则分汇内潦，旱则引潮溉浸，数万亩洼亢之田悉为膏腴，渠皆可行舟"。显示西江地区经济开发再度进入盛期。正因为当地人口在乾隆以后急剧上升，山区被高强度开发引发严重生态危机，反过来又使大批人口逃亡。如德庆，人口从咸丰五年（1855）33 万下降到 1950 年 17.5 万。这从反面印证西江地区在清时土地开垦盛况。

明清时期，西江鱼苗业兴盛一时，成为当地支柱产业。《广东新语》说："鱼花产于西江"，"取者上自封川水口，下至罗旁水口，凡八十里"，"岁正月，始鬻鱼花，水陆分行，人以万计，筐以数千计。自两粤郡邑，至于豫章、楚、闽，无不之也"。这种大规模鱼苗生产和运输是其他地区所罕见的。这是广府人充分利用地利的结果。

西江地区矿业和手工业也更具规模，罗定铁矿源源输往佛山，新会葵扇、高要草席畅销省内外。四会、高要产蕉葛布，新会、新兴产麻布。新会还是广东主要造船中心之一。

在农业和手工业发展基础上，西江地区府县等级升格。明制以税粮多少划分县等级。广东仅南海一度为上等县。在 8 个中等县中，西江有高要和新会二县，余皆下等。清采取政治综合指标，以冲、繁、疲、难四等作为划分依据："地当孔道者为冲，政务纷纭者为繁，赋多逋欠者为疲，民刁俗悍、命盗案多者为难。"四字俱全的府州县为"最要"或"要"缺，占三字者为"要"缺，占二字者为"要"缺或"中"缺，一字或无字的为"简"缺。据《清史稿·地理志》，广东地位"最要"府州包括广州府、肇庆府和罗定州，显示西江地区地位重要。在县的层面，广东仅有南海、高要两个最要县；要县全省 12 个，西江地区有顺德、香山、新会 3 个；中县 23 个，西江地区有三水、新兴、鹤山 3 个；余皆简县。这都与西江位处交通要冲有关。

区域经济发展，离不开城镇带动。明清西江沿岸，城镇勃兴，圩市星罗棋布。嘉靖年间广东圩市共 439 个，其中肇庆府 69 个，仅次于广州府。到清代，西江地区圩市又有增加，光绪年间肇庆府 229 个，罗定州 31 个，凡 260 个，占广东全省圩市总数 1635

个的 16%，亦仅次于广州府。如高要县圩市从康熙时 28 个增加到道光时 39 个，反映当地商品经济进一步发展，城镇圩市经济集聚和辐射作用日渐突出。

自明中后期开始，广东变为缺粮省，更需依赖广西米粮。广西又以梧州、桂林余粮最多，西江粮道地位再度上升。广西米粮多抵肇庆后再转输各地。除米粮外，云浮铁矿、云南铜矿、贺县锡矿，以及木炭、木材等山货，大量输往佛山、广州乃至省外。万历四年（1576）在肇庆设黄江厂（税所），征收往来西江船只商品税。肇庆作为交通枢纽，在这条经济走廊中成为最大的辐射中心。宣统《高要县志》追忆："那时商业之交通，亲朋之酬酢，莫不以肇庆为中心，彼此往来，全恃帆船。以故夹岸下碇，帆樯如织。而舵工舟子之属，赖以谋生者辄数千人。肇河水面之繁盛，固可念也。"特别是江门，明成化年间仅为一普通圩市，到清末已发展为一巨镇。光绪三十年（1904），江门被开为对外通商口岸，成为西江经济走廊南部最大的经济中心，也是进入西江腹地的第一站。与此同时，江门与香港航运、商贸往来开通。光绪二十九年（1903），由广州石围塘至三水的广三铁路建成通车，补西江水运不足。抗日战争前夕，以广州为中心修筑公路。其中西路第一干线由广州沿广三铁路经德庆至梧州，全长 213.5 公里；第二干线由三水至四会、广宁至怀集，全长 103.5 公里。这个由水路、公路组成的交通网络，推动西江地区走上近现代开发阶段。

从上述可见，横亘整个广府地区的西江经济走廊，经历了秦汉形成、唐时兴盛、宋元式微、清时复盛的历史变迁。虽然时代不断更替，经济代有兴衰，但它作为联结两广的主要经济轴线，始终在发挥自己的功能，并且随着地方行政建置的扩大、以农业土地利用为中心的区域经济的发展、城镇建设和水上运输加强，不断发育壮大，推动西江地区经济开发不断前进。这条经济走廊，存在持久且连续，具有空间双向推移、节点众多、结构分明、效益显著等优势，对推动西江流域广府民系经济、社会的区域联系和空间结合，发挥了重大作用，成为广府民系历史发展和区域集聚的强大轴线。

## 二、珠三角地区

宋代以前，珠三角大部分尚未出露，仅有部分丘陵、台地以岛屿形式屹立三角洲溺谷之中，并被开垦为耕地。这些岛丘是三角洲发育的依托和核心，大量的泥沙冲积物由此发生沉积，形成大面积的洲滩。生活在这里的广府先民，通过植草、筑拦河坝等方式，加速洲滩淤积，又通过围垦，开发出大片良田。

珠江三角洲的围垦，始于唐代，虽然范围小，标准低，但毕竟是广东围田文化景观的嚆矢。宋元时期，珠江三角洲大规模围垦河汊、海滨、滩涂和浮露沙坦，围田成为平原低地土地利用重要方式。围内阡陌纵横，遍种水稻或其他经济作物，围田景观初见规模。明人追忆宋代东莞知县李岩在东莞主持筑堤围垦的情景，有诗曰："长堤高下望无穷，遏住潮头不敢东。获得咸田千万顷，至今村落庆年丰。"①

明清广东土地围垦进入高潮，"高田处堰堤，低田用圩岸"②，围田成为河谷平原地区主要土地类型。明清时围垦而成的堤围数量大增。从乾隆十八年到同治末年（1753—1874）的122年间，

---

① 崇祯《东莞县志）卷七《艺文》。
② 嘉靖《广东通志》卷二十六《民物志七》。

全省报垦数达 1.3 万余顷。[1]清末，珠江三角洲延伸更快，每年以 40—50 米的速度扩张，有大片沙田被围垦出来，成为新的粮仓。咸丰、同治年间（1851—1874）的 24 年里，广东承垦沙田80 万亩[2]，主要分布在珠江三角洲，小部分在韩江三角洲。如清远石角围、长岗围；南海良凿围、箐尻围、茶步围等。顺德境内，堤围密布，约占三角洲堤围半数。

除了围田，这一时期珠江三角洲另有洋田、梯田、垌田等土地利用类型。其中，洋田分布于河流中下游平原上，土壤深厚肥沃，易于耕耘，一般实行水稻与花生等轮作，以水稻为主，年亩产可达 500—600 公斤。宋代以前，珠三角以河岸平原为水稻主产区。明清时期，通过大量围垦，三角洲平原跃居为水稻主产区，洋田数量相对下降。但河岸平原在各地大小河流沿岸均有分布，如粤中潭江、高明河、流溪河平原，北江的清远、英德平原，东江杨村、惠阳平原，粤西鉴江、漠阳江、九洲江、南渡河平原，皆是全省重要粮食生产基地。河岸平原易受水旱灾害威胁，需建设堤堰、闸窦等农田基本设施，这需要动员大批劳动力，只有人口稠密地区才能做到，无疑又加强了对民系共同地域的依赖。

## 三、对海洋的开发

广府地区临海。靠山吃山、靠海吃海，这是我国传统农业经济的基本模式。对于海洋资源也以农业利用为主，即"以海为田"，

---

① 张超良：《广东沙田问题》，转见《珠江水利简史》，水利电力出版社，1990年，第 153 页。

② 张超良：《广东沙田问题》，转见《珠江水利简史》，水利电力出版社，1990年，第 229 页。

称为"耕海"，其对象主要为滩涂和近岸海域，以取得鱼盐之利，建立起海洋经济模式。广府和潮汕、雷州一样，都以这个经济特点闻名，并借此铸造强烈的地域认同感。

秦汉以来，滩涂和近海已纳入广府民系先民经济活动范围。秦始皇进军岭南，除了政治目的，后人以为还在于掠夺越地犀角、象牙、翡翠、珠玑等土特产。番禺是这些土特产的集散地。在南越国墓葬和遗址中，屡有鱼骨、龟足、青蚶、笠藤壶和楔形斧蛤等发现，广州南越王墓即出土包括螺、虾、大黄鱼、广东鲂、鲤鱼、中华花鱼等 14 种水产品，既有淡水、咸淡水种类，也有咸水种类，说明南越国沿海人民已积累和掌握了丰富的渔业生产经验和娴熟的技能。到汉武帝时，番禺成为全国一大都会，汇聚了"珠玑、犀、玳瑁、果、布"等具有地方特色的物品，其中相当一部分产于今广府地区。晋裴渊《广州记》说："珊瑚洲在（东莞）县南五百里，昔有人于海中捕鱼，得珊瑚。"有论者认为珊瑚洲系指东沙群岛，过去有人在岛上拾得汉代五铢钱，与上面所记符合。这些渔民谅为珠江三角洲或粤东沿海居民，他们已驱驰于陆架海区。唐代岭南土贡品，除农产品以外，珍珠、玳瑁、水马、鲛（鲨）鱼皮等多为陆架所产。曾任广州司马的刘恂在《岭表录异》中记载了蚝（牡蛎）的生活习性、鲸鱼喷水、水母与虾共栖、海镜与豆蟹共生等，为沿海渔民熟知海岸近海、利用海洋资源的一种见证。元陈大震撰《南海志》所及范围约今珠江三角洲，书中列举人们经常食用的水产品，计有鱼类 61 种、蟹 3 种、螺 9 种，大部分产于海中，如赤鱼、仓鱼、马鲛鱼、鲨鱼、章鱼、鱿鱼、墨鱼、锦蒲鱼、香螺、刀鞘螺、鹦鹉螺等。从这份水族清单可见，元代广东海洋开发已从近岸浅海进入大陆架。

明清时期，传统海洋开发进入新阶段，海洋捕捞业更有长足发展，形成一个多层次作业体系，广府地区处于领先水平。据以珠江三角洲为重点记载地区的《广东新语·鳞语》载，清初广东使用渔具不下 10 种。用于江河海滨者有罾、笼、罩、箔（沪）、橇、跳白（小舟）、钓等；用于浅海的叫罟（大网），罟又分深罟、索罟、板罟、围罟、墙罟等，适用于不同深浅、底质、鱼类和季节。渔获量每有不同，例如深罟由六七十艘渔船联合操作，每日捕鱼数百石；用于更深海域的索罟规模更大，"相连数百罟，以为一墙，横截海水。……起罟时鱼多不可胜数"。而作业渔船，从小艇发展到风帆船，从一桅风帆船进而到三桅风帆船。

滩涂具有海陆国土特点，资源丰富，故自古为人们所重视。岭南滩涂分布虽在各海区宽窄不一，但在各大河河口或溺谷湾岸段，滩涂都比较宽广，面积也较大。珠江、南流江、漠阳江、钦江、南渡江，乃至钦州溺谷湾等皆属这类滩涂分布区，成为广府民系居民开发海洋的基地。古代滩涂开发利用，围垦是一种主要方式，岭南在宋代已经开始，发生在广府地区的已如前述，兹不重复。另一种方式是水产养殖，至迟到明末，广东沿海已人工养蚝，但主要出现在珠江三角洲和韩江三角洲沿海，当地称这些滩涂为蚝田。无论种养或采集，滩涂贝类资源都有重要经济价值。

江海波涛汹涌，变幻莫测，充满了风险。故水上作业，必须依靠群体力量，安全才有保障。如《广东新语》描述："罟之类有曰深罟，上海水浅多用之，其深六七丈，其长三十余丈。每一船一罟，一罟以七八人施之，以二罟为一朋。二船合则曰罟朋。别有船六七十艘佐之。皆击板以惊鱼，每日深罟二施，可得鱼数百石。"[1]这样大规模渔业群体，在沿海和珠三角作业中很常见，他们经常固定在某一江海水域作业，不是按族群来确定归属，而

---

[1]《广东新语》卷二十二《鳞语》。

是按地缘来组织生产和社会管理，从而使广府民系这部分群体牢牢地与某一地域联系在一起。

## 第二节　宗族与聚落集中布局

宗族是一个有确认的共同祖先、统一的祭祀仪式、共同的财产，并可分为族、房、支等组织系统的继嗣团体。确认的血统、统一的仪式、共同的财产和族、房、支的组织系统，是宗族与其他形式的血缘组织区别开来的重要因素。[①]

在古代，宗族成员常常共同居住在同一地区和同一村落中。宗族成员间保持紧密联系，互相帮助，共同抵御外族入侵，有共同的祠堂，共祀一个祖先。宗族名称往往用于宗族居住地的地名，如王家村、潘屋寨、大塱村、李家村等。在这里，宗族概念和地域概念连在一起，从而成为由宗族组成的民系共同地域的基础。正如屈大均在《广东新语》所指出的："岭南之著姓右族，于广州为盛。广之世于乡为盛，其土沃而人繁，或一乡一姓，或一乡二三姓。自唐宋以来，蝉连而居，安其土，乐其谣俗，鲜有迁徙他邦者。"

### 一、广府宗族的形成和影响

历史上不同时期迁入岭南的移民，带来了中原地区较先进的文化，除了物质文化与精神文化之外，他们还带来了社会组织方

---

① 华琛：《中国宗族再研究：历史研究中的人类学观点》，《广东社会科学》1982年第2期，第70—71页。

面的制度、习俗。宗族制便是其中一种。一则可以团结自身血族的成员，用亲族集体的力量抵御外族、保卫自己，求得安全和生存；二则在异地，通过宗族抱团取暖，更易于站住脚跟、发展壮大。历史人类学的研究表明，今天珠江三角洲的大部分地区，直至宋代之前，都仍沉在水下，儒家思想、宗族组织在当地仍未形成足够的影响和规模。元明之际，珠江三角洲是由地方武装豪强所主宰的。直至明中叶，随着当地商业的发展和文人集团的崛起，宗族才逐渐往规模化发展。而这些宗族在叙述先人的历史时，大多围绕着珠玑巷南迁来展开。

珠玑巷，本叫敬宗巷，位于南雄城北约 9 公里的沙水村（今南雄市珠玑镇珠玑村）。南雄位于广东北部偏东、大庾岭南麓，与江西大余、信丰、全南接壤，是连接珠江、长江两大水系的枢纽，史称"居五岭之首，为江广之冲"，"枕楚跨粤，为南北咽喉"。珠玑巷地处梅关古驿道旁，古代岭北南下移民多在此落脚。两宋时，由于金人与元军相继入侵，北方战乱不断，岭南地区则相对安定。为躲避战乱，大批士民南迁。珠玑巷是南下移民必经之道，有的流栖于此，有的继续顺着浈水南下，迁徙到珠江三角洲地。逃难的人群中，不乏士大夫、官吏阶层，因此有"岭南衣冠之族多出于南雄保昌珠玑巷"之说。据黄慈博《珠玑巷民族南迁记》载，宋室南渡后，取道大庾岭集体南迁的就有罗贵等 23 姓 97 家。其中，主要定居于珠三角的有 73 姓 165 族。而据曾昭璇教授考证有 141 姓，遍布 28 个县市 668 个乡镇。[①]顺德竹园冯氏世居广东顺德，由其族谱所述，可一窥珠江三角洲地区族谱是如何呈现祖先来历的：

---

① 据曾昭璇、曾宪册《宋代珠玑巷迁民与珠江三角洲农业发展》一书相关内容综合。

我祖浙江钱塘人也，宦寓南雄，籍焉。自宋开禧元年南迁，止于新会古朗甲朗底村，再迁南海之南畔，至五世迁居桂洲，六世再迁大良，七世因之。明景泰三年辛未分县顺德，隶焉，遂为顺德大良竹园冯氏。缘先世无谱，是以失传，但以南来之祖为一世祖云。①

祖先原居住在广东以外的地区，继而移居到南雄，再南迁到珠江三角洲，在当地的族谱里，这样的迁移路径并非个例。如台山南坑黄氏，北宋元祐三年（1088）为官南雄，入籍珠玑巷，长子居正之世孙学禄迁南坑，成为黄氏开基祖，其子孙在当地置田400亩，隐居躬耕，至20世纪末已传30世。台山浮石村赵氏，族谱记是宋太宗十一世孙，南宋端宗时由闽入粤，迁居浮石，为台山赵氏开基祖。

珠玑巷南迁的故事里，传说的成分甚多，但正是通过这一系列传说的不断叙述，来自不同地区的迁民共享着一套相似的迁徙经验和叙事结构，对构建民系这个"想象的共同体"具有重要的作用。经过数百年的构造，南雄珠玑巷逐渐演变成一个迁移符号，成为与洪洞大槐树齐名的移民源地。广府地区主要姓氏族谱大多把珠玑巷记载为祖居地，由是，南雄珠玑巷成为广府人的"祖地"。

移民对珠江三角洲的开发是多方面的。基于地理气候等自然条件和生产力水平等原因，宋代以前先迁来的中原移民和当地土人未能很好利用水网地区，他们只是消极地避开洪水的危害，选择丘陵台地和利用地势略高的平原边缘，进行开垦种植，效率并

---

① 转引自刘志伟：《历史叙述与社会事实——珠江三角洲族谱的历史解读》，《在国家与社会之间：明清广东地区里甲赋役制度与乡村社会》，北京师范大学出版社，2021年。

不高。而宋代珠玑巷移民则利用中原、江南地区较高的生产技术和他们的雄厚资财，特别是利用宗族组织的力量，在水网平原地区筑堤造田，建围护田。如南海、顺德两县人民利用分布于三角洲平原上的山丘和台地，顺河岸水势，筑堤护田，形成一巨大堤围区。桑园围全围堤长 68.85 公里，保护围内面积 221 平方公里、8 个主要圩镇，涉及人口 21 万以上。[①] 他们还利用家族组织对三角洲新生长的沙田、滩涂进行开垦，扩展了大量农业用田，促使水稻的稳产、丰产。

## 二、沙田管理与聚族而居

沙田通常是指沿海濒江淤泥冲积形成的土地，而不是一般含沙质多的土地。沙田由河流冲积物组成，透气性好，肥力高，经过人工耕作、熟化以后，变为上等农田，有很高生产量，适宜种植粮食、经济作物等。广府沙田主要集中于今中山、番禺、顺德、东莞、深圳、新会、南海、台山等地，也就是狭义珠江三角洲地区。1933 年的调查显示，广东沙田数量庞大，约 250 万亩，占全省耕地面积的六分之一。其中，中山的沙田最多。[②] 沙田作为一种肥沃土地，引起各种势力觊觎和争夺，其中珠三角宗族势力充当重要角色，最终演变为宗族以族田形式控制住广大住民，形成聚族而居的聚落形态。随着沙田扩展，聚落规模不断扩大，渐渐相连成片，引起地域集中，产生民系形成的一个必要条件，即共同的地域。沙田即为共同地域一种形式，宗族力量则是它的推动力。

明清时期，南来迁居者日众，沙田垦殖规模进一步扩大，开

---

① 曾昭璇：《岭南史地与民俗》，广东人民出版社，1994 年，第 153 页。
② 黄珍德：《官办自治》，文物出版社，2009 年，第 53—55 页。

发速度加快，强宗大族对沙田的争夺也日甚一日。以沙田为核心，广府民系由此变得更须依赖土地生存和发展，聚族而居成为开垦、管理沙田不可或缺的空间和社会组织形态，进而出现珠三角村落连绵、屋瓦鳞次栉比的景象，是为广府族群繁荣兴盛之一斑。

明清时期在珠江三角洲地区参与沙田开发的宗族，不但用人工的力量把滩涂开发成耕地，也利用种种国家制度和文化象征，把自己在地方上的权力和王朝正统性联系起来，使自己不但在经济上占有优势，在权力、文化等方面也形成一种特殊的垄断地位。明清时期新开发的沙田，几乎全部控制在拥有这种文化权力的势力手上。[1] 其他势力，即使经济实力上升了，也必须用同一套文化手段，改变自己的社会身份和文化认同，在同一秩序下掌控王朝正统性象征，获得和稳固自己的政治经济权力。

宗族发展壮大后，多建祠堂。祠堂的兴建，既有加强宗族凝聚力的现实需求，也是为了强调自己行为合乎礼法，将自己升格为王朝在地方的正统代言人。肇庆渡头有梁氏祠堂，梁氏其祖以"咸平戊戌（998）进士，两敕端州刺史"。其子孙在渡头一带开村居住，繁衍生息。顺德大良北门罗氏到明万历年间（1573—1620）已建小宗祠三十所有奇，"祭田亦几万亩"，到清光绪年间（1875—1908）祠堂已达 92 座。[2]《广东新语》记："粤东濒海，其居民多居水乡，十里许辄有万家之村、千家之砦。自唐以来，田庐丘墓，子孙世守之勿替。"[3] 广府移民多从外省迁粤，生存斗争激烈，聚族而居可以自保。尤其在战乱、匪患严重时代，

----

① 转引自刘志伟：《历史叙述与社会事实——珠江三角洲族谱的历史解读》，《在国家与社会之间：明清广东地区里甲赋役制度与乡村社会》，北京师范大学出版社，2021 年。

② 顺德北门《豫章罗氏族谱》卷五《年表》、卷十九《祀典谱》。

③《广东新语》卷二《地语》。

可以团结御敌，保障族群安全。恰如南海《方氏族谱》记载，该族祖先方亭秋于"明初粤乱，率族筑御，保障一方，民赖以安"。有"同一姓而分数家者，有分数姓而为一宗者，有族大丁口至数千亩，或数百口、数十口者，要皆聚族而居"[1]。宗族大小规模不一，强宗大族欺负小族弱族时有发生，故后者为求安全，往往被迫寻找同姓同宗的支持和帮助，如此又加强了宗族间的联系和扶持。如顺德罗水乡邓氏，因受强宗罗族的欺凌，只好求助于顺德水藤隔塘乡同宗，结果获得帮助而转危为安。这种事例，无疑增强了宗族之间的联系，扩大了共同地域感情。

广府居民，多为中原或闽南移民后裔，同姓聚族而居，不乏大户巨姓，村落少则数十户、上百户，多则上千户，分布比较集中，这也强化了地域认同感。至20世纪80年代，顺德千人以上村落占当地总数一半以上，是个典型村落密集区，宗族包揽了村落中很大一部分事务，祠堂庙宇之多，为粤中翘楚，故"顺德祠堂南海庙"之语蜚声天下。

## 三、广府民系聚落形态

为了适应复杂多样的自然环境和进行不同形式的经济活动，广府民系聚落选址有比客家民系、潮汕民系、雷州民系更为多样灵活的形式，并形成建筑文化地域差异的基础。

广府民系农村选址要求也和其他民系一样讲究亲风水，尤其要求近水、近山、近田、近交通线，前塘后村，达到既适应当地自然环境，又方便耕作、用水和对外联系的目的。不少族谱都记

---

[1]《赠大学士亭秋公行状》，南海《方氏族谱》。

载开基的村落"山川秀发""绿林阴翳"而成为迁民选择定居之地。旧时，风水好坏成为聚落选址的主要依据。而理想的风水模式是"枕山、环水、面屏"，山水成为聚落环境不可或缺的组成部分。

珠江三角洲的乡村祠堂，往往不是正南正北的朝向，而是朝向经风水师勘定的特殊角度。风水之外，聚落发展还受到地形、宗族、民间信仰、财力等方面的影响。[①] 有研究认为，从总平面轮廓上看，广州府的村落形态主要有扇形、较规则的团状形和线形三种基本形状，其中线形依据进深区分为单排和多排两种。至于结构范式，则分为以宗祠为核心的中心式布局；成排祠堂引领村落建筑群的梳式布局；社会结构较为扁平化、没有祠堂的单排线形村落。三者尤其是前二者之间往往呈现出复杂的组合或叠加。[②]

但同一模式之下，各地条件不尽一致，聚落选址也有不同。在广府地区主要有以下五种地形。一是平原山麓交接地带，聚落规模囿于场地不会很大，几十户一村落为多。在潭江、新兴江、漠阳江中上游，以及西江在广西一些支流上的平原山麓交接地带，这种聚落颇为常见，一般为长条形。二是谷底、海河岸或交通线两旁，因方便交通、劳作和用水，聚落也呈长条形。珠江三角洲沙田区，村落都沿堤围分布；从珠江口到北部湾海陆接触线上，村落也散落其间，兼具农耕和渔盐之利。三是平原和山间盆地，这类地形分布在珠江水系各大河下游和三角洲地区、丘陵或山地间盆地，因土地资源丰富，水源充足，聚落规模较大，可达千人以上，也有几十户、百余户为一村落的，多呈团块状。在传统农

---

① 朱光文：《珠江三角洲广府祠堂与村落的时空关系初探——以番禺地区为例》，《广府文化》第 6 辑，中国社会科学出版社，2020 年。

② 冯江：《祖先之翼：明清广州府的开垦、聚族而居与宗族祠堂的衍变》，中国建筑工业出版社，2017 年，第 101 页。

业社会里，耕作半径约为 2.5 公里，往返路程约需 1 小时，所以村落分布比较密集。四是山坡或高台地一村落依山就势，拾级而上，屋瓦层层，向高处发展。各民系所在山区都不乏这种聚落，规模较小，在肇庆地区这类数十户或十余户为一村的聚落就不少。五是特殊地形，即按不同需要，选择特殊环境营造的聚落或建筑群。道光《开平县志》对此作了概述："或依竹树、果园别造成亭馆书房，谓之'别墅'。立柱架板，结屋于塘上，曰'水寮'。水寮，守鱼也。搭篷于田上而居，曰'禾寮'。禾寮，防禾稻也。枕山傍水，搭葵结茅而居，曰'茅寮'。植桩于水上，建平台，周围护以阑干，谓之'后栏'。村落无井，近河便于汲也。远水之村或有井，否则汲池塘以为爨。"[①]

以上是村镇选址对地形环境主要的要求，但城市尤其都会城市选址条件更为严格复杂。解剖岭南最大都会广州古城的选址，即可窥见广府民系先民在这方面的聪明才智。

## 第三节　广府人共同地域的中心城市

城市是人类文明进步的产物，它的出现和发展，又成为区域发展的动力和增长极。正如列宁所指出的："城市是人民的经济、政治和精神生活的中心，是进步的主要动力。"[②] 在广府民系发展史上，广州和肇庆分别是珠江三角洲地区和西江地区的中心城市，通过这两座城市，可管窥城市作为共同地域之于民系的意义与影响。

---

① 道光《开平县志》卷三《风俗》。
②《列宁全集》（第二十三卷），人民出版社，1990 年，第 358 页。

# 一、广州：广府人最集中的城市

广州位于珠江三角洲最北端，处于珠江水系东、西、北三江交汇点，南临南海，背靠白云山，北回归线从中南部穿过，盛行温暖多雨的亚热带季风气候。

广州是我国历史文化名城，其历史至少可追溯到四五千年前的新石器时代。先秦时期，广州属南越族聚居地。相传周夷王时（前885—前878），有五仙人乘五色羊，执每茎六穗的谷种至此，后仙人隐去，羊化为石。后人遂别称广州城为五羊城或穗城，并于城内建五仙观，塑五仙五羊像。

秦始皇三十三年（前214），秦始皇派大军平定岭南，在岭南地区设置了南海、桂林、象三郡。其中，南海郡辖今广东大部分地区，其下设有番禺、四会、龙川、博罗等县，番禺县为南海郡郡治。包括广州地区在内的珠江三角洲一带多属番禺县，这是广州历史上第一次设立郡县。

番禺立县后，朝廷以任嚣为南海尉，负责当地的政务和军事。任嚣修筑了番禺城（今称任嚣城，广州历史上第一座城池），今天广州的基本格局即以任嚣城为起点一步一步发展起来。任嚣去世后，继任南海尉的赵佗乘中原动乱之机立南越国，番禺成为南越国的都城。赵佗在任嚣筑城的基础上，将番禺城扩建为周围十里的都城。扩建之后，番禺城北抵今越华路，东至今中山三路芳草街一带，西至广仁路至教育路一带，南至西湖路。[1]

元鼎六年（前111），汉武帝派大军南下岭南，存在约93年的南越国旋即覆灭。伴随着秦汉大军的南下，北方移民、器物

---

[1] 麦英豪：《广州城始建年代考》，《羊城文物博览研究》，广东人民出版社，1993年。

和先进文化进入岭南。赵佗在位时，一方面推广中原的语言、文字、艺术；另一方面采取"和辑百粤"政策，怀柔辖境内各民族，实施一定的"越化"措施，促进各族之间的交流和融合。作为南越国的都城，广州因此受益良多。据《淮南子》记载，秦始皇经略南越，番禺成为犀角、象齿等商贸物品的集散中心。西汉时，番禺进一步成为中外贸易的商品集散地。《史记·货殖列传》中，番禺已是与邯郸、临淄、洛阳等城并列的大都会。

建安二十二年（217），交州刺史步骘登高视察广州地理环境，"见土地形势，观尉佗旧治处，负山带海，博敞渺目，高则桑土，下则沃衍……睹巨海之浩茫，观原薮之殷埠。乃曰：斯诚海岛膏腴之地，宜为都邑"，遂将交州治所迁移至番禺。广州作为岭南政治、文化中心的地位得到巩固。

东吴黄武五年（226），孙权将交州（辖境涵括今广东、广西与越南）一分为二，南面为交州，北面为广州（辖今广东、广西大部分地区），治所置于番禺。这是广州地名的由来。

魏晋南北朝时期，中原地区战乱频仍，广州因远离中原，交通阻梗，成为北方移民的避难所。这一时期，广州成为海上丝绸之路的始发港之一。东晋时期。广州对外贸易涉及十五个国家和地区，不仅包括东南亚诸国，而且远到印度和罗马。[①]

唐朝时期，缘于"通海夷路"的开辟，广州成为全国为数不多的通商大港之一，对外贸易进入鼎盛时期。为了加强对海外贸易的管理，也为了增加朝廷的税赋来源，朝廷率先在广州设立市舶使。北宋初年，市舶使发展为市舶司，广州的对外贸易进一步发展。南宋初年，随着珠江三角洲地区的开发，大批北方民众涌

①《世界文化遗产"丝绸之路"的历史沿革》，中国社会科学网，2019年11月2日。

入广州及其周边地区。随着朝廷统治重心的南移，一向以富庶著称的广州成为重要的赋税贡献地和重要的对外贸易港口。元代时，广州成为全国首屈一指的大港，进口的商品种类多达百余种，如安息香、犀角、珍珠、红宝石、珊瑚、豹皮、藤杖等。

明朝大部分时间实行"海禁"，非官方海外贸易受到严重打击，广州成为少数几个准许开展朝贡贸易的城市之一。永乐三年（1405），朝廷在今广州西关之十八甫设怀远驿，规模比宁波安远驿、泉州来远驿宏大。乾隆时期，清廷关闭浙江、江苏、福建等沿海通商口岸，只允许外商在广州一地贸易，广州一口通商遂成定制。广州十三行由此崛起。在此期间，由广州输出的商品以茶为大宗，另有丝绸、棉布、黄金、铜等商品；输入的则以白银为主。伴随着广州手工业的长足发展，以广州商品为代表的"广货"不仅行销全国市场，还进军海外市场，享有国际声誉，为近代广州的对外贸易发展打下了良好的基础。

鸦片战争爆发后，十三行独揽对外贸易的时代宣告结束，但广州作为新思想、新文化的登陆地在近代史上仍发挥了重要的作用。广州不仅是我国第一个建制"市"，而且是近代民主革命策源地，也正是在近代以来一系列重要事件的影响下，广府民系的概念被正式提出。而伴随着共同反侵略的斗争，加之大众传媒的影响、教育的逐步普及，民系意识与民系认同得到加强。

## 二、肇庆：广府西江重镇

广府区除了中心城市广州，次一级城市有佛山、江门、肇庆、东莞、中山、珠海、深圳、香港、澳门、梧州、北海、玉林、南宁等。它们的共同特点在于，除城里居民主要使用广府话以外，城市临江海，聚落和产业沿江河海岸布局，形成发达的江海文化。广府西江重镇肇庆即为一座具多元山水和文化的地域性城市，城市结构、城市形态、城市功能、城市文化等即反映了广府民系共同地域的内涵和外延，因此可以其为参照物，对比与广府地区其他城市的异同。

肇庆，位于广东省中西部，地跨珠江的主干流——西江、北江流域，东部、东南部与佛山市接壤，西南与云浮市相连，西及西北与广西壮族自治区梧州市和贺州市交界，北部及东北部与清远市相邻。

肇庆历史悠久，文化底蕴深厚。距今 14 万年前，已有人类在肇庆活动。秦始皇统一六国后，派大军远征南越。为方便运输粮食与军队，秦军开凿了著名的人工运河灵渠，实现了长江流域和珠江流域的联通。因灵渠的开通，包括肇庆在内的粤西地区，成为北方人士由湖南进入岭南的桥头堡。

秦军征服岭南后，在岭南设置南海、桂林、象三郡，今肇庆及周边地区置四会县，是广东省最早的四个建制县之一。西汉平南越国，设高要县（治今肇庆），以境内有高要峡为名。能在 2000 多年前就设置郡县，也从另一方面说明肇庆所在地区战略地位重要。而得益于这种优势地位，肇庆地区较早实现了北方移民与当地土著、北方文化与当地文化的融合。

隋开皇九年（589），隋文帝在确立对全国的统治后，以肇庆为治所置端州（辖境相当今广东肇庆、德庆、云浮、新兴与佛山高明等市、县、区），以境内端溪而得名。唐朝时期，伴随着当地所产端砚声名鹊起，端州知名度进一步提高。著名诗人刘禹锡作有《唐秀才赠端州紫石砚，以诗答之》，内有"端州石砚人间重"之句。李贺有诗云："端州石工巧如神，踏天磨刀割紫云。"

民间誉为"包青天"的包拯曾任端州知州三年，留下"不持一砚归"的佳话。端砚被视为我国"文房四宝"之珍品，其制作从采石、选料、雕刻、配盒到养、用、涤、藏、鉴赏等都有严格要求和多种讲究，具有很高文化品位，故能成为当地一绝，闻名天下。其中精品为公私收藏，如唐代观象砚、宋代苏轼东井砚藏于台北故宫博物院，宋代太史砚、抄手砚、古琴砚等为广东省博物馆珍藏，以端砚为题材的诗书画代代不穷，形成规模性"端砚文化"。

北宋末年，以端州为封地的端王赵佶登基为帝（即宋徽宗）后，认为端州给他带来了喜庆与吉祥，便于重和元年（1118）升端州置肇庆府。所谓"肇"，表示开始；"庆"，意吉庆。肇庆顾名思义"开始吉庆"。肇庆是当时南方地区为数不多的府之一，由是肇庆的影响力得到显著提高。宋代肇庆所筑城墙，历史上多次重修，现存城墙和城基周长达 2800 米，为广东至今保存最好的一段城墙。

明朝中后期，广东、广西两地动乱不断，梧州和肇庆因位处两广交界地带，先后成为两广总督府驻地。其中，肇庆从明嘉靖四十三年（1564）至清乾隆十一年（1746）一直是两广总督府驻地。万历年间，被誉为沟通中西文化第一人的意大利传教士利玛窦，将西方科技、文化、思想传入肇庆，肇庆成为内地较早接受西方文化的一站。

明朝灭亡后，桂王朱由榔在肇庆被拥立为皇帝，年号永历，史称永历帝。虽然永历小朝廷在肇庆的时间不长，但作为抗清的旗帜，肇庆仍然吸引大量不满清朝统治的文人、武将、士兵，肇庆也成为南明小朝廷和清军反复争夺的地方。

也正因为肇庆战略地位重要，第一次国内革命战争期间，在周恩来等人的努力下，以大元帅府铁甲车队为基础，在肇庆组建国民革命军第四军独立团（阅江楼为驻地之一），叶挺任团长。1926 年 5 月，叶挺独立团作为北伐先遣队，受广州国民政府的派遣，从广东肇庆、新会出发，开赴湖南前线。

总之，肇庆作为国家级历史文化名城（1994 年，经国务院批准，肇庆成为我国第三批国家历史文化名城之一），辐射范围非常广泛，由此产生的区域效应也很强烈，一批又一批广府人从各地迁居于此，形成西江广府人集中城市。肇庆这个地位和角色从宋代以来相沿至今。

## 第四节　共同地域下建筑文化

共同地域作为民系划分的一个重要依据，不仅在大尺度空间上表现出来，即使在一个局部地区也有地域的微观差异，如建筑物内部分工及其细部、节点等性质上不同，显示同一个民系，共同地域是相对的，而共同地域下的差异又是绝对的。

### 一、风格多样的建筑文化

"不同的房屋类型标志着不同的文化背景。"[1] 在复杂多样的自然条件和比较发达的商品经济下，广府地区形式多样的聚落选址为适应不同环境，显示出风格多样的建筑文化，并以此与其他民系地区形成鲜明对比。

在平原或台地、山坡，聚落以梳式（也称耙齿式）布局为主。

---

[1] 德伯里著，王民等译：《人文地理：文化、社会与空间》，北京师范大学出版社，1988 年，第 180 页。

即聚落民居整齐划一，像梳子一样南北向排列成行，前后建筑之间保持一定空间，作防火用；两列建筑物之间设一小巷，称为里，古称"火巷"，为聚落内主要交通道路。聚落前沿建筑物排列整齐，后沿则不规则。如前后距离过长，则在中间设一横巷，以联系东西交通。这种布局形式的朝向、日照、通风良好，民居内有天井，外有巷道，起对流作用，适应岭南气候；又建筑密度高，间距小，各家独立成户，封闭性强，与广府地区人口较密、土地资源有限等条件相适应。典型的有广州增城区沙浦村、三水乐平镇大旗头村等。大旗头村建于清光绪年间，民房全由镬耳屋组成，梳式布局。村落前低后高，前面开阔，后面封闭，集民居、祠堂、家庙、广场、池塘、文塔等于一体。巷道铺砌条石，并设暗渠排水，构成一组完整、严谨的建筑群，堪为梳式布局典范。

按建筑形式和占用空间差异，广府民系民居建筑又有竹筒屋、明字屋、三间两廊屋、组合屋、楼房等类型。

竹筒屋，有的地方称"直头屋"，为单开间民居，由厨房、天井、厅、房组成，面宽较窄，进深视地形长短而定。长则 12—20 米，短则 7—8 米。有的还加盖楼房。这种屋式适宜人多地少的地方，尤其是小城镇采用。

明字屋，平面形状像"明"字，故名。为双开间，由厨房、天井、厅、房组合而成，但可灵活变通。这种屋式功能明确，布置紧凑，使用方便，适合人口较多的独户，在农村、城镇皆有分布。

三间两廊屋，为三开间建筑，由两廊和天井组成三合院住宅。平面内，厅堂居中，房在厅两侧，厅前有天井，其两旁为廊，分别为厨房和杂物间。东莞虎门村头发掘出明末清初居民遗址，即有此屋式。天井内通常打井一口，供饮用。厅后墙不开窗，民间以为"漏财"。广府地区以"水"为财，设计时井侧屋向天井倾斜，以示财要内流，不外泄。这是广府地区最主要的居屋形式。

组合屋，基本上由三间两廊屋发展组合而成，适宜大家庭使用。

旧时这些传统民居，因密度大，屋屋相连，多存在光线不足、通风不畅、设备简陋等问题。虽然如此，它们毕竟是适应当地条件，满足不同需要而产生的，不失为富有地方特色的建筑形式。

广府地区城镇中多楼房建筑。旧为二层或三层砖木结构，布局比较自由。最具独特风格的楼房式建筑当推广州西关大屋。因分布在广州城西旧商业区西关，故名。西关大屋兴起于清后期，主要为官吏、富商居室，多为竹筒屋深化发展。实际上珠江三角洲城镇都有这类民居。西关大屋面积宽大，占地面积500—900平方米，有两三个或更多的开间。门面多明口或水磨青砖，花岗岩墙脚，上为砖木结构。大门设趟栊、吊脚双扇短门及硬木双扇大门，以策安全和保障通风。内设多重小天井，室内施刻满洲窗、硬木刻花挂落及彩色屏风，再饰以中西式家具、古玩，屋前后筑亭台假山、水池花榭，显得高雅古洁，洋溢着富贵、大家气派，被视为广州古典建筑的杰作。西关大屋初建于广州宝华坊，后扩展到多宝路、逢源坊、华贵坊等。过去数量不详，现保留下来的不足200家，著名的有多宝路泰华楼邓宫保第、宝源北街18号梁资政第、宝华路正中约钟家花园等。

无论是平房还是楼房建筑，外观都朴实无华，景观主要反映在大门、山墙、墀头和屋檐上，富有节奏的艺术处理，与地理环境相协调，使之具有独特的文化价值。如广府民系民居在空间处理上，还在厅和房顶上开天窗（气窗），有拉开式、撑开式、风兜式等，可取得良好的通风效果。民居山墙也有多种形式，小型民居用人字形山墙，一般民居多用镬耳山墙（即半圆形山墙）；

而大型民居与祠堂、庙宇等公共建筑则用方耳山墙，呈三级平台。这可能是吸收了岭外马头山墙的特点，如江浙地区即很流行方耳山墙。一些大型建筑构件，材料上使用木、石、砖、陶、灰、铜、铁，工艺上又分雕（刻）、塑、铸、绘等，题材上有各种图案、历史人物、故事等。广州陈家祠、佛山祖庙、德庆龙母祖庙即为集广府建筑文化之大成者。其中陈家祠以建筑合理布局、精美的结构和装饰，凝聚了清代广东建筑艺术的精华，备受中外各界人士赞誉，1988年被评为全国重点文物保护单位。此外，许多村落设门楼，上书对联，展示历史和追求。如广州越秀大塘街道、开平长沙街道可见对联"出入凤凰池上客，往来龙虎榜中人"，即洋溢着文化之乡的气息。

广府地区对外开放早，深受外来文化影响，在村镇规划布局、建筑艺术等方面留下诸多西方建筑文化痕迹。新建筑更强调外观整齐划一，内部采取网络状布局，与梳式布局有明显差别。所用材料也多种多样，包括了水泥、钢筋和特种木材（如印度尼西亚坤甸所产木材），与传统砖木结构不一样。其中五邑地区碉楼建筑颇富代表性，为广府地区乃至我国近代建筑的瑰宝。清初，开平一带已出现一种碉楼式建筑，赤坎鹰村有一座300多年历史的三层碉楼，称"迎龙楼"。清末至20世纪二三十年代，兴建碉楼在五邑蔚为风气，成为防止盗贼、保村安家的重要建筑设施。从"振武楼""长安楼""永宁楼""安怀楼"等碉楼名，即可管窥当地民众希冀借碉楼威慑匪盗的心理。开平过去有碉楼数千座，现仅存1800多座；台山盛时有碉楼5000多座；恩平、新会、阳江等地也有这类碉楼。台山斗山镇南华村，仅60多户，即有碉楼18座。碉楼一般为3-5层，少数为5-7层，最高可达9层。立面外砌砖作墙面，中浇灌混凝土为墙心，异常坚固，可抵御炮火轰击。开平赤坎"南楼",1945年7月遭日军七昼夜猛烈炮火攻击,仍岿然不动;后日军施放毒气,才将"南楼"攻陷,有司徒煦、司徒昌等7位守楼壮士不屈殉国。

因建筑的时间年代不同与楼主人侨居地有异,碉楼建筑风格可谓丰富多彩,五邑地区堪为世界建筑文化的博览馆。开平碉楼于2001年7月被评为全国重点文物保护单位。2007年6月开平碉楼与村落获列入世界文化遗产名录,成为广东第一个、中国第三十五处世界文化遗产。

## 二、广府园林和公共建筑

岭南山清水秀,四时花果不绝,且多奇石,便于仿效自然造园与借景入园。南越国在广州兴建宫室苑囿,是为岭南造园之嚆矢。中山四路南越国宫署和御花园遗址,即显示了巧妙利用自然山水,加以人工构景的高超造园艺术。此后有三国诃林,唐荔园,南汉昌华苑、甘泉苑、药洲等。及至明清,私家园林规模更大,建筑造型更加讲究,著名的如广州城东之东皋别业、城西之西畴,十三行行商潘仕诚的海山仙馆等。而至今影响最大的是分布在广府地区的清代广东四大名园:东莞可园、顺德清晖园、番禺余荫山房和佛山梁园。四园均以精巧玲珑、小中见大著称。民初,各城市相继开辟公园,面向民众开放。如广州就先后建成海珠、净慧、仲恺公园,河南(海幢)、东山、越秀山、白云山公园等。1935年还规划建设公园12处。这些园林、公园,吸收不少西方园林特色,呈现浓厚的岭南文化风貌。

改革开放以来,广府地区园林、公共建筑朝着群体布局合理、美观大方、配套齐全、多功能化的方向发展,逐渐形成既富于传统和民族特色，又趋向国际化的建筑风格。如广州天河体育中心、五羊新村、珠江新城等一大批设计别致、造型新颖、风格独特的公共建筑即为广州城市景观增添异彩。广州友谊剧院、白天鹅宾馆、广州国际金融中心、珠江新城大厦、中国市长大厦、广州国际采购中心、太古汇大厦、富力中心、广州塔（"小蛮腰"）等标志性建筑等被认为是外来文化与岭南传统文化相结合的产物。这样雄伟壮观的高楼大厦雨后春笋般耸立在广府大中城市中，广州、深圳、珠海、佛山、东莞等城市成为这些建筑荟萃之地，它们象征着城市财力雄厚、生气勃勃，反映不同文化内涵，更是城市的重要标志和景观。许多城市新辟了形形色色的旅游、休闲、娱乐等建筑和设施，使城市空间轮廓更富现代感。如广州等城市园林建筑异军突起，功能、格调大异于20世纪五六十年代。那时的公园以满足人们休息、游览需要为主要功能，格调古朴、典雅，以古色古香为主题，广州流花公园、人民公园等即属其例。70年代公园建设吸取外国公园风格，以明朗、开阔为主题，越秀公园鲤鱼头青少年活动区即为这种建筑典范。改革开放后兴建的公共建筑，则充满了活力和进取精神，如广州长隆野生动物园、南湖游乐园，深圳香蜜湖、欢乐谷，珠海九洲城，佛山千灯湖公园等。加之各种新型建材大量出现和使用，使城市建筑锦上添花。许多城市建筑外部空间，既有庄严雄伟、朴素大方的形象，也有纤薄轻巧、活泼开朗的风格，给人以意气恢宏、钟灵俊逸、静穆深远、心情舒畅之感。例如深圳繁华热闹的商业区与珠海滨海住宅小区，即给人以上述意境和印象。

# 第五节　民系共同地域的形成

一个民系的共同地域，不仅是民系语言、人口、经济、文化、社会等要素落实在同一地域上，而且是不同性质的区域的叠加，才形成真正意义的民系共同区域。除前述自然地区，共同地域还包括民系从事经济活动的经济区及以地理为基础形成的文化区。

## 一、经济区

自宋代以来，珠江三角洲发育加快，以围垦为中心的土地利用，促进了珠江三角洲的经济发展。到南宋时，珠江三角洲已成为我国一个基本经济区。明清时期珠江三角洲更由于以基塘农业为核心的商品经济发展，而成为全国先进地区。鸦片战争以后珠江三角洲又成为我国近代产业兴起之地，备受注目。新中国成立后，在计划经济条件下，珠江三角洲以广东粮蕉基地和轻工业基地，水陆交通网稠密、大中城镇众多等获得称誉。改革开放以来，珠江三角洲崛起为全国经济高峰区，成为中外瞩目的一片热土。在这个历史进程中，除了自然地理上的珠江三角洲概念在科学研究上使用较多以外，人们更多地注重经济价值，于是珠江三角洲开放区概念应运而生。

1985 年 2 月，经中共中央、国务院同意，设立广东省珠江三角洲经济开放区，范围包括佛山及其所辖的中山、南海、顺德、高明，江门及所辖的开平、新会、台山、鹤山、恩平，广州所辖的番禺、增城，深圳所辖的宝安，珠海所辖的斗门，东莞。1986年新增珠海所辖的香洲、三水和花县所辖的新华镇，这一片区域即所谓小三角洲，再加上广州、深圳、珠海城区和港澳地区，与自然地理概念的珠江三角洲基本吻合。小三角洲土地总面积 2.27 万平方公里，1986 年末总人口 1028 万人，占广东全省总人口 16.20%，占广东全省土地面积 10.8%，同年国民收入占广东全省 25% 左右。[①]

　　1987 年 12 月，经国务院同意，广东省珠江三角洲经济开放区的范围从原来的"小三角洲"扩大到"大三角洲"。扩大范围包括：广州市的花县、从化、清远三县；肇庆地区的肇庆市及高要、四会、广宁三县；惠阳地区的惠州市及惠阳、惠东、博罗三县。面积扩大了 21471 平方公里，达到 4.42 万平方公里，占全省土地面积 20.85%；人口增加 542.81 万人，达到 1571 万人，占全省人口 24.76%。[②]1994 年，开展珠江三角洲经济区规划，按照当时行政区划，经济区范围包括广州市、深圳市、珠海市、佛山市、中山市、江门市、东莞市和惠州市的惠城区、惠阳市、惠东县、博罗县，肇庆市的端州区、鼎湖区、高要市和四会市，总共 7 个地级市，土地总面积 41596 平方公里，1993 年人口 2056 万人，地区生产总值 2265 亿元（占全省 70.20%），人均 11017 元，是全省平均水平的 2.2 倍，更突出了珠江三角洲经济区在全省的地位。1981—1993 年，地区生产总值年均递增 18%，高于全省同期年均增长 14% 的速度，也高于亚洲四小龙经济起飞时期的平均增长速度。[③]这说明珠江三角洲经济区建立以来，已取得巨大经济效益。

---

① 郑天祥等：《港澳与珠江三角洲关系的研究》，中山大学出版社，1988 年，第 1 页。
② 郑天祥等：《港澳与珠江三角洲关系的研究》，中山大学出版社，1988 年，第 3 页。
③ 广东省计委等：《珠江三角洲经济区规划研究》，广东经济出版社，1995 年，第 194 页。

2019 年 2 月 18 日，中共中央、国务院印发了《粤港澳大湾区发展规划纲要》，正式宣布建设粤港澳大湾区。这是一个规模空前的国际级经济区，包括香港、澳门两个特别行政区，广州、深圳、珠海、佛山、惠州、东莞、中山、江门、肇庆九个地级市（简称珠三角九市），总面积 5.6 万平方公里，总人口突破 7000 万人，经济总量超过 11 万亿元，是中国开放程度最高、经济活力最强的区域之一，在国家发展大局中具有重要的战略地位。建设粤港澳大湾区，既是新时代推动形成全面开放新格局的新举措，也是推动"一国两制"事业发展的新实践。粤港澳大湾区与美国纽约大湾区、旧金山湾区和日本东京大湾区号称为世界四大湾区，对我国和世界经济发展有举足轻重意义。

粤港澳大湾区各地文化上同源同根，属广府文化分布区，生活在大湾区的主要是广府人，具有共同的文化特质和风格，并由于地缘、族缘、史缘连成一个文化共同体，以珠三角为主体活动空间，形成广府民系共同地域一种高级形式。

## 二、文化区

广府文化区主要位于广东省中部和西南部，基本上属粤语方言区范围，包括珠江三角洲、西江和高阳（即粤西）地区，是广东覆盖面积最大的文化区之一。广西也有部分地区属广府文化区。

按文化形成的先后和影响力不同，文化区可分为文化核心区和亚文化区。文化核心区是在文化中心的基础上，向外缘扩展所形成的一个范围比较小、文化特质比较一致的地区。广府文化核心区，当属珠江三角洲。珠江三角洲在广东历史上属于开发较早、经济长期活跃、文化较发达的地区。宋元的大规模围垦，奠定了这里农业文明的深厚基础。到明清时，珠江三角洲已成为中国重要经济区，建立起发达的商品农业。在鸦片战争前，大部分时候，珠江三角洲商机盎然，由此产生众多城镇，广州、佛山、陈村、石龙四大镇即为其中代表。进入近代，广府文化核心地区成为西方先进事物传入中国、中国人向西寻求救国真理的窗口，同时也是中国民主革命的发源地。新中国成立后，珠江三角洲是较早对外开放地区，聚集大量人口、产业和财富，使这里成为全国最重要的人才中心之一。在改革开放形成的新的社会环境中，各类人才得以在这里大显身手，推动各项事业不断走上新台阶。

香港是鸦片战争以后发展起来的，由于历史原因，香港深受西方文化影响，但粤方言、风俗习惯等都与以广州为中心的珠三角地区相同，广府文化覆盖香港大部分地区。同样的，澳门长期受到以葡萄牙文化为代表的西方文化浸润，但不可否认的是，澳门是广府文化的重要代表与组成部分。据港澳政府网站的数据，两地97%以上是广府人及其后裔，粤语是主要语言。香港文化发展了广府文化的部分特点，以通俗、平实、市民化、娱乐化为特征，以影、视、歌为媒体，逐渐传播到全世界。澳门则完好地保存了广府文化的特色，出自广东中山的鱼行醉龙节、派船头饭等，至今仍每年在澳门街头热闹举行，并被列入非物质文化遗产名录，得到妥善保护。①

西江广府文化亚区，地处西江中下游地区，计有封开、郁南、怀集、广宁、德庆、罗定、云浮、新兴、四会、肇庆等县市，分属西江及其支流贺江、新兴江、罗定江、绥江等流域。这些河网

---

① 叶桂平主编：《澳门城市研究（2018年第2辑 总第2辑）》，社会科学文献出版社，2018年。

虽然较密，但多为中上游，与北方南下交通线联系方便。山丘河流交错，盆地穿插其间，加之地势较高，气候干爽，不像珠江三角洲那样卑湿，颇适宜中原人居住，故能成为广府早期文化中心。大抵唐宋以后，西江文化才让位于珠江三角洲。但中原移民很多是顺西江而下，最后抵达珠江三角洲的，语言风俗与后者相近，故西江文化仍不失为广府文化的重要组成部分。

高阳广府文化亚区，主要指漠阳江和鉴江流域，即习惯所称粤西地区，包括阳春、阳江、信宜、高州、茂名、化州、吴川等县市，文化发展水平比较接近，所操粤语方言与广州话虽有一定差异，但基本可以通话。这一地区有不少通道沟通内陆和沿海，与珠江三角洲、西江地区乃至广西保持联系，利于区域和民族文化交流。

广西桂东、桂东南文化带和桂南文化带，以梧州为中心，包括西江水系浔江段，西江重要支流贺江、桂江下游、濛江、北流江、郁江下游，浔江下游河段两岸。从文化本质、渊源、方言等划分，这两个地带都属广府文化区范围。其中梧州旧称苍梧，是广西水上交通门户，汉至三国时为岭南经学研究中心。与苍梧为邻的藤县，东汉古墓窑址称盛一时，历史上也是南谪士人流经之地，北宋诗人黄庭坚有"西风吹泪古藤州"之句。与藤县隔平南县相望的桂平市是太平天国运动发祥地。郁江两岸贵港出土大量汉墓，见证历史辉煌。水陆交通节点玉林，为东汉伏波将军马援南征交趾经过之地，史迹斑斑。博白县，为晋代美女绿珠故里，连接海上丝绸之路，县城外通津亭有唐诗"危亭北据水南流，槛外频来海上舟"。博白东北的北流市，为"铜鼓之王"的故乡，有天下闻名的鬼门关，贬谪官员、墨客经此者甚多，留下佳作连连。建筑奇葩真武阁所在地容县，是广西有名的华侨之乡。而扼南北交通要冲的贺州，汉、瑶、壮多族文化交融。最北的富川，油茶飘香书更香，瑶族"女书"是中华民族文化瑰宝。至于桂南文化带，濒临北部湾，有国家历史文化名城北海，海上丝绸之路始发港和"南珠之乡"合浦，海滨风景名城钦州，还有同越南山水相连的防城港。[①] 广西这两个文化带与广东广府文化区一样，生活着同族、同根、同文的广府人，是广府共同地域不可分割的组成部分。

---

① 刘硕良主编：《广西地域文化要览》，广西师范大学出版社，2013年，第250—264页。

# 第六章　广府民系共同的经济生活

民系共同经济，指一个民系内部由于区域之间的交换日益增多，商品流通逐渐变得频繁，不可或缺，而使民系各部分关系越来越密切，形成一个经济共同体。共同经济生活在其中起决定性的作用。

从古代到近现代，农业长期是广府民系共同经济生活的基础。在此基础上，兴起手工业、商业贸易和运输业，以此把广府人联结成一个经济整体，为民系共同经济生活创下丰硕成果。

## 第一节　农业

### 一、先秦时期

古越人曾创造了灿烂的古代文化，稻作农业即为其中一例。除出土稻谷、历史文献记载可证实这一点，通过神话传说和地名，亦可管窥广府地区早期农业文明。

广州别称"穗城"。《广州记》曰："昔高固为楚相，五羊衔谷，萃于楚庭。"战国时期，包括广州在内岭南部分地区被纳入楚国势力范围。楚国长期据有长江中下游广大地区，是我国稻作文化重要起源地。楚国王族芈姓，芈即羊叫声，"五羊衔谷"可能象征楚人五个支系将稻作文化传到广州地区。曲江石峡遗址出土栽培稻谷为这种神话地名的稻作文化内涵，提供了有力佐证。

# 二、秦汉到唐代

## （一）粮食种植

秦汉时期，中原人相继到来，但人数不多，古越人仍是广府民系先民的主体，种稻是这一时期主要的土地利用方式。

顺德勒流沙富一座西汉墓陶器内保存有炭化稻谷。在广州、佛山、梧州等多处东汉墓明器中，发现有田字方格水田模型、陶牛、谷仓模型和谷粒。广西贵港罗泊湾一号汉墓出土的炭化稻谷，与曲江石峡遗址出土稻籽粒相同。该墓还有书写"仓种"和"客秜米一石"字样的木牍，说明"客秜"（秜同籼）是从外地引种至西江地区。[①]这一时期，广东已开始种植双季稻。东汉杨孚《异物志》载："交趾稻，夏冬又熟，农者一岁再种。"魏晋时，虽然铁器农具已传入岭南，但当地采取的主要还是火耕水耨的粗放型耕作方式。南朝时，广府地区"火耕水耨，弥亘原野"[②]。这一耕作方式可直接在水田上栽培，不用牛耕，适宜在平原低地上使用，与西江中下游和珠江三角洲水网稠密、河湖沼泽星罗棋布的地理特征相符，故直到宋代围垦河滩高潮之前，一直为以上地区采用，甚至近现代仍有残余。

相较于平原低地上的火耕水耨，山地多采用刀耕火种的方式，所种为坡禾（即旱稻），所耕称畲田。直到唐代这种开垦方式仍很常见，李德裕《谪岭南道中作》诗云"五月畲田收火米"即指此。而三角洲边缘平原、谷地、台地和山间小盆地（俗称为峒）等有些被开垦为水田。如顺德龙江锦屏山南坡冲积扇和坡积地，有山泉，向阳，土质宜耕，在唐代开发为水田，有施、杜、姜、何诸姓居

---

① 转见张荣芳、黄淼章：《南越国史》，广东人民出版社，1995 年，第 188 页。
②《广州刺史欧阳頠德政碑》，《徐陵集校笺》卷九《碑》。

民居此，并建圆明寺（后称大佛寺）。锦屏山东侧有峒田，称白云峒。番禺新造与市桥之间的市桥台地，临近水源，中央有坑头村，开发于南越国时期。另有鹤溪、梅山（又名山坑）、鹤庄、江南（原名岗南）等村，亦因唐时土地开发而建立。东莞莞城东部，多见唐代及以前村落。如大朗黄屋围曾为南朝齐时东官郡治，附近富竹山、浮竹山、主山、洋杞坑等村均建于唐。这些不同地形的开发者主要为土著，由于技术水平低，肥力不足，耕作不便，产量很低，故唐代广州米粮多处于匮乏状态。但在个别生产条件良好的盆地，唐代已出现精耕细作的稻田养鱼技术，显示广府地区土地利用的新成就。

珠江三角洲地区水域广布，唐代出现一种"葑田"的水面利用方式。葑田即水上浮田，通常由泥沙混杂浅海中的茭草海藻根部而成，主要用于种植蔬菜，类似现在水上种植菱角、通菜等。这种人造耕地，不但可以种蔬菜，也可以种水稻。

（二）经济作物种植

广府先民除在低洼水田种植水稻、畲田播种旱稻以外，也善于利用地形，栽培经济作物，形成地方经济特色。

广州南越王墓与广西贵港、梧州、合浦等地汉墓出土有柑橘、桃、李、荔枝、橄榄、乌榄、人面子、甜瓜、木瓜、黄瓜、葫芦、梅、杨梅、姜、酸枣等瓜果，反映广府先民园艺业之盛。西汉初，南越王赵佗曾将荔枝作为珍品进贡给汉高祖刘邦。汉武帝平南越后，曾从岭南引种荔枝、龙眼、槟榔、千岁子、柑、橘等水果至长安。按汉代交通路线推断，这些作物主要产于西江地区。晋嵇含《南方草木状》特别指出："苍梧多荔枝，生山中，人家亦种之。"

各种纤维作物种植也起源甚早。广西贵港罗泊湾一号汉墓出土木片《从器志》上列有包括缯、纻、布、绸、絮、丝等在内的纺织品名称，所用原料即为纤维作物。据李吉甫《元和郡县图志》载，广东广州、康州、封州、新州、春州，广西贵州、宾州、容州、郁林州等上贡之物包括麻葛、蕉、吉贝布等，却无绢，可知直到唐代，岭南地区衣料仍以麻类纤维为主，蚕桑业在西江和珠江三角洲地区尚未发展起来。

广府地区多台地和河流阶地，宜种蔗，部分水田也可用作蔗田。南北朝时，广州甘蔗品种已分出糖蔗和果蔗，并采取宿根蔗种植方法。南朝齐时陶弘景《名医别录》记"广州一种（蔗），数年生……取汁为砂糖，甚益人"。这也是我国制砂糖技术较早的记载，只是所制砂糖质量不高，故到贞观二十年（646）唐太宗派人到印度专门学习制糖技术。9 世纪中叶，阿拉伯地理学家伊本考尔大贝所列举广州物产中，即有甘蔗等作物。甘蔗同时被收入《岭表录异》《北户录》等唐人著作中，其生产当达到较大规模，也是广府人对我国甘蔗种植业一大贡献。

# 三、宋元时期

唐宋时期，广府地区人口增加，对粮食的需求促进对土地的进一步开发利用。宋代，广府地区出现大规模围垦平原低地的高潮，珠江三角洲、西江、鉴江和漠阳江沿岸成为新的粮仓，奠定了广府地区在岭南经济重心的地位。

（一）围垦高潮

宋代以降，珠江三角洲淤积范围比前代扩大许多。许多河流迅速淤浅，浮露出大片沙田，如番禺沙湾以南，顺德甘竹滩以下中山小榄、大黄圃一带，江门至会城以南，东莞石龙、莞城以下地带，为农业生产提供大量后备土地资源。而经长期生产实践，人们对三角洲和河谷平原地理环境，尤其是对三角洲冲积规律、水流运动、地形特点等已有深入了解，能因地制宜，因势利导，筑堤集中开垦。北宋至道二年（996），珠江三角洲开始修筑堤围。起初主要在小块土地上个别开垦，所筑堤围称为私基。后发展到联合围垦，称为公基。公基进而联合成大围。据前述统计，在两宋 320 年间，珠三角筑堤 28 条，总长 66024.7 丈，捍田共 24322.4 顷。[①] 这些堤围主要分布在西江、北江和东江干流两岸，如西江番禺有黄阁石基，南海有罗格围、存院围，顺德有扶宁堤、桑园围，香山有小榄小围、四沙小围，东莞有东江围堤、西湖堤、龙湖堤，三水有榕塞西围、永安围，高要有长利围、赤项围、盆塘围、香山围、竹洞围、腰古围、罗岸围、横桐围。实际上还有很多堤围未统计在内，如北宋元祐年间李岩为东莞知县时主持筑堤 12 条。[②]

南宋时，大量北方迁民移居广府地区，其中不少有财力者在新居地开垦、经营土地，且颇有成效。如东莞翟氏初来，"日督家人开池养鱼，藩圃种橘，修畦以艺桑麻，凡可以养生之物，靡不蓄之植之，不数年家益赡饶"[③]；新会周、谢、黄氏，一来即"筑围造田，开垦种植"。

在广西东部和中部稻作区，宋代已基本上采用中原先进耕作技术，开垦出大片水田。《舆地纪胜》说贵州（今贵港）"民以水田为业"，横州"俗唯种田"。这些州县所在的郁江、浔江流域是广西主要粮食基地，水稻种植面积扩大，自然离不开

---

① 《珠江三角洲农业志（初稿）二》，1976 年，第 5 页。

② 道光《广东通志》卷一一五《山川略十六》。

③ 《琴轩集·宝安翟公寿藏志》，转见《宋代珠玑巷迁民与珠江三角洲农业发展》，第 230—231 页。

筑堤防洪。

元代珠江三角洲堤围在宋代基础上加以巩固和扩大，使土地利用向纵深发展。如在南海桑园围之上筑大路围，使原来分散的堤围连接起来，提高效益；有的旧堤得到加高加厚，如东莞福隆堤、南海罗格围等；有的在围内再筑小堤，以利灌溉。这一时期另筑新堤围34条，总长5052.6丈，捍田2882顷。[①]这些新堤围主要集中在珠江三角洲西北缘（西江和高明河两岸），包括高要羚羊峡附近鸭塘围，西江两岸金溪围、秀丽围、大路围和谿陵围，高明河两岸的南岸四围、大沙围、陶筑围，三洲围内的小围等。

宋元期间，除了围垦，也通过其他办法扩大水田面积。宋代广东转运判官王觉"开荒田几及万顷"[②]，受到朝廷嘉许；包拯知端州军州事时，修后沥水，方便排水造田。上述广西稻作区的扩大，大抵也是兴修水利的结果。

（二）围垦效益

在大规模围垦的同时，宋代广府地区兴修了大量水利工程，保证了围垦的效益。原来无堤围捍卫，只能种植单季稻，修筑堤围以后，可以种植双季稻。加上宋真宗时占城稻的引进和推广，珠江三角洲水稻生产发生革命性的变化，粮食产量大增。宋真宗时在广州首置平抑谷价的常平仓，广州成为我国南方一大米市，大量"广米"以海船沿南海海岸运送至福建贸易。南宋时出知泉州的真德秀感慨："福、兴、漳、泉四郡，全靠广米以给民食"[③]。朱熹在福建做官，为建宁府筹粮赈灾时，以"广南最系多米去处，

---

① 《珠江三角洲农业志（初稿）二》，第12页。

② 脱脱：《宋史》卷一七三《食货志一》。

③ 真德秀：《中尚书省乞措置收捕海盗》，《西山先生真文忠公文集》卷十五。

常岁商贾转贩，舶交海中"①，请求从岭南地区采购粮食。广米不仅行销福建，还曾运往杭州、宁波地区，以补当地粮食生产之不足。这些外运粮食，一部分产于珠江三角洲，一部分产于广西。

宋代按地理位置和户口，把京畿以外的县分为望、紧、上、中、中下、下六等县。在珠江三角洲诸县中，南海为望县，番禺为上县，增城、东莞、高要、四会、博罗为中县，仅新会、香山为下县。在广府其他地区，阳江、新兴、怀集为中县，封川、开建、端溪、泷水、阳春为下县。在广东，上县以珠江三角洲和粤北居多，改变过去粤北在这方面领先的态势，实为以珠江三角洲为核心的广府地区经济地位上升的一个表征。故后人认为到南宋时珠江三角洲已上升为全国的基本经济区。②

## 四、明清商品农业

### （一）基塘农业

明清时期，土地垦辟在广府地区迅速扩大，为商品农业发展提供充足资源。仅广州府耕地面积，从明嘉靖十一年（1532）799.84万亩上升到清嘉庆二十五年（1820）1082.59万亩③，增长35%。伴随这一发展过程，珠江三角洲平原进一步发育，面积比原来扩大1倍左右，滨海沙坦成为大规模围垦对象。

在明代围垦低地、防治水患过程中，珠江三角洲人民创造了挖深为塘、覆土为基的基塘结合的土地利用方式，包括桑基、蔗

---

① 朱熹：《朱文公文集》卷二十二。
② 冀朝鼎：《中国历史上的基本经济区和水利事业的发展》，中国社会科学出版社，1981年，附图。
③ 梁方仲：《中国历代户口、田地、田赋统计》，上海人民出版社，1980年，第146页。

基和果基鱼塘等作物组合方式。其中桑基鱼塘能把栽桑、养蚕、养鱼三者有机地结合起来，充分利用物质和能量循环，构成一个特殊的生态系统，在三角洲地理条件下取得经济效益、生态效益和社会效益的平衡。故它一旦形成，很快取得珠三角土地利用主导地位。据《珠江三角洲农业志》统计，明万历九年（1581）珠江三角洲南海、顺德、番禺、新会、三水、高明、新安（今深圳）、东莞等县课税鱼塘约16万亩，约合基塘面积40万亩。其中南海、顺德各约10万亩，成为较早形成基塘农业地区；但直到明末清初，仍以果基鱼塘为主。《广东新语》载珠江三角洲"凡堤基堤岸，多种荔枝、龙眼"，桑基鱼塘为次。乾隆二十二年（1757）到鸦片战争前夕，全国独留广州为唯一对外通商口岸，外商大量采购生丝，厚利所在迅速改变土地利用面貌，果基鱼塘被桑基鱼塘取代，一部分稻田也改作桑基鱼塘。南海九江、顺德龙山和龙江等乡"境内有桑塘，无稻田"，"民改业桑鱼，树艺之夫百不得一"，[①] 成为纯粹的桑基鱼塘之乡。鹤山在道光年间发展到"皆以蚕为业，几乎无地不桑，无人不蚕"[②]。增城县嘉庆年间也"多桑多蚕"[③]。

　　鸦片战争以后，国际市场对生丝需求剧增，太湖流域蚕业因受太平天国起义战火影响而萎缩，珠江三角洲蚕桑业由此获得大发展机遇，再一次掀起"废稻种桑"高潮，直到清末依然不减。老蚕桑区南海、顺德发展到连学田也改作蚕田。南海"各处均有桑市……桑田不下数千顷"，"县属养蚕之家，以西樵各乡为最盛，约有万余家，其余所在皆有"。[④] 顺德龙山乡"咸丰前尚有禾田，

---

① 光绪《九江儒林乡志》卷五《经政略》。
② 道光《鹤山县志》卷二《地理》。
③ 嘉庆《增城县志》卷一《舆地》。
④ 宣统《南海县志》卷四《舆地》。

后悉数变为蚕基鱼塘"，全县在清末种桑面积达 30 万亩以上，而稻田面积不及总耕地面积的十分之一。新蚕区也方兴未艾，高明县即有不少园苑、田园种桑。高要县沿西江，上自班头、禄步，下至羚羊峡，多以养蚕为业。[1] 新会东北部下天河一带上下 20 里至咸丰年间已改挖为桑基鱼塘。番禺南部东滘、韦涌、石壁、沙湾、市桥等处清末桑基面积也扩展到百顷上下。过去未受惠于蚕桑之利的东莞在同治、光绪之交也开始提倡蚕桑，"购桑种于顺德，并请养蚕之善者为师，由是播种渐兴，峡内、石步、周屋、夏丰、仙山诸乡产丝尤伙"[2]。据统计，清末珠江三角洲以桑基鱼塘为主的基塘农业区面积达 100 万亩。[3] 到 1925 年广东蚕桑业全盛时，全省生丝产量占全国的三分之一，主要又集中在珠江三角洲。至此形成的珠江三角洲基塘农业区范围，含顺德全境，南海南庄、九江、沙头、西樵，中山小榄、古镇、南头、东凤，新会荷塘、棠下等地，总面积约 150 万亩，其中基塘面积约 100 万亩，内有鱼塘面积约 43 万亩。基面有一半种蔗，三分之一种桑，其余种果、菜、花卉等。珠江三角洲基塘面积不及广东全省面积十分之一，却生产全省一半塘鱼、七成蚕丝、一成半糖蔗，成为生产专业化程度最高、经济总量最大、物质文明程度最高的地区。

岭南其他民系地区虽然也有蚕桑业，但属自然经济范畴。潮州蚕业在明中叶以前一度有较大发展，但到乾隆年间"九邑无绮纨之织，故桑不多"[4]，自不能与珠江三角洲相比。

除了珠江三角洲，桂东南也有相当规模的蚕桑种植，但不是

---

[1] 宣统《高要县志》卷十一《食货》。
[2] 民国《东莞县志》卷十三《舆地略十四》。
[3] 《珠江三角洲农业志（初稿）四》，1976 年，第 48 页。
[4] 乾隆《潮州府志》卷二《气候》。

采取基塘方式，而是将蚕桑种植于河滩、低洼地、缓坡、山塘水库周边等。广西桑蚕业起步较晚，清中叶广西并不盛产蚕桑，直到鸦片战争后在国际市场对蚕丝需求刺激下，广西才发展为新蚕区，且多分布在桂东南。同治十二年（1873）容县设蚕桑局，从广东购回桑种，发动民间种植。光绪十三年（1887）该县从广东购得桑秧百万株。光绪年间，在广西地方官和广西巡抚马丕瑶等人的大力倡导下，广西年产蚕丝最盛时达到 20 余万斤。马丕瑶并撰蚕歌曰："城市村庄，凡有余地，植桑皆良。织得一匹绸，起得三间堂。粤西地瘠何难富？只要家家丝茧，户户桑秧，只要桑株百万行。"[1]苍梧县长洲的耕地有 60% 为桑田，几乎家家种桑养蚕。直到 20 世纪 30 年代，广西蚕业才因外国丝织品大量输入和自身技术落后而衰落。广西蚕桑业兴盛主要受珠江三角洲影响，首先在桂东南发展起来，地域上与广东连成一片，与广府民系分布基本一致。

桑基鱼塘，通过"基种桑，塘养鱼"的形式，充分利用蚕桑的价值，"蚕食余剩之桑可以养鱼。蚕痾之屎可以作粪土，固可以培桑，并可以培禾、蔬菜、杂粮，无不适用，更可以作风药。已结之茧，退去蚕壳，化成无足之虫曰蚕梦。若不留种，煨而食之，味香而美，可作上品之菜。偶有变坏之虫，亦可饲鱼养畜。更有劣等者曰僵蚕，可作驱风药。即缫丝之水，均可作粪土以耕植"，其利"十倍禾稼"。[2]这样一个物质和能量良性循环方式，为桑基鱼塘注入无限生命力。同时，基高塘低，围基设窦闸控制围内水量蓄泄，既不怕涝也不受旱，雨水多流进塘，干旱时从塘汲水，桑基也不受旱。广东虽多暴雨，但塘基上常年生长作物，也可以

---

① 刘硕良等：《广西读本》，漓江出版社，2018 年，第 130 页。
② 陈启沅：《蚕桑谱·总论》；光绪《高明县志》卷二《地理·物产》。

防止水土流失。塘基上还可以种花生、黄豆等作物，有的还在基上搭起瓜棚，保持水面清凉，即使盛夏季节水温也不高，适宜鱼类生长。基塘农活有轻有重，终年可以生产，只要合理安排时间，老弱妇孺都有合适的事干，劳动力和土地可以得到充分利用，"家有十亩之地，以桑以蚕，亦可充八口之食矣"[1]，达到以有限土地养活更多人口的效果。蚕基鱼塘这种资源利用组合既可以带来丰厚经济收入，又可以维持良好生态平衡，是一种罕有的土地综合利用方式，乃珠江三角洲广府人民对人类文明的一项重大贡献。

（二）水利事业

据统计，明代276年间，珠江三角洲共筑堤181条，总长220400丈，[2]比宋代多10800丈。清代，三角洲围垦达到历史盛期，筑堤共190条，总长232093.2丈，[3]年均筑堤866.02丈，有效地保证了三角洲土地开发利用。在广府其他地区，清中期耕地面积增长也很快，如肇庆府增长了24.7%，高州府增长了19.8%，罗定州增长了19.7%。

在岭南各民系中，广府地区属垦荒较多地区之列。但恰如经济史学家冀朝鼎所指出的："如果没有作为农业的完整组成部分的水利系统的发展，农业生产就决然达不到它曾有过的高水平，也就不能出现由具有高度生产性的农业经济所带来的半封建中国的繁荣文化。"[4]堤围是三角洲主要水利事业，陂塘等水利工程则更适于各类地区。

明清时期，广府地区陂塘数量增长较快。如肇庆府明后期陂

---

① 《广东新语》卷二十四《虫语》。

② 《珠江三角洲农业志（初稿）二》，第33页。

③ 《珠江三角洲农业志（初稿）二》，第46—58页。

④ 冀朝鼎：《中国历史上的基本经济区和水利事业的发展》，中国社会科学出版社，1981年，第15页。

塘 97 处，清中后期 291 处，增加 2 倍；高州府相应由 163 处增加到 288 处，梧州府由 58 处增加到 82 处，郁林州由 26 处增加到 36 处。[1] 这些工程对保障当地农业生产起到积极作用。万历间肇庆知府王泮开凿跃龙窦，"自是启闭以时，雨则分汇内潦，旱则引潮灌溉数万亩，洼亢之田悉为膏腴，渠皆可行舟"[2]。广西南部山区横县普遍修筑堤围、陂塘蓄水，引溪流灌田。这些水利事业成就和明中叶以来出现的资本主义萌芽，推动了农业商品化生产，蚕桑、甘蔗、水果、鱼苗、花卉等商品生产分异出专门化农业区，珠江三角洲由此成为我国资本主义萌芽出现最早的地区之一。

（三）经济作物种植

明中叶，甘蔗在广东进入大规模商品生产，以珠江三角洲最为集中。珠江三角洲许多地区甘蔗"连岗接阜，一望丛若芦苇"。东莞篁村、河田一带，"白紫二蔗，动以千顷计"[3]。清初，石龙有"千亩潮蔗"[4]。史称粤中"每冬初，遍诸村岗垄，皆闻戛糖之声"[5]，小糖寮星罗棋布，显示珠三角及其附近地区制糖业一派兴旺。但甘蔗是一种嗜肥作物，旱瘠高岗、台地、坡地不及冲积土更利于其生长，故蔗基鱼塘在珠三角虽也获得一定发展，但效益不及桑基鱼塘，终被后者取代。另外，珠三角所种植蔗种为我国原产竹蔗，含糖率低，加工技术落后，也限制了制糖业的发展。

除珠三角外，西江流域，如封川县河谷平原多种甘蔗，山坡

---

[1] 周宏伟：《清代两广农业地理》，湖南教育出版社，1998 年，第 96—99 页。

[2] 道光《广东通志》卷一一六《山川略十七》。

[3] 雍正《东莞县志》卷二《风俗》。

[4]《广东新语》卷二《地语》。

[5]《广东新语》卷二《地语》。

多种花生，"油糖之利与旁邑等"①。桂东南入清以来甘蔗不断扩种，有种于水田、不能制糖的腊蔗，也有种于江滨台地、可熬糖的竹蔗。郁林州很多人逐蔗糖之利，当地甘蔗供不应求。博白、北流县境也多种甘蔗，北流所产竹蔗糖质量上乘，畅销湖广，专称为"北流糖"。北部湾钦廉地区，过去蔗业未获发展，乾隆以后，"外府州县迁入钦者，五倍土著。人力既集，百废俱兴，山原陵谷，皆垦辟种植甘蔗"。道光年间，廉州府属拥有"糖漏行者数十所"，"每年外府大贾驾海舶诣钦采贩者，金计数十万"。②这种蔗糖商品化生产，自然是以甘蔗普遍种植为基础的。在漠阳江流域，清初即有"阳春糖居（全省）十六"③之说，"邑人多以榨糖为业"，以后又有发展。

岭南自昔就有"食香衣果"之誉，但直到明中叶以后，主要在珠江三角洲发展为专业性生产，形成全国意义的综合性水果基地，以荔枝、龙眼、香蕉、柑、橘、菠萝为主。顺德、南海、番禺、增城、东莞、从化等地为水果集中产区。大抵珠江三角洲西南部的南海、番禺、顺德以龙眼、荔枝为主；珠江三角洲东北部，含番禺一部分、增城和东莞交界处的低山、台地、平原以荔枝为主；珠江三角洲西北部的高要、四会、三水则以柑橘为主。《广东新语》描述顺德陈村一带，"周回四十余里……居人多以种龙眼为业，弥望无际，约有数十万株。荔支、柑、橙诸果，居其三四，比屋皆焙取荔支、龙眼为货，以致末富"。顺德锦鲤海设有龙眼市场，开展专业性水果交易。而"自南海之平浪、三山而东一带，多龙眼树；又东为番禺之李村、大石一带，多荔枝树。龙眼叶绿，

---

① 道光《封川县志》卷一《舆地》。
② 道光《钦州志》卷一《物产》。
③ 《广东新语》卷二《地语》，第44页。

荔枝叶黑，蔽亏百里，无一杂树参其中。地土所宜，争以为业，称曰龙荔之民"。在广州附近，"凡矶围堤岸，皆种荔枝、龙眼，或有弃稻田以种者"。在增城，"每当荔枝熟时，舟自扶胥历东、西二洲至于沙贝（今新塘），一路龙丸凤卵，若丘阜堆积"。距离沙贝不远的东莞石龙，"其地千树荔，千亩潮蔗、橘、柚、蕉、柑如之"；番禺鹿步都（今黄埔），"自小火坑村至罗岗三四十里，多以花果为业……每田一亩，种柑、橘四五十株。……熟时黄实离离，远近映照，如在洞庭包山之间矣。自黄村至朱村一带，则多梅与香蕉、梨、栗、橄榄之属，连岗接阜，弥望不穷"。珠江三角洲西北诸县则以柑、橘为主，其中"产四会者光滑，名鱼冻柑"，"香橼，一曰枸橼，山高要极林乡为上"。《广东新语》所记珠江三角洲水果生产，产量大，商品化程度高，以至于雍正皇帝朱批："在广东本处之人，惟知贪射重利，将地土多种龙眼、甘蔗、烟叶、青靛之属，以致民富而米少"。[①] 明正德年间，珠江三角洲的甜橙辗转传到欧洲和美洲，今美国加州花旗蜜橘即由广东间接引种培养起来。

　　清中叶以后，珠江三角洲及邻近地区水果种植业分布发生较大改变。木本水果由平原向丘陵、岗地转移，出现较大规模的种植园式经营，如增城启芳园。顺德、南海果基渐被桑基取代后，荔枝在西江流域地区兴盛起来，新兴县成为重要荔枝生产基地。时人评广东荔枝"多不及闽，而较早（熟）一月唯新兴者过之，新兴荔较美于闽之状元红"[②]。新会柑、橘种植也在这时崛起，"种植者千万株成围"，数量多，产量大，"每岁大贾收其皮售于他

---

① 道光《南海县志》卷一《图说一》。
②《广东新语》卷二十七《草语》。

省"①，形成异军突起、后来居上之势。新会橙属岭南佳品，"皮薄紧，味甜如蜜，走数千里不变形。食橙而不及此，实不知橙味"②。

明末，原产巴西的菠萝传入岭南，首先在东莞、南海、番禺等地栽培，到清中叶在珠江三角洲获得长足发展。《粤中见闻》说"粤中凡村居路旁，多种山菠萝"，此粤中首指广州附近地区。清末新会已有菠萝罐头制造业，"蜜渍之，盛以铁罐装之，行于远处"③。增城启芳园所种菠萝不可胜数，高要禄步一地每年菠萝产值达数万元。菠萝成为与荔枝、柑橘、香蕉齐名的岭南四大名果之一。

明清时，北流、陆川作为荔枝重点产区，不但栽培"甚盛"④，而且产量很大，北流就有大造荔、黑叶荔、丁香荔、白蜡荔、麒麟荔等五种。在梧州府，荔枝以苍梧泗化洲产为第一，但龙眼产量多于荔枝，"藤、容（县）间傍水连村，望之金翠夺目"⑤。闻名天下的容县沙田柚，晚清发展到"四乡皆植，秋后金丸满树，获利颇厚"⑥，成为广西果业的一朵奇葩。

明末以来，广府地区（主要是珠江三角洲地区）由于人口增长、城镇扩大和工商业发展等原因，缺粮问题日益严重。消费的人多，生产的人少，成为珠江三角洲缺粮的根源。而广西在明清也由于经济作物生产发展、城镇人口增加及邻近地区商品经济影响等，粮食生产出现商品化趋势，部分粮食作为商品粮供应广东。输出地区清初在桂南，清中期主要在桂东和桂中地区，包括梧州府、浔州府、平乐府、桂林府、郁林州等。乾隆三十五年(1770)，

① 道光《新会县志》卷二《舆地》。
② 道光《新会县志》卷二《舆地》。
③ 光绪《新会乡土志辑稿》。
④ 光绪《郁林州志》卷四《舆地略》。
⑤ 乾隆《梧州府志》卷三《舆地志三》。
⑥ 光绪《容县志》卷五《舆地志五》。

广西特设"备贮广东谷",简称"备东谷",年十万石[①],由桂东各府州供给。广西梧州戎圩为广西最大商品粮市场,每天有二三十万斤稻谷运往佛山等地。[②] 西江以水量丰盈而成为强大运粮通道,有力支持了珠三角日常用粮和商品生产,呈现广府民系区域经济优势互补的一面,为其他民系所不及。

## 第二节　手工业

广府地区是我国传统手工业比较发达的地区。这里的手工业种类很多,其中较重要而带有浓厚地方特色的有造船、纺织、食品加工、陶瓷、制纸、矿冶等。

### 一、造船业

广府地区地处热带或亚热带,气候湿热多雨,植被丰富,有大片原始山林,其中不乏桂树、楸木、柯树、梓楔、乌槟等造船良木。广府濒临南海,自古有航海与造船的传统,史称先秦时期的百越族"习于水斗,便于行舟"。他们的生产和生活同江河湖海关系密切,也需要舟船之利。千百年来,岭南地区是沟通中外关系的重要门户,船舶制造是发展南海海上交通与海外贸易的必备条件。

秦、汉两次进兵岭南时,派出了大量楼船。乘楼船作战,可以居高临下,处于有利的地位。中原王朝进攻南越的楼船,有部

---

① 嘉庆《广西通志》卷一六五《经政》。

② 广西僮族自治区通志馆编:《太平天国革命在广西调查资料汇编》,广西僮族自治区人民出版社,1962年,第19、253页。

分是在当地制造，相信有许多造船工匠随军南来。经此南北技术的交流，番禺的造船业产生一个飞跃。

1956 年在广州西村皇帝岗西汉古墓中发现木质船模。船的中部有两个船舱，前方有四个木俑持桨，后方有一个木俑使舵。1955 年在广州东北郊沙河附近十九路军淞沪抗日阵亡将士陵园的东汉墓中发现一个陶制船模，制作精美，尾部有望楼，两舷有供撑篙用的边走道，船首每舷都设有三个桨架，船上有陶俑六个，船尾有舵，船首悬有一个石锚。这两只船模，前者应是小型船只，没有甲板，后者是中型船只，已有部分甲板。欧洲的船到 12 世纪以后才装上舵，而我国的船则在公元前已有了舵。陶船上的锚也是值得重视的，它已脱离了锚的原始阶段，锚上不仅有锚爪，而且有横杆，使锚爪得以插入水底泥中，具有较大的抓力，已经接近近代的船锚了。

晋左思《吴都赋》："篙工楫师，选自闽禺。"可见晋代番禺和福建的水手是驰名全国的。东晋末，卢循由始兴郡（治今韶关市）出兵北伐建康（今南京市）时，有芙蓉舰千余艘。这些巨大的楼船是利用粤、赣间山中的木料制造的，其造船工匠自然主要来自广州。

唐岭南节度使杜佑曾督造战船，分为六种：楼船，有楼三重，高如城垒，属于旗舰性质；蒙冲，船背蒙以生牛皮，不畏矢石，是一种运输船；斗舰，有栅栏金鼓，专为战斗用；走舸，是一种快艇；游艇，为侦察用的快艇；海鹘，为一种头低尾高，前大后小，两旁有浮板，状若海鹘，能附巨浪的江海中战船。[①] 这些战船大概是在广州制造的。

---

① 嘉靖《广东通志》卷三十一《政事志四》。

　　广州是唐代最大的对外交通、贸易的港市，中外商船云集。据唐大中五年（851）曾东游我国的阿拉伯商人苏莱曼记载，中国商船很大，能抵抗巨大的风浪。日本学者桑原骘藏在《蒲寿庚考》一书中也认为，唐代广东若无造船能力，则自黄巢破广州之后，阿拉伯商船一度不来中国，那么中国和印度洋之间怎可能有大队中国的商船出现，而且当时外国人也多乘中国船。

　　《岭外代答》所载，有一种独木舟，用巨树刳木而成，以钦州所产为上。还有一种藤舟，"穿藤约束而成。于藤缝中，以海上所生茜草，干而窒之，遇水则涨，舟为之不漏矣。其舟甚大，越大海商贩皆用之"。这种藤船十分罕见，可见桂南广府人聪明才智之一斑。《岭外代答》又提到钦州有乌婪木，用它做大船的舵，极天下之妙。一般的船舵，长不过三丈，而乌婪舵长约五丈，木质坚密，虽有恶风怒涛，岿然不动，真凌波之至宝也。此舵一双，在当地不过数百缗钱，但运到番禺，则价增十倍。[1]据此看来，在唐、宋时期，广府沿海已有制造木兰舟这样巨大的海船的能力了。

　　元代对占城和爪哇等地用兵的时候，都曾调动江西和湖广行省的水军和船舶参加。这两行省南部靠海的地区都在今两广。塔刺海哈任广东道宣慰使时，适逢进兵占城，曾督造海船，其后征爪哇又造船五百艘。[2]可见参加这两次远征的海船，确有一部分由广东制造的，惜当时造船的地点，史无明文记载，当有可能在珠江口一带。

　　明代广东的造船业也相当发达。据宋应星《天工开物》记载：广东有行驶海洋的洋船，有行驶内河专运旅客的黑楼船和专运盐

---

① 以上参见刘硕良主编：《广西地域文化要览》，广西师范大学出版社，2013年，第105—115页。

② 道光《广东通志》卷二四一《宦绩录十一》。

的盐船。造船地点在广州、高州、潮州、琼州。《明史》指出，"广船可发射佛郎机（洋炮），可掷火球"。东莞有"乌艚"，新会有"横江"等主力舰，它们在抗倭战争中发挥过巨大作用，运输量也相当可观，从七八百石到一二千石不等。

清代，广东官营造船厂有四处：一在广州河南，规模最大，其他三处分别为潮州的庵埠、高州的芷丫、琼州的海口。造船业以广府地区为主。

《广东新语》云："粤人善操舟，故有铁船纸人、纸船铁人之语。"所谓铁船纸人，是指巨大的海船，多用铁力木制造，非常坚牢，可借风力，驾驶起来不大费劲。而航行内河的船只，因内河水浅而多滩险，必须轻便，通常以樟木做成，底薄而平，但须有坚强的篙工才能穿滩越险，故谓之纸船铁人，这仅指一般民用船只而言。同书还指出，广东所造的战船有叫蒙冲舰的，比福建所造的更好。其中最大的叫横江大哨，有二桅和十六橹，船中设有可旋转的洋炮。海船中又有乌艚和白艚，都是铁力木所造，其形如槽，白艚船身白而有两黑眼，黑艚则相反。又有大龙艇，长五丈七尺，宽一丈多，系一种快速的海船。可见明清两代广东所造的船，式样是很多的。从船厂分布和船质量来看，广府人应是造船高手。

# 二、纺织业

《史记·货殖列传》和《汉书·地理志》所记载汉代集散于番禺的商品中，都有布一项，具体而言，是葛布。三国时期，董督南海、交趾等七郡的交趾太守士燮曾献孙权"杂香细葛辄以千数"①，其中一部分细葛可能是从南海郡搜刮来。晋裴渊《广州记》云："蛮夷不蚕，采木棉为絮，皮圆当竹，剥古缘藤绩以为布。"《南方草木状》还提到以甘蔗纤维织成的蕉葛布。

南北朝时，广州所织的夏布非常精致，长达八丈的一匹细布，可以放进一个竹筒之中。道光《广州府志·前事略》记"宋武帝永初三年，广州尝献入筒细布，一端八丈"，就是指这件事。

珠江三角洲现在是我国三大蚕丝产地之一，但这里什么时代开始饲养桑蚕，现在仍未悉。西汉时，我国的丝织品已由徐闻和合浦输出海外，故蚕丝的经济价值早为岭南人所了解。《后汉书·卫飒传》中曾提到，桂阳太守茨充教当地人种桑育蚕，取丝织屦。汉代的桂阳郡兼跨湘南和粤北，技术和知识很容易传到珠三角一带。最早明确记载广州附近种桑的是北魏郦道元。他在《水经注·浪水》记：东汉末年，交州刺史步骘"观尉佗旧治处，负山带海，博敞渺目，高则桑土，下则沃衍"。可见2世纪末3世纪初，珠三角已有桑园了。

据《唐六典》记载，唐时岭南道东部各州（在今广东省境内），纺织品可分为二大类：一种产量较大，作为赋税上交，如广州的纱布；一种产量较少，作为贡物献给朝廷，如广州的竹布。《元和郡县图志》所载广州的贡物另有丝布与蕉布。

棉布原产地是印度，由南北两道传入我国。其中，南道分二线：一由缅甸传入云南，一由越南传入福建、广东等地。有一个时期，棉花在岭南被称为木棉，以致和原产于岭南的木棉相混。木棉属木棉科，是高大的落叶乔木，但纤维短，无弹力，不便于纺织用，今多充做垫褥、枕头之类的填充物。棉花则属于锦葵科，大多为

---

① 陈寿：《三国志·吴书·士燮传》。

草本，亦有一部分是小灌木。至于锦葵科的棉花在岭南何时开始利用来织布，现有不同的说法。一说，汉代先传到海南岛，至宋始在广东推广。一说汉代海南黎人所织的广幅布实为属于木棉科的棉花所织。[①] 到宋代，关于广州棉布纺织有较多的记载。如南宋方勺《泊宅编》曾指出："闽、广多种木棉……纺绩为布，名曰吉贝。"他所说的木棉乃今之棉花，而非广东常见的木棉。据南宋王明清《玉照新志》记载，宋元丰初年，广州知州陈绎的儿子陈辅彦，因纵容广州军人织造木棉牟利获罪。料想他们的经营规模不小，才会引起上司的注意。东江中下游广府地区，棉布生产也有不俗表现，刘克庄《潮惠道中》有诗曰："几树半天红似染，居人云是木棉花。"[②] 在广西宾州，人们为御寒，多采木棉花，揉作棉絮。[③]

棉花的栽培和纺织比蚕桑容易，棉布的价格比丝绸低廉，所以自棉花传入我国以后，棉纺织业发展很快。元代曾在南方大力推广种棉，广东的棉纺织业比宋代有进一步的发展。但由于岭南多雨，不太适合棉花的栽培，所以棉花种植扩展到华中华北以后，华南的棉花生产反而逐渐减少。明清两代，广州棉纺品的原料有一部分从长江下游输入。褚华《木棉谱》记："闽粤人于二三月载糖霜来卖，秋则不卖布而买花衣以归，楼船千百皆装布囊累累，盖彼中自能纺织也。"其中的花衣即指棉花。

关于明代广府丝织品的情况，明嘉靖年间刊行的《广州府志》曾指出："粤缎之质密而匀，其色鲜华，光辉滑泽"，"金陵、苏、杭皆不及"。乾隆《广州府志》亦谓："广纱甲天下，缎次之。"

---

① 容观琼：《关于我国南方棉纺织历史研究的一些问题》，《文物》1979 年第 8 期。
② 刘克庄：《后村集》卷十二。
③ 王象之：《舆地纪胜》卷一一五《广南西路·宾州》。

同书又说，"（粤缎）必吴蚕之丝所织，若本土之丝，则黯无色光。（粤纱）亦用吴丝，方得光华不褪色"。这说明当时广州纺织技术是相当高超的。

　　据《广东新语》，络布为络麻所织，以新兴县为盛。同书又指出东莞县产鱼冻布，"以丝兼纻为之，柔滑而白，若鱼冻"。又有芙蓉布，"以木芙蓉皮绩丝为之"。[①] 新安（今深圳市）有缯布，以棉纱为经，以破缯（网）为纬，织成后漂白，布上有絮头有如毛毡。广东又有雨纱和雨缎（谓雨洒不湿），系学习外国人织造天鹅绒的方法，用本地的蚕丝和鹅毛织成；或从国外购进孔雀尾羽，杂以丝绒织成金翠夺目的云肩袖口等。直至现在，广州的丝织业仍集中于西关一带。但佛山才是明代广府最大的棉织中心。嘉靖《广东通志·民物志》云："棉布经纬细密为上，棉花南海乡村最多，斜纹布精密如毳者为上。又有胡椒布，亦名象眼、熏纱花布、雪被诸品。"[②] 这是广府棉织业的辉煌时期。但鸦片战争以后，广府棉织业一落千丈，不复昔日繁华。东莞"六十年前，邑中妇女以市棉纱纺织为生计，观石龙有布行会馆之设，其业之盛可知。逮洋纱出而纺事渐疏，洋布兴起而织工并歇"[③]。时人写道："纱业在昔尤发达……往时业者甚多，几乎无男不种植，无女不纺织，布圩纱市，随地有之。近年则纺织之业，风流云散，至觅一纱器而不可得。织布之业，一落千丈……而种棉之业，尤不堪问，往往数里之内，不见一棉。南村之棉花会馆，危墙欲坠，门额仅存，风雨飘摇，无人过问。"[④] 充分反映战后广府棉花种植与纺织业瓦解是资本主义经济入侵的结果。

---

① 《广东新语》卷十五《货语》，第 424 页。
② 嘉靖《广东通志》卷二十三《民物志四》。
③ 民国《东莞县志》卷十五《舆地略十三》。
④ 邬时庆：《番禺末业志》卷四《工商》。

# 三、食品加工

广府古代食品加工业种类较多，如制糖、酿酒、干果等。今广东为中国最主要的蔗糖生产基地，事实上，制糖在广东有悠久的历史。

东汉杨孚《异物志》载："甘蔗，远近皆有，交趾所产甘蔗特醇好。本末无厚薄，其味至均，围数寸，长丈余，颇似竹。斩而食之，既甘。连取汁，如饴饧，名之曰糖，益复珍也。又煎而曝之，既凝，如冰，破如博棋。食之，入口消释，时人谓之石蜜者也。"① 这是关于蔗糖较早较详细的记载。南朝陶弘景在他的《名医别录》中，也有关于蔗糖的记载："蔗出江东为胜，庐陵也有好者。广州一种，数年生，皆大如竹，长丈余，取汁为砂糖，甚益人。" 由此看来，广府在五六世纪已能制砂糖。宋代广东所制糖质量虽不及四川，但也是产糖区之一。据宋王灼《糖霜谱》："糖霜一名糖冰，福唐（今福建福清）、四明（今浙江宁波）、番禺、广汉（今四川广汉）、遂宁（今四川遂宁）有之。"《宋史·地理志》中所举的广州土贡中，也有糖霜一项。

明清两代广东的糖业有较大的发展。《广东新语》指出，番禺、东莞、增城、阳春等县的蔗田面积几乎和稻田相等。李调元《南越笔记》中有类似的记载，并指出"上农"常一家设置榨糖的糖寮一所，"中农"五家、"下农"八家或十家合设一所。所制的有黑片糖、赤砂糖、白砂糖、冰糖等。最白的糖远销东西两洋，叫作"洋糖"，其余的售于国内各地。

酿酒在中国历史长远，唐李肇《国史补》所记 14 种名酒中，

---

① 贾思勰：《齐民要术》卷十《甘蔗》引。

有岭南灵溪、博罗。灵溪在乐昌东北境，源出泠君山，泉甘特宜酿酒。博罗有桂酒，以桂花酿成。此外，岭南有荔枝酒，用荔枝花果酿成。广州有十八仙，韶州有换骨玉泉，都是旧时名酒。《广东新语·食语》指出："宋时酒皆官酿，唯岭南以烟瘴不禁，谓之万户酒。"

广东由于花果常鲜，又多清泉，故以花果和香料制成的名酒为多，除上文所提到的广府桂花酒和荔枝酒以外，还有倒稔酒、七香酒（以角沉香或黄熟香制成）、严树酒（以严树皮叶和香粳制成）。

广西酿酒业也颇负盛名。《中国茶酒辞典》称"竹叶清"为宋代名酒，产于杭州、梓州。其实不然，它应是产于广西。西晋张华《轻薄篇》诗曰："苍梧竹叶清，宜城九酝醳。浮醪随觞转，素蚁自跳波。"此后不少诗作赞美梧州竹叶清。明张萱《疑耀》卷五说："五岭之外绝无佳酝，近游宦者宴会，皆嗜苍梧寄生酒。"梧州是岭南蛇类集散中心，盛产蛇酒，可治风湿，此为当今梧州蛇酒之前身。

明末清初以来，广府人用本地所产的龙眼、荔枝，渍以糖，处理成果脯。这些果类加工品，"载以栲箱，束以黄白藤，与诸瑰货向台关（梅关）而北，腊岭（骑田岭）而西北者，舟船弗绝也"。《广东新语》指出："东粤（即广东）故嗜梅，嫁女者无论贫富，必以糖梅为舅姑之贽，多者至数十罋，广召亲串为糖梅宴会。……糖榄亦然，有糖梅必有糖榄。"

# 四、陶瓷业

广东陶瓷生产的历史源远流长，早在五六千年前的新石器时期，广府地区已经懂得制造、使用陶器。在广州东郊飞鹅岭和佛山南海的西樵山等地，都有陶器出土。

南越国时，制陶业是重要的手工业部门，两汉时烧制技术大有进步，东汉末部分陶器的形制已接近瓷器，器形圆正规整，器壁厚薄匀称。南朝时，广州等地陶瓷出口海外。1975年在西沙群岛的北礁打捞出南朝青釉六耳罐、陶杯等遗物，与韶关、英德出土的同时期同类器物相似。

广东地区发现的唐、宋窑址很多，不仅完整，而且内藏丰富，为北方所未见。广州、佛山、江门、中山等广府地区发现的唐宋时的窑址和出土瓷器、瓷片的地点约39处。其中鹤山塘尾村的瓷窑、新会瓦片岩的瓷窑、佛山石湾和南海镇龙圩的瓷窑是比较重要的发现。到了晚唐或五代时，广东受浙江越窑的影响而烧起青瓷来，重要器物有番禺石马村和广州东郊唐墓中的青瓷。此外，1957年在广州西村皇帝岗所发掘的晚唐至北宋瓷窑址堆积极其丰富多彩，为研究广府这一时期的瓷器提供了更多的材料，同时得以使人们了解古窑的建筑形式。①

1979年有关部门对石湾陶瓷窑址等进行了调查，发现在石湾的宋窑（龙窑）之下，还有唐代的圆形窑址。而在石湾附近的许多地区如澜石、奇田等地有大量弃置的唐、宋陶片，证明至少唐代以来这一带已能烧制瓷器，而且和佛山的官窑和广州西村皇帝岗的陶窑生产有连带的关系。② 粤人俗称陶瓷为缸瓦或瓦。道光《南海县志》说："石湾所制陶器似古之官窑，郡人有'石湾瓦，甲天下'之谚。形器古朴，有百级纹者在江西窑（按指景德镇窑）之上。"由此看来，官窑制陶瓷的历史比石湾为古。

---

① 商承祚：《略谈进一步开展广东考古工作的意见》，《理论与实践》1960年第3期。
② 中山大学历史系和佛山博物馆1979年的调查报告稿。

明代石湾的龙窑进行了改革，改进了装窑的技术，加强了对烧煅温度的控制，为后来仿造各地名窑的产品创造了条件。明清两代，石湾附近形成热闹的圩市，知名陶瓷厂家甚多，如"祖居唐"等。石湾窑以善仿钧窑而著称，也创制出独具特色的窑变釉。其陶塑产品釉色丰富，刻画细腻，题材以人物、鸟兽等为主，兼有园林建筑材饰、丧葬祭品和仿古名窑制品等。像观音像、罗汉像、佛像等陶塑，重视人物神情、动态、服饰的刻画，生动传神，惟妙惟肖。

清代行销国内外的瓷器产品中，出现了以织金彩瓷为代表的"广彩"瓷器，是采用半成品加工的方法生产。广彩的生产作坊原分布于广州西关一带，后迁往今同福路一带。制品多取材于景德镇的白瓷胎，加以彩绘烘烧。图案多以人物、山水、花鸟为题材，不重写实，突出装饰，也有仿制西洋图案，绘画徽章、船舶、西洋风景的。产品有花瓶、盆、盘、金鱼缸、茶具、碗碟、酒器、奶杯、咖啡壶等。嘉庆、道光年间，十三行的商人专设广彩出口的瓷庄和洋行，产品多按外国客户的要求加工定制，融汇中西，深受西方人的青睐。


## 五、制纸业


纸是我国重要发明之一。远在西汉，我国已能造纸，不过比较粗糙，不便于书写，东汉蔡伦做了一定程度的改良，使纸合于手写。

在广州附近，现尚未发现古纸出土。可能由于南方气候湿热，难以保存之故。据《南方草木状》记载，太康五年（284），大秦（东罗马）献蜜香纸三万幅，晋武帝以万幅赐镇南将军、当阳侯杜预。所谓蜜香纸，"以蜜香之皮作之，微褐色，有纹如鱼子，极香而坚韧，水渍不溃烂"。我国的造纸术直至唐代中叶（约8世纪）才传到西亚，大秦所献的蜜香纸当非其本国所产，而可能是使者路经广州时所采购到的。《广东新语》指出："东莞出蜜香纸，以蜜香木皮为之，色微褐，有点如鱼子。其细者，光滑而韧，水渍不败，以衬书，可辟白鱼（蛀虫）……最坚厚者曰纯皮，过于桑料。细者曰纱纸……以有细点如沙，亦曰沙纸。"①《岭表录异》说广州有栈香作纸名为香皮纸，即蜜香纸。唐代有榖皮纸，很坚牢，可以缮补破书。榖树又名楮或构，据侯宽昭主编的《广州植物志》，广州近郊到处可见，树皮可做造纸原料。

南方多竹，故竹纸亦多。从化流溪河有不少以制竹纸为业的作坊，并有专船运纸到广州。竹料是茎秆纤维，比一般树皮坚硬，难处理，因此竹纸的制作年代应在唐代以后。

# 六、矿冶

珠江三角洲由于冲积土层掩盖，矿产较少。但三角洲的外围大部地区属于古老地台，地质构造复杂，加之久经侵蚀，矿产容易出露，开采的历史也很悠久。最早见于文献记载的有银、铜等项。《汉书·地理志》指出集散于番禺的货物有铜和银。据《太平寰宇记》，铜陵县（治今阳春市北）是铜的产地，南越王赵佗曾在那里炼铜。

在今广东西部和广西境内，有不少古代铜鼓出土，这是古代岭南少数民族所制的礼器，平时用以娱神，有事时可以召集群众，

---

① 《广东新语》卷十五《货语》，第427—428页。

以备御敌。铜鼓外形如腰鼓，但形体甚大。据《广东新语》记载，广州的波罗庙有大小两面铜鼓，"二月十三日祝融生日，粤人击之以乐神"。这两面铜鼓现陈列于广州五仙观内。从铜鼓制作的精美，不难想象古代岭南对青铜的冶炼和铸造已有相当高的技术。

汉代集散于广州的银，产于何处，未见文献记载。《太平寰宇记》说东晋末曾在广州采银，亦未言明其确实地点。《读史方舆纪要》记，东莞县"东十里为宝山，昔尝置场煎银于此，名瓦瓮场，久废"。东莞距离广州不远，上述晋时广州附近产银之地当指此。

铁的冶炼，在技术上比铜困难，从世界一般情况而论，铁的采冶常较铜为后。《汉书·南粤王传》则已明言，南越的铁制农具还要从岭北输入，故自制铁器必比北方落后而未能自给。广东冶铁业的发展似为东晋的事。《晋书·庾翼传》载："时东土多赋役，百姓乃从海道入广州，刺史邓岳大开鼓铸，诸夷因此知造兵器。"邓岳是在东晋成帝咸和八年（333）任广州刺史的，那么，在4世纪初，广州冶炼业得到显著的发展，可惜当时铁矿产于何地没有记载。

唐代广东的采矿业进一步发展，矿产增加到10种，产地分布于30多个州县，其中产地较多的为金和银。广州即有银矿。

南汉时，广州已能铸铁塔、铁柱和铜像，铁塔二座现尚保存在光孝寺中，而铁柱已不在。宋方信孺《南海百咏·刘氏铜像》云："昔刘铱及二子各范铜为像，略不肖，即杀冶工，凡再三乃成。今尚在天庆观中东庑。"[1]刘氏铜像今亦无存。今六榕寺中的六

---

① 吴兰修、梁廷枏辑，陈鸿钧、黄兆辉补征：《南汉金石志补征　南汉丛录补征》，广东人民出版社，2010年，第344页。

祖铜像，据说是北宋端拱年间（988—989）所造。

宋代广东矿产种类多至 20 余种，番禺有银和铁。

明清时期，生铁以出罗定者为良，"罗定大塘基炉铁最良，悉是锴铁，光润而柔，可拔之为线，铸镀亦坚好，价贵于诸炉一等"。铁炼成后，则大多运至佛山鼓铸。

佛山是明清广东的手工业重镇，尤以冶铁为著。佛山一带拥有丰富的铁矿资源，明正统、景泰年间，佛山冶铁业迅速崛起。成化、弘治年间，佛山居民大半以冶铁为业，嘉靖以后佛山成为全国有名的铁锅、铁线和铁钉的产地，生铁产量近 3000 万斤，生铁加工量达 2500 万斤。明末佛山有炉户数万家。清代佛山仍然是全国冶铁中心，雍正、乾隆年间臻于鼎盛，从业者超过 3 万人，生铁产量及铁加工量均在 5000 万斤左右。佛山"铁之炉数十，铸铁之炉百余。昼夜烹炼，火光烛天"，呈现出一片诸炉并冶、火光冲天的铸铁生产特有的热闹景象。它甚至引起佛山城市小气候的变化，俨然是一座现代化钢城。佛山铁制品，"薄而光滑，冶炼既精，工法又熟，诸铁品率以佛山为良"，得以远销国内外。直到鸦片战争以后，在洋铁冲击下，佛山的冶铸业才逐渐衰落。

当时广州和佛山制锡器的锡矿，多来自广西贺州，亦有一部分来自广东连州。

# 七、牙雕

广府地区古为野象出没之地，而自汉代起，广州已是我国重要的进口象牙消费区，为象牙雕刻工艺的发展创造了有利的条件。广府成为象牙雕刻工艺发展较早的地区之一。

在佛山河宕出土的新石器晚期遗址中，发现有原始象牙制品梳一类饰物。在广州南越王赵眜墓中，发现五枚非洲大象牙，以及墓主人使用的象牙篆刻印章、金扣象牙卮、象牙算筹、象牙棋子等，显系广州工匠制作的。据《晋书》记载，晋代广州艺人已能将象牙辟成细条片，柔软如线，编织成象牙席，广州刺史车永之子车溢就使用过这种席子。《晋书》称其"每于夏日铺陈，拥姬妾倨见宾客"①。唐代广州贸易兴盛，从海外进口大量象牙。唐诗中有"戍头龙脑铺，关口象牙堆"②"犀象满城邑"③等句。

明清时期，广州牙雕业进入规模发展时期，有"苏州样、广州匠"之说。在广州城外靖海门开设不少牙雕店铺，形成专业一条街。清代，广州牙雕业步入繁荣期，形成贡品行和洋行两大组织，产品风靡全国。雍正年间，广州向朝廷进贡一张长2米、宽1.4米的象牙席，可收卷自如，十分精致，连雍正皇帝都有感其耗费巨大、劳民伤财，遂下旨禁止生产。此席今存北京故宫博物院，游客见了无不连连赞叹。

民国初年，广式象牙雕刻工艺不断精进，象牙球塔为个中佼佼者。1915年，翁昭、梁雄创作的25层象牙球在巴拿马博览会上获得一等奖。此后还有不少牙雕作品获奖，被各级博物馆收藏。民国时期广州牙雕业从业人员曾达1500多人。新中国成立后，广州成立大新象牙工艺厂，产品主要供出口。20世纪80年代，象牙贸易受到限制，广州象牙雕刻日渐式微。广州牙雕从业人员拓展思路，把视野聚焦于猛犸象牙、河马牙和骨雕等，使牙雕得以延续。2006年，广州牙雕入选国家级非物质文化遗产名录。

---

① 转引自陈泽泓：《广府文化》，广东人民出版社，2007年，第442页。
② 王建：《送郑权尚书南海》，《全唐诗》卷二九九。
③ 殷尧藩：《寄岭南张明甫》，《全唐诗》卷四九二。

## 第三节  海洋开发

广府人多生活在沿海，深得海洋之利。开发海洋，以海为田、以海为商，成为广府文化的重要特征，也由此铸就了广府人的海洋文化风格。广府人开发海洋，包括海水养殖、海洋捕捞和海洋商业等。

## 一、贝类采集和养殖

古越人嗜食水产，滩涂采集是获得水产品的简单方式。在广府地区沿海新石器时代贝丘遗址中，就有大量蚬、文蛤、牡蛎、蚶、丽蚌、螺、鱼类、两栖类等遗骨遗存。由此可见，当地居民主要从事滨海采集或浅海捕捞，海产品是他们主要的食物来源。在河南安阳殷墟妇好墓中，也出土有生长于台湾、南海等地的红螺、海贝，显见南海海产品已进入中原地区。西汉初，南越国贡献给汉王朝的方物中有紫贝、珊瑚等海产品。在南越王赵眜墓中，出土大量今广东地区常见的沿海动物骨骸，包括青蚶、楔形斧蛤、龟足等。据任昉《述异记》，汉光武帝时，南海献珊瑚，帝令放宫殿前，称"女珊瑚"。

广府先民嗜食水产，这种饮食习惯一旦形成，会使当地人对滩涂的开发利用逐渐向深广方向推进。宋元时期，人工养蚝已很普遍，形成养蚝专业户，今深圳、东莞一带出现蚝田，朝廷在此征税，说明养蚝业已达到一定规模。明清时期，滩涂贝类养殖也很广泛，宝安沙井蚝即形成于清初，以质优冠绝海内外。此外，"阳江有红蠃焉，壳黑而肉微红，味绝甘，生海中，千百成群，若蜂房相结"，"番禺海中有白蚬塘，自狮子塔至西江口，凡二百余亩，皆产白蚬"。"东莞新安有蚝田……岁凡两投两收，谓之种蚝……生蚝之所谓之田"。《广东新语》有《打蚝歌》，一派滩涂耕海的劳动景观：

冬月真珠蚝更多，渔姑争唱打蚝歌。

纷纷龙穴洲边去，半湿云鬟在白波。[1]

滩涂较深，为方便收蚝，蚝民发明了"打蚝之具"，"以木制成如'上'字上挂一筐，妇女以一足踏横木，一足踏泥，手扶直木，稍推即动。行沙坦上，其势轻疾。既至蚝田，取蚝凿开，得肉置筐中。潮长乃返。横木长仅尺许，直木高数尺，亦古泥行蹻橇之遗也"。这种适应滩涂的劳动工具可减轻劳动强度，节约时间，是明清养蚝技术进步一个主要标志。

岭南养蟟、蚬至迟在明中叶已经开始，此后出现了进行专业性生产的蟟田和蚬塘。盛产白蚬的深澳水域，白蚬沉积，往往厚至数十百丈，人们称为"蚬塘"。白蚬可食，贫苦人家以之为蔬，另可粪田，可壅蔗，可饲鸟鸭，其利颇大，成为当地豪强觊觎的肥肉。可见这些海滩的开发规模和经济效益都很大，否则不致成为地方势力插手、侵渔的对象。清中叶以后，人工养殖蟟和蚬已不见于地方文献，食用所需改为天然采集，因其繁殖力很强，在水产市场上占有重要的一席之地。

采珠是旧时广府沿海地区一种重要的谋生方式。采珠在汉代即已见于文献记载，著名的"珠还合浦"传说即出于东汉合浦郡（北部湾一带）。早期以采集天然珍珠为主，到唐代，发展出人工养珠。

[1]《广东新语》卷二十三《介语》，第576—578页。

珍珠养殖与天然采集相结合，使珍珠产量显著上升，唐政府专门设置珠池，对采珠专业户"珠户"进行管理。南汉刘氏政权对采珠重视有加，设专门监督采珠的"媚川都"（位于今东莞濒海地方），并配置八千兵员。南汉最后一个皇帝刘铱焚城之后还存美珠46缸，想见采珠规模不小。元代复立采珠提举司，设专业性采珠户，蒙古贵族伯颜一次就被元顺帝赏赐采珠户4万。[①]成化十二年（1476）广东采珠2.8万两。弘治十二年（1499）采珠，东莞一县出劳力四千名，雷州、廉州二府出劳力二千名。正德九年（1514）采珠1.4万两。采珠规模由此可见一斑。

采珠收益极大，但早期珠民须入海取珠，充满风险。《岭外代答》设"珠池"专条，记载采珠的危险过程、采珠疍民被盘剥的惨况等。元、明两代采珠规模巨大，也充满了暴力、血腥。尤其是明代，采珠为官府所垄断，珠民的生存空间被挤压，因此双方矛盾日益尖锐，时常酿成珠民对抗官府的暴力冲突。这一时期，采珠技术也取得了进步。如广府人至迟在明中叶发明的兜囊取珠，是将麻绳织成兜囊状系于船两旁，沉入海底，乘风行舟，蚌碰到兜囊入内，满则取出蚌，割蚌得珠。兜囊取珠取代入海取珠后，无须下水作业即可得珠，风险得以降低。至迟到明后期，广东沿海百姓已初步掌握人工养珠技术："养珠者，以大蚌浸水盆中，而以蚌质车作圆珠，俟大蚌口开而投之，频易清水，乘夜置月中，大蚌采玩月华，数月即成真（珍）珠，是谓养珠。"[②]到近代，兜囊取珠演变为小舟拉网取珠，更适宜于浅海滩涂作业。改革开放后，学习、借鉴日本先进方法，养殖大规格插核贝母，插核培育大规格珍珠，显著提高珍珠质量和经济效益，"南珠"声誉更加远播海内外。

---

① 王圻：《续文献通考》卷二十三《征榷·坑冶》。
② 《广东新语》卷十五《货语》，第411页。

# 二、制盐

盐为人们日常生活必需品。岭南盛产海盐，"番禺"地名，一说为古越语，意即盐村。汉代在番禺、高要设立盐官。唐代广、恩、潮、琼、振诸州都有盐场，唐僖宗时（874—888）一年获盐利 400 万缗。《岭表录异》介绍海水煮盐方法，并说"广内有恩州场、石桥场，俯迎沧溟，去府最远"。恩州场在今阳江、恩平一带，石桥场在今海丰。但盐在岭南进入大规模生产阶段是从宋代开始的。部分原因是从宋开始改煮卤成盐为晒卤成盐，使海洋开发迈上新阶段。据《宋会要辑稿·食货》载，绍兴三十二年（1162）全国有 91 个盐场，共产盐 288793815 斤。其中广南东路有 17 个盐场，产盐 16553000 斤；广南西路有 7 个盐场，产盐 11584450 斤。同书另载，绍兴二年（1132）"本路（指广南东路）产盐，广州盐仓每年课利二十万贯以上，潮州十万贯，惠州五万贯以上，南恩州三万贯以上"。两广占全国盐场总数 19%，产量占全国 9.7%。广州和南恩州盐仓获利占全省 69%。据《元丰九域志》载，宋代"广州东莞县有静康、大宁、东莞三盐场，海南、黄田、归德三盐栅；新会有海晏、博劳、怀宁、都斛、矬洞、六斗六盐场；潮州有净口、松口、三河口盐场；惠州归善县有淡水一盐场；海丰有古龙、石桥二盐场"；此外，廉州石康（今属广西合浦）和琼州琼山也有盐场。广府沿海地区集中了大多数盐场，所产食盐除在当地消费外，大概先集中广州及潮、惠、南恩等州，再转销粤北、西江和赣南等地，其中广州为最大集散口岸。元代岭南盐场，属广东道的归广东盐课提举司管理，属海北海南道的归广海盐课提举司管理。盛时二提举司年产盐约 10 万引（一引等于 400 斤），约占全国产量的 40%。据《元史·百官志》记，广东盐课提举司辖

13个盐场，即靖康场、归德场（均在今东莞），东莞场、黄田场（均在今深圳），香山场（在今中山），矬洞场（在今台山），双恩场、咸水场（在今阳江），淡水场（在今惠东），石桥场（在今汕尾），隆井场、招收场、小江场（均在今潮阳）；而广海盐课提举司所辖盐场以广西石康为中心，其他盐场地址不详。显见元代盐场仍因袭宋代分布格局。

明代海盐生产由晒沙土淋滤制卤改为海水制卤，与现代海盐生产采用的"天日法"相同，方法简便，提高了盐产量，也扩大了盐场分布。洪武二年（1369）仍置广东和海北两个盐课提举司，管辖29个盐场。其中广东盐课提举司辖广州、惠州、潮州、肇庆4府14个盐场；海北盐课提举司辖高州、廉州、雷州和琼州4府15个盐场。洪武年间广东有灶丁5万余人，年产盐73800引，约占全国同期盐产量的五分之一，为全国主要产盐区。另据《春明梦余录》载，广东盐课岁入太仓银每年约2万两，而嘉靖十年（1531）广东缴铁课银才8290两[1]，远在盐课之下。时人谓"广盐行，则商税集，而军饷足；广盐止，则私贩兴，而奸弊滋"[2]，盐业成为广东财政收入的主要来源和影响社会治乱的因素之一。这从侧面显示海洋资源开发具有重要的意义，其中广府地区充当主要角色。入清以后，盐业继续成为当地经济的一个支柱。

## 三、海水养殖

海水养殖虽可视为滩涂开发利用的一种方式，但与前述滩涂

---

① 孙承泽：《春明梦余录》卷三十五。
② 龙文彬：《明会要》卷五十五《盐法》。

养殖有区别的是，海水养殖长年在海水中进行，而前者有时露出海面。广府沿海水乡居民常于低潮时在海滩上拾贝捉蟹和打柴草，或筑鱼塭截留鱼虾，在潮下带养殖牡蛎、蚶、珍珠贝、紫菜、江蓠、麒麟菜等，都属海水养殖范围。

20 世纪 50 年代，广府地区海水养殖以贝类养殖为主。这一时期，"筏式"（可移垂下式）和"栅式"（固定垂下式）养蚝法的使用，达到充分利用水体、提高单位面积产量的效果，被视为一种技术革新。1956 年以后，使用水泥条附着器养蚝，比原来投石养蚝增产 6—8 倍。80 年代，这一技术被普遍推广，使蚝田大面积增加，产品源源供应市场。差不多在此前后，采用人工孵化育苗养殖贻贝、扇贝、鲍鱼获得成功，加上基地养殖，取得良好经济效益。特别是 70 年代，成功创造出马氏珍珠母贝从天然采苗到室内人工育苗、插核育珠等一套比较完整的人工育珠技术，培养出大型珍珠。南海水产研究所有关科研人员由于在人工育珠技术上的重大贡献，1987 年获国家科学技术进步奖一等奖。

鱼塭是一种传统的咸淡水养殖方式，利用港湾、港汊或滩涂，经过筑堤、开沟、建闸、开塘等围成一定水面，利用天然饵料资源，养殖鱼、虾、蟹、贝类等。由于自然条件制约，早期这种方式产量低而不稳定。20 世纪 60 年代，南海水产研究所费鸿年先生等经过科学调查，发现鲻鱼、虾等在鱼塭内出现的季节性变化规律，提出《鱼塭纳苗群聚的形态变法》等报告，为改善鱼塭生产、合理纳苗提供科学依据。80 年代，鱼塭养殖转向人工精养发展，采用人工鱼苗、投饲施肥、多种鱼虾混养、流水养殖等技术取得成功。

20 世纪 60 年代，香港发明海水网箱养鱼，使不少名贵海产如赤点石斑、鲑点石斑、真鲷、尖吻鲈等产量大增。这种养鱼方法，70 年代传入两广沿海后得到迅速推广。特别是深圳、东莞、番禺、中山、珠海等临近珠江口地区，开发海河水交汇地带，建立大片咸淡水鱼塘，在我国率先建立河口近岸带鱼类养殖业，养殖鲈鱼、黄鳍鲷、金钱鱼、眼斑拟石首鱼等。其中，虾海水养殖，经过不断创新发展，已成为南海海水养殖支柱产业。与此同时，鱼类、虾类、贝类等种苗生产业达到规模化生产阶段。

紫菜附生于岩礁陡壁，采集困难，产量很少。20世纪50年代初，人工栽培紫菜在广东获得成功。1966年中国科学院南海海洋研究所在浅海栽培紫菜，初见成效，但主要分布在粤东沿海，规模尚小。1974年，南海海洋研究所科研人员在沿海采集到多个野生紫菜品种，从中筛选出适合广东沿海养殖的"广东紫菜"，该品种具有耐高温、生长快、产量高等优点，因此很快获得推广，产品迅速占领市场。该成果1978年获中国科学院重大科技成果奖。[①]

杂色鲍养殖自20世纪90年代中期改用"深水笼养"后，又不断吸收国内外先进养殖技术，大胆创新，创造出"深水多层流水笼养"技术，养殖周期从1—2年缩短为8—10个月，产量成倍增长，经济效益十分明显。

20世纪90年代以后，南海水产养殖业发展为当地一项支柱产业，呈现规模化、集约化、立体化发展格局，形成耕海致富热潮，从海洋文化层面而言，实为海洋经济与海洋文化相结合产生的硕果。

从养殖品种结构看，广东以鱼类、虾蟹类为主，广西以贝类领先，海南则以虾蟹类比重最大。这个品种结构显示南海海

---

① 广东省地方史志编纂委员会：《广东省志·科学技术志》，广东人民出版社，2002年，第651页。

水养殖以高价值海产为主，兼顾藻类。从海水养殖水域类型来看，三省区养殖区域主要分布在滩涂（占30.5%）和陆基（占23.5%），即前两者占海水土地利用的主体。①

南海区鱼类加工制品有冷冻水产品、鱼糜及其制品、干制品、罐头制品、腌熏制品、医药制品等。虾、蟹、贝类加工以干制品为主，其中不乏名牌产品，如广东宝安沙井蚝油、蚝豉早就驰名中外。经多年发展，广府地区已成为包括东南亚在内的区域性海产品集散地。其中，粤西以湛江为中心，集散两广、海南对虾；粤中以广州、佛山、深圳为中心，集散我国沿海乃至东南亚部分国家鲜活海产品。这些海产品凝聚着广府人民耕海劳动的成果，实际上也是一种对外文化输出，体现广府人民海洋农业文化的特质和风格。

## 第四节　商贸活动

海洋文化是岭南文化一个重要元素，从事海洋商贸活动是广府人一个主要经济形态和文化成果。由此产生广府人异于其他民系的海洋文化风格和区域经济效应，有力地促进广府地区经济发展和社会振兴，并使之跻进全国经济发达地区之列。

### 一、秦汉广府海上商贸开始

秦汉时番禺（广州）虽未能直接与海外通航，但作为一个港

①　转见司徒尚纪：《中国南海海洋文化》，中山大学出版社，2009年，第74页。

市却无可置疑。西汉时，海外商贾和使臣来中国者，多由交趾登陆，然后北上中原或循西江达番禺。《史记》载，"番禺，亦其一都会也，珠玑、犀、瑇瑁、果、布之凑。"

东汉时，广州成为海上丝绸之路始发港之一，中国商船从广州港出发，直航东南亚，经印度洋抵达罗马。广州港拥有其他港口难以企及的广大陆上和海上腹地，不但内地大商富贾云集广州，海外商品也由此直接登陆广州。

## 二、魏晋南北朝海上贸易发展

这一时期，中国处于分裂状态，但岭南相对安定，有利于地区经济和社会发展。吴黄武五年（226），孙吴政权将合浦以北划为广州，治番禺；以南划为交州，治龙编。后虽有反复，但这一改区建置的变迁进一步确定了番禺在岭南的政治和经济地位，使番禺的南海商贸进入一个新阶段。孙吴政权也颇重视发展海外贸易事业，"以舟楫为舆马，以巨海为夷庚"[1]，曾在今福州建立造船基地，可造载重量3000人的"大舡"[2]，但"篙工楫师，选自闽禺"，显示广州的航海技术达到较高水平，储备了较多造船方面的人才。另外，根据西沙出水的南朝陶器，南海航线大有可能从广州启航，经今香港屯门，下海南岛东北角七洲洋，进入西沙、南沙海域，抵东南亚。这条新航线的开辟使南海商贸有了新的贸易对象。加之北江和浈、武二水经过整治，岭南与内地交通有所改善，促进海上贸易更加频繁兴旺。南朝政权定都南京，

---

① 转引自陈代光：《广州城市发展史》，暨南大学出版社，1996年，第259页。
② 李昉：《太平御览》引《武昌记》。

曾下令收购"丝绵纹绢布"，以供出口。瓷器制造也应时兴起，同为大宗出口商品。广州则是重要的口岸。这都为南海海上贸易提供了新的契机。

在这新一轮海上贸易高潮中，广州成为计算海程的起点。这一转变昭示广州上升为南海贸易首位城市，与海外联系日益广泛，贸易更加繁荣。外国商货从大秦经中南半岛云集广州，罗马所需之丝多从广州输入。东晋高僧法显从陆路赴印度求经，义熙八年（412）取道南海回国，在所著《佛国记》里可看到广州与南海诸国的交通、贸易十分频繁、活跃。刘宋末年，扶南国（今柬埔寨）"遣商货至广州"[1]。实际上，这一时期，南海十余国与广州都有海上贸易，包括今越南中部、柬埔寨、泰国南部、马来半岛、巴厘岛、苏门答腊等。[2]

而根据出土文物，广府地区海上贸易范围甚至包括印度和地中海一带。广东英德、曲江、遂溪出土有波斯萨珊王朝银币，说明贸易范围已超出《梁书》所列，也不限于广州一地，南海北部一些港湾也加入贸易之列。如《梁书·王僧孺传》明确记，南海郡"常有高凉生口及海舶，每岁数至，外国贾人以通货易。旧时州郡以半价就市，又买而即卖，其利数倍，历政以为常"[3]。高凉郡在今阳江至茂名一带，既有奴隶舶运至广州，则其地也应有贸易港参与南海商贸，这些港址有待深入研究和发掘。

---

① 萧子显撰，陈苏镇等标点：《南齐书·东南夷传》，吉林人民出版社，1995年，第548页。

② 黄启臣主编：《广东海上丝绸之路史》，广东经济出版社，2003年，第87页。

③ 姚思廉：《梁书》卷三十三《王僧孺传》。

# 三、隋唐五代时期海上贸易兴盛

隋朝封建统一国家的再造，为经营南海提供了强大的政治基础。开皇十四年（594），隋在广州建南海神庙，祀南海神祝融，显示对海外贸易重视有加。而隋开大运河，沟通黄河、长江两大水系，与岭南的交通也比过去方便。李吉甫谓：炀帝开通济渠，"自扬、益、湘、南至交、广、闽中等州，公家运漕，私行商旅，舳舻相继"①。交州、广州既得漕运之便，腹地更为宽广，货流更为充足。《隋书·地理志》称："南海、交趾，各一都会也，并所处近海，多犀、象、玳瑁、珠玑，奇珍异玮，故商贾至者，多取富焉。"南海神庙是广州海上贸易新里程的一个标志。

唐朝对外更加开放和宽容，在外贸方面，由以往朝贡贸易改为市舶贸易，除政府经营以外，还允许私人参与外贸活动，并在广州首置"市舶使"，职责是"稽查舶货，征榷抽分"。又在广州外侨聚居地设置蕃坊，专供蕃商居住，实行蕃人自治、保护外商利益的政策，由是吸引大批海外商人前来贸易。唐中叶以后，全国经济重心开始南移，为了改善广州与内地的交通，开元四年（716），张九龄奉令开凿大庾岭山路，使北江航道与赣江相接，极大地促进了岭南与内地的交流，南海港湾陆向腹地大为延伸，尤其是转向全国经济重心长江中下游地区。

唐朝时，开辟了从广州出发的海上交通贸易通道——广州通海夷道。这条通道从广州出发，分成两条支线：一是经南海、印度洋沿岸到达亚丁湾和红海地区，一是从广州到达日本。前一路线亦即后世被纳入"海上丝绸之路"的最远一条航线，全长1.4

---

① 《元和郡县图志》卷五《河南道一》。

万公里，沿途经过 30 多个国家和地区。广州至日本、朝鲜航线在咸通七年（866）开通。此外，还有广州至交州、至长江口航线。这样，以广州为中心，形成纵贯南海、东海的海上交通网络。唐代阿拉伯地理学者易逢达里认为，中国的贸易港中，"自当推广州最繁盛焉"，"有唐一代，广州确为南中国之第一外国贸易港"。[1]此外，琼州、雷州、恩州、潮州等都有港口参与南海海上贸易大市场。

　　隋唐南海海上贸易商品结构复杂，品类繁多，进出口频繁，互通有无。在出口商品方面，主要有陶瓷、丝织品、灯具三大类[2]，在埃及、伊朗、巴基斯坦、伊拉克、印度尼西亚等地都出土过中国瓷器。出口货物中还有铁器、漆器、宝剑、马鞍、围巾、貂皮、麝香、沉香、肉桂、高良姜等，部分产于岭南，不少来自内地。进口商品除传统的象牙、犀角、珠玑、香料以外，还有不少海外特产，如白檀、郁金、菩提树、胡椒、补骨脂、青黛、珊瑚、琥珀、炉甘石、密陀僧、没药、无石子、偏桃、波斯枣、橄榄、波罗蜜、素馨花、水仙花等。这些新作物品种也是一种文化元素，对中国的土地利用、生活方式都产生重要影响，此容后述。

　　隋唐南海海上贸易规模巨大，粲然可观。中西交通史专家张星烺作过统计，唐代每日到广州的外舶约 11 艘，一年约有 4000 艘。设每艘载客 200 人，则平均每日登陆广州者达 2200 人，一年多达 80 万人次。[3]据阿拉伯商人苏莱曼记载，唐乾符五年（878）黄巢起义军攻占广州，有 12 万阿拉伯及其他商人被害。[4]由此可

① 桑原骘藏著，冯攸译：《中国阿拉伯海上交通史》，商务印书馆，1934 年，第 17 页。
② 三上次男著，胡德芬译：《陶瓷之路》，天津人民出版社，1983 年，第 117 页。
③ 张星烺等：《中西交通史料汇编》第二册，中华书局，1977 年，第 204 页。
④ 转引陈代光《广州城市发展史》，暨南大学出版社，1996 年，第 272 页。

以推测广州海外贸易之盛。韩愈在《送权郑尚书序》中云："(广州)外国之货日至，珠、香、象、犀、玳瑁、奇物，溢于中国，不可胜用，故选帅常重于他镇。"① 黄巢攻克广州后就上表求为广州节度使，作为归附条件，实际也是看中广州外贸的丰厚利益。天宝七年(748)，鉴真和尚第五次东渡日本未成，漂流至海南振州(今三亚)，后辗转到广州，见珠江河上"有婆罗门、波斯、昆仑等舶，不知其数，并载香药、珍宝，积载如山。其舶深六七丈。狮子国、大石(食)国、骨唐国、白蛮、赤蛮等，往来居(住)，种类极多"② 。苏莱曼也说广州是"商船所停集的港口，也是中国商货和阿拉伯商货所荟萃的地方"③ 。中国经广州输出丝绸、陶瓷以外，唐代中国丝织工人和生产工具也传入波斯、阿拉伯等国。曾居阿拉伯十余年的杜环，于宝应元年(762)返回广州，他在《经行记》中指出，"(大食)四方辐辏，万货丰贱，锦绣珠贝，满于市肆，……绫绢、机杼、金银匠、画匠、汉匠起作画者，京兆人樊淑、刘泚，织络者、河东人乐隈、吕礼"④ 。这样，假道南海丝绸之路，中国文化已以人员为载体，传播至中东、西亚等地，这是唐代出现的一个新的海洋文化传播方式。

五代十国时期，岭南为南汉刘氏政权割据，社会相对安定，经济有所发展。南汉国前期"府库充实"⑤ ，动因之一是高度重视海上贸易，采取一系列促进海上贸易政策。如废除"市舶制"，实行自由贸易；大力"招徕海中蛮夷商贾"，"经营海上通商事

---

① 韩愈：《送郑尚书序》，《昌黎集》卷二十一。
② 真人元开著，汪向荣校注：《唐大和上东征传》，中华书局，2000年，第74页。
③ 转引自陈代光《广州城市发展史》，第273页。
④ 转引自陈代光《广州城市发展史》，第273页。
⑤ 梁廷枏：《南汉书》卷九《诸臣传一》。

业，增辟良港"，"凡岭北商贾来岭南者多召之，使升宫殿"[①] 等等。大宝七年（964）南汉后主刘鋹尊南海神为昭明帝，"庙为聪正宫，其衣饰以龙凤"[②]，这个封号使南海神地位达到历史巅峰，说明南汉政权视海上贸易为其经济生命线。南海贸易带来丰厚的收入，高祖刘岩时，外贸兴旺，"犀象、珠玉、翠玳、果布之富，甲于天下"；后主刘鋹时，"珠贝、犀象、玳瑁、翠羽，积于内府，岁久不可较"。[③] 不少史学家认为这些珠玉、犀象与南海贸易有关，"盖亦自交广来者"[④]。又南汉政权穷奢极欲，在广州大兴土木，修筑离宫别苑，所用材料不少是依靠武力掠夺自海商的舶来品。"中宗尚奢华，离宫宴幸，耗费不赀，正供所入，日就支绌。因阴遣彦赟率兵出入海，窥商舶重载者，诈为盗，劫其金帛归献，充益无名之费。"故南汉时南海已出现亦盗亦商的海上贸易，用铁和血的文字写在南海商贸史上。

## 四、宋元时期海上贸易持续发展

宋元时期，岭南进入大规模开发阶段，大批汉人度岭入粤，掀起以土地利用为主的农业生产热潮。到南宋时，珠江三角洲已跻身全国基本经济区之列，为海上贸易发展奠定较坚实的物质基础。从全国范围而言，经五代割据，闽、粤地区经济已自成体系，独立发展。为发挥东南地区地缘优势，宋王朝积极拓展海外贸易，致力于招徕外商，同时鼓励华商下海。为加强海上贸易管理，宋

---

① 转引自陈代光《广州城市发展史》，第 275 页。
② 李焘：《续资治通鉴长编》卷十二。
③ 梁廷枏：《南汉书》卷十《黄损传》。
④ 吕思勉：《吕思勉读史札记》（下），上海古籍出版社，1982 年，第 1007 页。

朝多数时间只置广州和泉州两市舶司。在交通方面，唐开大庾岭道和开辟福建至广州海道，使"大船一只，可致千石"[1]；运力提高以后，宋代又疏通交州、邕州至广州间海上通道，并消除沿线礁石，更方便航船利用西南季风抵达广州，出现"舟楫无滞，岭南储备充盈"[2]局面。宋代使用指南针导航，航船可从广东沿海各港直接经西沙群岛放洋，加上造船技术进步，"中国海舶特别大，只有中国的船能在风流险恶的波斯湾通行无阻。中国的货船运至波斯湾畔的尸罗夫（伊朗南部）港后，换新船过红海。到达埃及"[3]，使南海贸易出现新局面，广府人为主要载体的南海海洋文化也同步发展。

宋元时期广州仍保持全国最大外贸港地位。云集广州的"多蕃汉大商"[4]，海外舶船岁至。据载，北宋熙宁至元丰年间（1068—1085），"明（州）、杭（州）、广州市舶司博到乳香，计三十五万四千四百四十九斤，广州收三十四万八千六百七十二斤"[5]，占三地总和98%。因此，在三个市舶司中，"实只广州最盛也"。[6]

时人记述广州进口商品："大贾自占城、真腊、三佛齐、阇婆涉海而至，岁数十柁。凡西南群夷之珍，犀、象、珠、香、流离之属，禹不能名，卨不能计。"[7]而由广州经南海取道东西二洋海路输出的货品主要是丝绸。1987年在阳江海域发现，2007年

---

① 刘昫等：《旧唐书·懿宗纪》。
②《越史略》卷一。
③ 转引自《广州城市发展史》，第297页。
④ 李焘：《续资治通鉴长编》卷九十四。
⑤ 梁廷枏：《粤海关志》卷三《前代事史》。
⑥ 梁廷枏：《粤海关志》卷三《前代事史》。
⑦ 洪适：《师吴堂记》，《盘洲文集》卷三十。

12月22日打捞出水的宋代沉船"南海一号"部分出水文物中，即有浙江、江西、福建瓷器，金、银、铁器，各种饰物及生活用品等，具有西亚风格，已认定是一艘从中国起航的商船，文物数量有18万件，堪为南海海上贸易的一个缩影。这艘船被誉为"海上敦煌"，具有很高的文化品位，也是"中国海洋文化之窗"。据宋周去非《岭外代答》、赵汝适《诸蕃志》等史籍记载，海外与宋朝有政治、经济往来的国家和地区50多个，远远超过唐代。按元人陈大震《南海志》和汪大渊《岛夷志略》所列，海外与元朝有政治、经济往来的国家和地区分别为140多个和近100个。这些国家和地区与宋元的海上贸易大都经过广州。元代广州"珍货之盛，亦倍于前志所书者"①，据《南海志》有宝物、布匹、香货、药品、诸木、皮货杂物等8大类70多种。广州"外国衣冠盛，中原气象非"②，充满异国情调。"宋人葛长庚《题南海祠》有"圣朝昌盛鲸波息，万国迎琛舶卸樯"之句，表现广州港海舶一片繁忙景象。元代这种繁盛不减于前，元代文人吴莱写道："岁时蕃舶金珠、犀象、香药、杂产之富，充溢耳目，抽赋帑藏，盖不下巨万计。"③另一位进士吴师道称广州为"服岭以南一大都会，临治海岛。近岁以来，贡赋货殖充斥，瑰异比于中州"④。这些都展现出海上贸易给广州带来的繁荣气象。实际上，宋元时期南海北部兴起不少港市，皆借助南海贸易而称盛一时。广府人在其中出力不少。在南海航线上，尚有南恩州(治阳江)、钦州等港。如南恩州西南海中有螺洲，亦称涽洲(今海陵岛)，距广州

① 陈大震：《南海志》卷七《船货·诸蕃一附》。
② 王象之：《舆地纪胜》卷八十九《广东东路·广州》。
③ 吴莱：《南海山水人物古迹记》，《渊颖集》卷九。
④ 虞集：《道园类稿》卷二十三《广州路右文成化庙记》。

约七百里，是南海航线上的重要中转站，官府在此设巡检司把守。北部湾上的钦州则为海北及交趾所产香料集散地。范成大《桂海虞衡志·志香》指出，沉香"其出海外番舶，而聚之钦州，谓之钦香"。钦香还贩往四川，一年往返一次，交易额动辄几千贯。

正因为如此，宋元南海海盗猖獗。《宋会要辑稿·方域》载北宋蔡襄上仁宗《乞遣广南福建状》曰："广南海盗啸聚"，"（海盗）掠百姓之少强者黥之，以为党众"。南宋初年，广南海上"多有海寇作乱"，海南岛西部"海贼冲犯，如蹈无人之境"。为对付海盗，保护海上贸易安全，宋政府设置"澄海军"，负责巡海任务，并招收疍民加入其中。至正九年（1349）二月，一支海盗船队从交趾乘风攻打合浦，逼近琼山。官府调遣廉州、高州、琼州、化州官兵联合围剿，与海盗在澄迈交战，结果官军失利，海盗获胜。这从侧面反映海上贸易可获厚利。

## 五、明清时期海上贸易鼎盛

明清全国大部分时间实行海禁，但广东的对外贸易仍获得较大发展，南海海上丝绸之路航线甚至向全球延伸，形成经过南海洋面的广东至非洲南端的厄加勒斯角航线、广州—澳门—果阿—欧洲航线、广州—澳门—马尼拉—拉丁美洲航线、广州—澳门—长崎航线、广州—澳门—望加锡—帝汶航线等航线。到清代，又开辟了广州—北美洲航线、广州—大洋洲航线、广州—俄罗斯航线、香港—各大洲航线，形成全球性航海大循环，善于航海的广府人更有机会大施拳脚。

明初，统治者于广州设置市舶司，包揽了对南海周边诸国的朝贡贸易。终明一代，闽、浙市舶司时置时罢，唯广州市舶司一直不变。广州发展为全国最大的外贸基地，"全盛时，番舶衔尾而至。……豪商大贾，各以其土所宜，相贸得利不赀"；广州居民，"人多务贾以时逐，以香、糖、果、箱、铁器、藤、蜡、番椒、苏木、蒲葵诸货，北走豫章、吴浙，西北走长沙、汉口；其黠者南走澳门，至于红毛、日本、琉球、暹罗斛、吕宋，帆踔二洋，倏忽数千万里，以中国珍丽之物相贸易，获大赢利"。①明初，"广南富庶天下闻，四时风气长如春。……阿峨大舶映云日，贾客千家万家室"②，一派由海上贸易带来的繁华商业文化景象。

1557 年，葡萄牙殖民者租借澳门，开展贸易活动。在明朝海禁政策下，澳门不仅是葡萄牙人对中国贸易的商港，也是对日本、东南亚诸国、印度乃至美洲贸易的国际性中继港。据《广东新语》所列，明末清初前来澳门贸易的国家和地区有 46 个，"皆以澳门为津市"。时人指出，"夷人金钱甚夥，一往而利数十倍"③；"广属香山澳，为海舶出入襟喉，每舶至，常持万金，并海外珍异诸物，多有至数万者"④。澳门进出口货物大部分通过广州向各地集散，所以澳门贸易在很大程度上也是广州贸易，澳门港成了广州外港。虽然广州外港不止一处（如佛山亦为广州一外港），但"广州诸舶口，最是澳门雄"，澳门港具有压倒其他港口的优势，广州船最后得经澳门再放洋。屈大均所作《广州竹枝词》云："洋船争出是官商，十字门开向二洋。五丝八丝广缎好，银钱堆满十三行。"反映海外贸易给广州带来巨大的经济效益。雍正以后，沿海开禁，准予自由航海贸易，澳门丧失往日的繁荣，不复为广州外港。但

---

① 《广东新语》卷十四《食语》，第 371—372 页。
② 孙蕡：《广州歌》，屈大均辑，陈广恩点校：《广东文选》，广东人民出版社，2008 年，第 392 页。
③ 王临亨：《粤剑篇》卷三。
④ 周元暐：《泾林续记》。

不管怎样，澳门在广府人贸易史上始终占据重要的地位，深刻影响了岭南社会、经济、文化的发展。

清初至鸦片战争前夕，西方资本主义国家积极向东方开拓市场，以实现资本原始积累。清朝统一台湾后，于沿海设置粤、闽、浙、江四海关，由于历史、地理、政治等因素，中国与西方国家的贸易逐渐集中到广东，形成了以广州—澳门为中心的贸易架构。乾隆二十二年（1757），清廷为抑制外商向北方港口扩大贸易的企图，将对外贸易限于广州，即所谓的"一口通商"。此后直到鸦片战争后五口通商，将近100年的时间里，广州成为西方人唯一可以进入和从事贸易的中国口岸（葡萄牙租居的澳门除外）。在此背景下，清代广府地区海外贸易迎来了历史黄金时期，其主要特征有四。

一是南海各口岸全面开海贸易。梁廷枏《粤海关志》称："粤东（即广东）之海，东起潮州，西尽廉，南尽琼崖，凡分三路，在在均有出海门户。"[1]该志列举重要关口有广州大关、澳门总口、庵埠总口、梅菉总口、海安总口、乌坎总口、海口总口和69处小口，均可对外贸易。志称"海禁既开，帆樯鳞集，瞻星戴月"，"富家巨室，争相造船"[2]。这些海商"遍于山海之间，……近而广之十郡，远而东西二洋"[3]，贸易规模巨大，"一年之中，千舡往回"[4]。有资料显示，"每年出洋船只所用舵工、水手、商伙等，为数甚多，就粤而论，借外来洋船以资生计者，约计数十万人。"[5]这些借海谋生者遍布世界各地。珠江三角洲五邑一带商人多奔走

---

① 《粤海关志》卷五《口岸一》。
② 《粤海关志》卷五《口岸一》。
③ 《广东新语》卷九《事语》，第305页。
④ 李士桢：《抚粤政略》卷卜《议复粤东增黏税饷疏》。
⑤ 故宫博物院：《史料旬刊》第二十二期《庆复折》。

北美。如台山商人甘泽农在道光年间经商美洲，番禺商人潘振承于乾隆年间往吕宋贸易，南海商人简照明往返于日本、安南、暹罗及欧美各港从事商业贸易。

二是进出广州商舶数量大为增加。1684—1757 年，中国开往日本的贸易商船即达 3017 艘[1]，相当一部分始发于广州港。世界各国取道南海来广东贸易的商船为数更多。其中有英国、荷兰、丹麦、瑞典、普鲁士等国商船。据《粤海关志》统计，1749—1838 年，外国到粤海关口岸贸易商船 5266 艘[2]，平均每年 59.1 艘，以英、美商船居多。1730—1830 年，外国商船进入广州贸易吨位增加 25 倍，其中英国商船吨位增加 36 倍。[3]南海作为海上交通枢纽，联结如此众多国家的海上商贸往来，广府人繁忙景象是可以想见的。

三是进出口贸易额和商品种类空前增长，昭示南海贸易地位不断提升。据统计，1817—1833 年，广州港出口商品总值达白银 71103372 两，同期进口商品总值达白银 107768748 两[4]，广州处于入超状况。广州出口商品来自全国各地，达 80 多种，以茶、丝、绸缎、土布、铜、糖为主；进口商品早期以银元为大宗，后期转到鸦片为主。鸦片大量输入中国，对中国财政、国民健康、军事、国防都直接或间接地产生了极大危害，最终导致鸦片战争爆发，中国近代史由此开始。

四是外国在广州设立商馆，鸦片战争前已有 13 家，包括英国、法国、荷兰、丹麦、瑞典等。这些商馆作为西方文化在广州的桥

---

① 木宫泰彦著，陈捷译：《中日交通史》，第 327—328 页。
②《粤海关志》卷二十四《市舶》。
③ 黄启臣：《广东海上丝绸之路史》，广东经济出版社，2003 年，第 268 页。
④ 黄启臣：《广东海上丝绸之路史》，广东经济出版社，2003 年，第 269—270 页。

头堡，有助于西方海洋文明在岭南的传播。

与南海发达的海上贸易相适应，南海沿岸兴起不少港口，成为广府人海上经济活动基地。在珠江三角洲，最突出的是江门港，作为河港兴起于明中叶，作为海港则兴起于乾隆年间。志称江门港"远则高、廉、雷、琼之海舶，近则南（海）、顺（德）、香（山）、（新）宁、恩（平）之乡船，往来杂遝，乾隆时号繁盛"①。到道光年间，因西江河道淤浅，通航条件大不如前，江门港日渐式微。在北部湾，海道比过去更加通畅，大廉港、乌雷港、乾礼港、高德港、冠头岭港等主要港口，海上贸易一片兴旺。其中冠头岭作为天然良港，"海舶蚁焉"②，明人刘子麒《冠头秋霁》诗中有"多少艨艟冲巨浪，凭虚一览尽秋毫"③。廉州府城（今合浦县廉州镇），为有海陆贸易而商业繁华。

## 六、近代海上贸易曲折发展

鸦片战争后，在帝国主义列强逼迫之下，广东成为近代中国开放通商口岸最多的地区，先后有广州、汕头、海口、北海、九龙、拱北、三水、广州湾（湛江）、惠州、新会、甘竹、香洲埠、公益埠、中山港、雷州港等对外开放。抗战时，为打破日伪经济封锁，广东又开放汕尾、广海、阳江、电白、水东等 12 个口岸。1947 年全国共有 27 个总关，在广东的有 6 个，包括粤海关、九龙关、潮海关、拱北关、江门关、雷州关④，充分说明广东海上

---

① 同治《新会县续志》卷十《事略》。
② 崇祯《廉州府志》卷十二《艺文志》。
③ 崇祯《廉州府志》卷十二《艺文志》。
④ 黄启臣：《广东海上丝绸之路史》，广东经济出版社，2003 年，第 630 页。

贸易地位持续上升，在全国有举足轻重的地位。这些海关主要分布在广府地区，是海上贸易主要发生地。

鸦片战争后，五口通商，中国外贸重心转移到上海，广州港在全国的地位下降。第一次世界大战时期，西方列强无暇东顾，日、美乘虚而入，广州对日、美贸易额增加。据粤海关资料，1931年广州外贸出超额比1921年减少近80%，比1912年减少50%[①]，但1932年反而入超2000余万两，呈现强烈反差。从进出口商品结构看，20世纪30年代，广东进口的主要有毛织品、汽油、水泥、化学、钢铁、机器等工业品，出口的主要是农副产品，包括生丝、丝织绣品、土布、烟叶、红茶、生牛皮、猪鬃、鲜蛋等。两者价值相差甚远，充分反映中外贸易的不平衡。在抗战和内战时期，基于战争形势变化，广东外贸也起伏不定。如新中国成立前夕，国民党势力南移，力图借助外贸挽救自己的灭亡。1949年，广州港进口额占全国的13.53%，出口额占全国的29.97%，均位列全国第二[②]，仅次于上海。其他九龙、汕头、拱北、琼州、广州湾等口岸也有类似变化，出现随时局动荡而兴衰的特点。

这一时期广府贸易最大的一个事件是香港作为国际贸易港崛起。香港具有扼太平洋航运中枢位置和深水港条件，依托中国内地的广阔腹地，很快取代澳门的航运地位发展起来，相继开辟了香港至内地沿海和澳门、至欧美和日本的航线。1869年苏伊士运河通航，欧洲往东方的航程大大缩短。香港作为自由港，"万商云集"。1880年中国约有五分之一的进口货物、三分之一的出口货物经香港转口和分配。到1900年，欧美各国与中国贸易一半的货物经香港转运。20世纪30年代，内地输港商品占香港总输

---

① 《中国对外贸易问题》，《中行月刊》1930年第5卷第1期。

② 程浩：《广州港史（近代部分）》，海洋出版社，1985年，第289、311页。

入量的三分之一，抗战后到 1951 年则为 24%；与此同期，香港输往内地的商品分别占总输出量的 40% 和 30%，其中香港对华南贸易额约占其对内地贸易额的一半[1]。以香港为枢纽的外洋和内河航线抵达世界各大港口和广东省内各地。集散东西方货物长期是香港对外辐射的主要功能，这种情况持续至新中国成立前夕。

鸦片战争后大批洋货从海上涌入中国，岭南首当其冲，传统的自然经济很快被摧毁。这种变化，恰如时人指出："我们之丝被花旗打败，我们之棉被红毛（印度）打败，我们之茶被日本打败，我们之纸被红毛花旗各国打败。"[2] 而这一切变化，与香港作为世界贸易转口港有不可分割的关系，其直接后果是将广东特别是珠江三角洲卷入资本主义世界体系，并成为这个体系的边缘地区的一部分，打破原有经济结构的同时，客观上给广府人带来更多的参与世界性商贸的机会，有助于提高自己的商业文化水平和技能。

---

[1] 郑天祥等：《以穗港澳为中心的珠江三角洲经济地理网络》，中山大学学报编辑部，1991 年，第 76 页。

[2] 李文治：《中国近代农业史资料》（2），生活·读书·新知三联书店，1957 年，第 449 页。

第七章　广府民系的共同文化

按照斯大林关于民族构成的经典概念，在共同文化之上产生的共同心理特征是民族形成的要素之一。这一论断有两层含义：一是一个民族必须有共同的文化；二是共同的心理特征，属深层文化结构，是文化的本质特征。民族如此，民系也不例外。在这里拟将共同文化和共同心理特征作为两个互为表里的概念加以阐述，分析广府民系这两个方面的特征及其相互关系。

## 第一节　风俗文化

风俗是文化系统中具有传统性的一个层面，千百年来，"相沿成风，相习成俗"，是我国传统文化的重要内容。风俗植根于民间，变化缓慢，在时间上是传承的，在空间上是扩布的，因而有历史和地理的差异，能直观地反映不同地区、不同族群的文化风貌和景观，构成不同的风俗群落。

### 一、节庆风俗

至明清时期，广府地区大型的节庆活动与中原地区大致相同，包括春节、元宵、清明、端午、乞巧、盂兰、中秋、重阳、冬至、除夕等。但因为长期根植于南越文化，也形成了一些有地方特色的节庆内容，形式也有一定地域差异。

广府民间节令分布 ①

| 月份 | 名称 |
|---|---|
| 正 | 春节、孙正真人诞、人日、白衣观音诞、玉皇大帝诞、元宵节（上元节）、天穿节、门官诞、路头神诞、天尊诞、招财童子诞、生菜会、司命帝君上天日、放牛出栏、送神、隔年火种节、招兵节、鸡公王生日、阿婆诞、官仓诞 |
| 二 | 土地诞、社日、文昌诞、洪圣诞（波罗诞）、花朝节、观音诞、真武诞、封乌嘴节、中和（伯公诞） |
| 三 | 蜑民"买力"日、清明节、北帝诞、上巳节、起愿节、何仙姑诞、医灵诞、将军诞、天后诞、开耕节、吃乌米饭节 |
| 四 | 浴佛节、鱼花节、金花诞、华佗诞、芒种节、父母节、牛皇诞 |
| 五 | 端午节、龙母王诞、关帝诞 |
| 六 | 天贶节、军坡节、鬼仔过桥节、鲁班节、观世音诞、财神诞、二郎星君诞、围香日、邦久节（日头公）、雷王诞、圣女忌 |
| 七 | 康元帅诞、乞巧节、盂兰节、田了节、中元节、地官诞、城隍诞、郑仙诞、地藏王诞、开唱节、老君节 |
| 八 | 司命灶君诞、中秋节、龙母润诞、山歌节、日娘诞、狮岭盘古王诞 |
| 九 | 重阳节、火神诞、观音诞、华光大帝诞 |
| 十 | 下元节、五谷母生日、财帛星君诞、尝新节、耍歌堂节 |
| 十一 | 冼夫人诞、冬至节 |
| 十二 | 腊日（腊八节）、送灶节、紫姑神（厕神）诞、除夕 |

据上表，广府节令以正月居多。一年之计在于春，人们祈求丰收，交上好运，春季祭祀活动相对频繁。秋天是收获季节，人们酬神接福。夏天农事繁忙，季节迫人，人们的主要时间和精力投于生产。冬天虽为农闲季节，但冬藏、备耕、筹办红白喜事，以及一年积压下来的事情都要在这时完成，故节令相对要少，这与地理条件所决定的一年农事安排有很大关系。

广府节令无论作为一个整体还是单个项目，都蕴藏着广府文

---

① 表格内容据叶春生等主编《广东民俗大典》（广东高等教育出版社，2005 年）整理，略有更改。

化深层内容。以下以几个常见节令为例加以说明。

1. 春节

广府各地除夕前忙于备年货，家家户户贴春联，到处洋溢喜庆气氛。有些地方人家吃素，忌春节期间扫地，以为扫地会将一年好运和财源扫走。除夕守岁，全家吃过团年饭，聚在一起，等待新年来临。零时一到，家家爆竹齐鸣。初一以后，亲戚朋友相互拜年，互赠茶素（即冬果），给小孩发"利是"（即红包）。食必有鱼和发菜，取意年年有余和发财。

珠三角地区，尤其广州附近，居民多有养花、赏花的爱好。南汉时广州就出现花市，到19世纪中叶，花市例定在除夕前几天举行，市中心的藩署前，群芳竞发，姹紫嫣红。秦牧散文《花城》正是描写广州花市，也为广州增添"花城"的美名。市民结伴出游，俗称"行花街"，人头攒动，热闹非凡。天亮之前，花市散去，或买一盆年橘，取义"吉利"，或在花瓶上插上银柳、桃花、牡丹、菊花等，春意满室，祈求一年好兆头。这种风俗，过去唯广州独有，后来扩展到省内其他城市，成为一种较普遍的风俗。珠三角地区的除夕团年饭，除有鱼和发菜以外，还有慈姑和蚬肉。蚬音同显，取显达之意；慈姑取添丁与家姑慈爱，表达一种良好的愿望。团年饭后，用纸包饭团，领家中儿童出门，将饭团弃于路旁，谓之"卖懒"，有教育儿童之意。

在粤西地区，春节前后有过年例的习俗，茂名有"年例大过年"一说。不同地区举办年例的日期不同，主要集中在农历正月至二月底，有游神、飘色、舞狮舞龙等内容。茂名地区的年例游神中，冼夫人是不可或缺的神祇。

2. 元宵节

元宵节是春节的继续。广府以元宵灯节为盛，四处张灯结彩，或举办灯饰展览和游行，蔚为大观。李调元《粤东笔记》云："广州灯夕，士女多向东行祈子，以百室灯供神，夜则祈灯取彩头。"

广府地区多有元宵烧花炮的习俗。香山县翠亨村例于元宵节晚上在北极殿前烧花炮，花炮分头炮、二炮、三炮。当晚全村老幼集中在庙前面，舞狮及武术表演后，开始点头炮。头炮射向空中爆开后，村民以抢得掉下来的炮胆为荣。古人相信，谁抢得炮胆，谁就能得到北帝的保佑。

粤西有元宵节前后过年例的习俗，有些地区往往元宵节和年例一起进行。吴川有元宵逛花桥的习俗。所谓花桥，即用花来点缀装饰的桥梁。花桥上的纸花，则是供晚上逛桥者采撷的。据说，育龄妇女摘白花的可以生子，摘红花的则生女。[1]

正月十六行通济是独具佛山特色的民俗。"通济"指通济桥，始建于明代，取"必通而后有济"之意。明末清初开始，佛山人就有"行通济，冇闭翳"的说法，意思是走一趟通济桥，新的一年就不会有疾病和烦恼。每年正月十六，大人手捧生菜（谐音生财），小孩拿着风车或风铃，从北到南走过通济桥，祈求来年顺顺利利、平平安安。

3. 清明节

越人尚鬼，最敬重祖先。汉武帝平定南越，也不得不接受南越祀鬼之风俗，并命越巫立越祝祠。[2] 此风历久未衰，延续至今，广东清明扫墓至为隆重。

每届清明，成千上万人前往墓地拜祭，俗称拜山、行青、踏青。不少海外华侨、港澳同胞也不远千里万里赶回故乡，拜祭先人。扫墓，包括踏青、插柳、上坟、挂卜纸、焚烧冥纸、祭奠等程序，

---

① 殷伟、殷斐然编著：《神像年画》，清华大学出版社，2016年，第248页。
②《汉书》卷二十五《郊祀志》。

多用烧猪、鸡、米饭、糕点等为祭品，一般全家或全族前往，爆竹齐燃，纸花飞舞，抽泣、啼哭之声不绝于耳。广府居民来源复杂，非常重视宗族关系，即使祖宗庐墓远在外地，也要成群结队前往拜祭，顺便互访宗亲，联络和沟通感情。

### 4. 端午节

五月初五端午龙舟竞渡乃古越人传统习俗。越人善水，嗜食水产，以舟楫为家，为避蛟龙之害，除了断发文身，还将船制成龙式样。龙也是越人的崇拜图腾。据闻一多先生考证，赛龙舟风俗可追溯到原始时代，端午节是越人为祈求得到安全保障而举行图腾祭的节日，后来才与纪念诗人屈原联系起来。

广东也是越人故乡之一，赛龙舟这种风俗早就从吴越传入，并且后来居上。后世全国龙舟竞渡风气最盛之地，首推广东，其中又以珠三角地区为最，以比赛规模大、持续时间长、花样多、气氛热烈而闻名遐迩。广府龙舟，选料严格，制作精湛，装饰华丽，形式多样，不仅是竞渡工具，也是一种高超艺术品。故每游弋水面，常吸引大量群众。赛龙舟时，常是江面画舫连樯，鸣锣擂鼓，观者如云。清王士禛一首《竹枝词》写出广州海珠石江中赛龙舟盛景：

海珠石上柳荫浓，队队龙舟出浪中。

一抹斜阳照金碧，齐将孔翠作船篷。

获胜的一方往往获赏烧猪、花红、美酒等物，笙歌豪饮，以示庆贺。广府也和全国大多数地区一样，端午节吃粽子，饮艾酒，挂菖蒲，佩香包。但广府粽子，却与众不同，品种多至十余种，以肇庆裹蒸粽和广州莲蓉粽为出名。

### 5. 乞巧节

七月初七乞巧节，源自牛郎织女神话，全国风俗大同小异，但广府姑娘拜七姐，礼节繁缛，态度虔诚，他处莫及。宋人刘克庄诗曰："瓜果跽拳祝，喉罗扑卖声。粤人重巧夕，灯火到天明。"[1]说明广府乞巧节历史悠久，而且很隆重。胡朴安《中华全国风俗志》说："广州风俗，綦重七夕，实则初六夜也。诸女士每逢是夕，于广庭设鹊桥，陈瓜果，焚檀楠，蒸巨烛，锦屏绣椅，靓妆列坐，任人入观不禁，至三更而罢，极一时之盛。"[2]乞巧活动，以广州西关、珠村最盛。有些乡村还有"拜七姐会"，负责筹备、组织这项活动。过去还有汲水活动。《广东新语·水语》云："广州人每以七月七夕鸡初鸣，汲江水或井水贮之，是夕水重于他夕数斤，经年味不变，益甘，以疗热病，一谓之圣水，亦曰天孙水。若鸡二唱，则水不然矣。"《广东竹枝词》云："七夕江中争汲水，三秋田里竞烧盐。"即指此。古人以为七夕所贮江水或井水长年不生虫，用于配药治病很有疗效，翌年七夕再换。在科学不昌明、缺医少药时代，这一习惯总归是群众直观经验的总结。

### 6. 盂兰节

农历七月十五盂兰节，俗称鬼节。本为佛教节日，源于目连救母故事，随佛教传入广府。旧时广府地区有盂兰节在家门外烧纸钱、纸衣的习俗，俗称"烧街衣"。有些地方请主持法事的"喃呒佬"打"盂兰醮"。

### 7. 中秋节

八月十五中秋节，是我国重要传统节日。团圆、赏月、祭月、吃月饼为中秋节主要风俗活动。中秋节何时传入广东已很难说清

---

[1] 刘克庄：《即事十首（五）》，辛更儒笺校：《刘克庄集笺校》，中华书局，2011年。
[2] 胡朴安：《中华全国风俗志》，河北人民出版社，1986年，第382页。

楚，但至少在宋代已有赏月活动。

广府地区的中秋节，还有一些特别内容。清人范端昂在《粤中见闻》里展示了一幅中秋风俗图："八月十五中秋节，为大饼以像月。剥芋，食瓜，饮桂酒……中秋之夕，儿童多燃柚灯，踏歌于道……其灯以红柚皮雕镂人物花草，中置一琉璃盏，朱光四射，全以色胜，亦奇观也。"[①] 广州、东莞和东江地区，则兴"树中秋"活动，即将灯笼高悬于竹竿上，入夜燃放烟花爆竹，一时电光石火，划破夜空。小孩也有自己的活动天地，踏歌出游，手悬纸扎鱼、虾、瓜、果等花式灯笼，至月上中天始散去。中秋又是团圆节。外出工作者、出嫁妇女，节前后多回家团聚。亲朋故旧也多利用节日聚首探望，闲话家常。对孤寡老人，则予慰问，赠以月饼等礼物，或组织赏月，使老人得到安慰。这种尊老敬老风俗，汉代就在中原形成。赵佗立南越国，把它移植到广东，传承至今。中秋活动，个别地方余兴未尽，延续到八月十六。清人陈子厚《岭南杂事诗钞笺证》载："粤中好事者，于八月十六日夜，集亲朋治酒看赏月，谓之追月。"今香港地区仍有此俗。

8. 重阳节

九月初九重阳节，西汉已有此俗，虽然内容代有变化，但登高、赏菊、饮菊花酒之风一直流传到近代。

广府城镇多倚山而建，即使坐落平地者，附近亦有山岗，故每为重阳登临胜地。广州人登白云山、越秀山，惠州人登飞鹅岭，新会人登圭峰山，阳江人登北山，东莞人登黄旗山，香港人登太平山等，已变为群众性游乐活动，故重阳节又称"登高节"。

重阳节还是礼敬老人的日子。尤其是 2013 年开始实施的《老

---

① 范端昂：《粤中见闻》卷三《时序》，广东高等教育出版社，1988 年。

年人权益保障法》规定每年九月初九为老年节以来，重阳尊老敬老的习俗进一步得到强化。在香港，重阳为公共假期，居民多在此日祭祖。

### 9. 冬至

冬至是我国自古以来颇受重视的一个节令，在广东更不例外。广东称冬至为"亚岁""小年"，有"冬至大过年""肥冬瘦年"等俗谚。祭祖是广东冬至的重要活动，广府地区尤然，还伴以酬神演戏，仪式隆重，气氛热烈。而汤圆是冬至必备食品，取义团圆。在阳江乃至粤西，汤圆多用菜叶包裹，做成咸味。冬至扫墓常与祭祖一块进行，仪式与清明节一样："祀祖为家宴，曰团冬；祭墓曰挂冬。"[1] 冬至祭拜风俗现已减弱，更多地转向礼俗往来和饮宴，这也是新条件下风俗改变的一个范例。

除了以上节令风俗，实际上一年之中广府各地还有数不清的民间拜祭活动。清人吴震方《岭南杂记》载："粤俗最喜赛神迎会。凡遇神诞，则举国若狂。余在佛山，见迎会者台阁故事，争奇斗巧……陆离炫目……气彻达远……五色纸随风飞舞如蝶。"

## 二、婚嫁风俗

古代婚礼由求婚至完婚包括纳采、问名、纳吉、纳征、请期和亲迎六个环节，是谓六礼。到清代，广府地区婚俗与中原地区大致相同。自西风东渐，广府受西方婚俗影响较深，形成传统与近现代、中式与西式婚俗在广府并存的局面。

相较于其他地区，广府地区有特色的婚俗有以下几种。

---

[1] 范端昂：《粤中见闻》卷三《时序》，广东高等教育出版社，1988年。

### 1. 槟榔为聘

传统婚俗有结婚前送聘礼的仪式。中原地区早期曾以雁为礼，南海县到清代仍有部分地区保留这一上古遗风，清末顺德龙山有诗歌"翻笑九江隆礼意，一坛美酒一肥鹅"，这里的九江指南海九江，当时仍保留以鹅为聘礼的习俗。

广府地区颇具特色的聘礼当属槟榔。旧时广府乃至岭南地区以为槟榔能抵抗瘴气，因此有食槟榔的习惯。"槟榔"二字与"宾""郎"音近，且槟榔果实色泽赤红，子实繁盛，象征多子多福，因此成了凡事讲究好意头的广府人婚娶聘礼的首选。《广东新语》载，"粤人最重槟榔，以为礼果，款客必先擎进。……女子既受槟榔，则终身弗贰"。嘉靖《香山县志》记载：旧时香山地区（包括今中山、珠海），"婚姻以槟榔为礼"。东莞地区待新娘出嫁满月后，第一次回娘家时，男家备槟榔一担馈女方亲戚家，名曰"酬槟榔"。

### 2. 上字架

广府地区男子成家有"上字架"的风俗。古人在名之外，另有字（如孙中山，乳名帝象，学名文，字德明）。所谓"字架"，是一个大约宽两尺、高一尺五的木匾，上面用大字刻上成婚男子的字。结婚的时候，由婚礼主持人主持仪式，把字架挂到墙上，标志着这名男子已经长大成人，要成家立室了。高要地区有"饮字酒"的仪式，民国《高要县志》载：家长给新郎取好字后，"授新郎爵，一鞠躬而授，立饮毕"。

### 3. 不落夫家

不落夫家是指女子出嫁后，除了年节、庆贺、吊唁等红白喜事以外，一般不回男家，而长住娘家，时间从二三年到十年八年不等，即使回去也不与丈夫同房，甚至有相互不认识的，直到怀孕生小孩，始回男家定居，夫妻名分才正式确定。而在此以前，女子还有一定性自由。这是母系社会到父系社会过渡期的婚姻遗俗，曾广泛流行于我国南方和西南地区，在广东则流行于珠三角地区，包括顺德、番禺、南海、广州、新会、台山等。乾隆《顺德县志》载："乡之处女，强之适人者，归宁久羁，不肯归其夫家。"屈大均便因前妻刘氏不落家，而以王华姜为继室。在番禺，"乡中女子，习染归宁不返之风"①。民国时期出版的《西南旅行杂写》指出："此辈女人在台山、新会、顺德为最多。"②这种婚俗与海南黎族和粤北瑶族有相似之处，也说明这些地区民系保留古越人遗风较多。

4. 自梳

如果说不落夫家是独身主义的一种折中，那么"自梳女""金兰会"则是这种风俗的发展和组织形式。明中叶以后，珠三角蚕丝业发展起来，需要大量女工，一些女子为了独立谋生和摆脱封建婚姻的束缚而宣告自梳，终身不嫁；即使被迫下嫁，也坚决不落夫家，只保留有名无实的夫妻关系。她们把头发梳成高高的发髻（按：古越人也是"椎髻"的），夏天着黑胶绸衣，被称为乌衣队，集体居住在不准男子进入的"姑婆屋"里，死后葬在专用公共墓地"姑婆山"上。平时相互关照，严格履行不嫁誓言，倘有叛逆者，则可能受到奚落甚至惩罚。这种组织，称金兰会或十姐妹。清人张心泰《粤游小记》云："广州女子多以拜盟结姐妹，名'金兰契'。女子出嫁后归宁，恒不返夫家，至有未成夫妇礼，必俟同盟姐妹嫁毕，然后各返夫家。若促之过甚，则众姐妹相约而自禁……此风起自顺德村落，后传染至番禺、沙苂一带，效之更甚，即省会中亦不能免。"这是一种畸形和被扭曲了的独身主

---

① 胡朴安：《中华全国风俗志》，河北人民出版社，1986年，第386页。
② 向南：《西南旅行杂写》，《人类学研究》1985年试刊号，第107页。

义婚俗，一方面是古老婚俗的延长和变异，另一方面出现在资本主义萌芽较早的珠三角，具有个性解放的色彩。据邬庆时1903年调查材料，番禺南村数千名女子除数人出嫁，到1909年全部自梳。顺德容奇缫丝厂1000名女工中就有800名是自梳女。[①]不过此种婚俗，现在则基本绝迹了。

5. 哭嫁

广府地区有女子哭嫁的婚俗。女子定亲后，过门前邀集平时要好姐妹，练习哭嫁歌。哭嫁歌有韵无词，以哭声来表达出嫁前难分难舍之情。哭嫁时亦有可能露出哭中带笑的喜剧场面，但真正的哭嫁，出嫁女子依当地世代相传的唱法、哭法和歌词，连哭三天三夜，倾诉她们对未来命运、陌生环境的迷惘、恐惧心情，往往在哭嫁中禁不住真情流露，发展到哭父母、兄弟、姐妹、邻里，乃至哭梳妆，哭上轿，甚至一发而难以收场。遇到感情激动时，则长哭短叹，交替进行，令闻者心酸，以至感同身受，同声共哭。本来热闹欢聘的迎亲场面反被这一片凄切哭声所淹没。

还有一种骂嫁，出嫁女子对包办婚姻或其他事情不满，平时又无处发泄，只有借骂嫁倾吐心中积怨、愤懑和痛楚。按习惯，被骂者不管是父母，还是兄弟、哥嫂等，此时绝不能表示不满，也不能还口，只能任由出嫁女子骂到抵达男家。对平日备受欺凌的弱女子而言，这可以说是对封建婚姻的一种斗争或反抗。这种婚俗，"顺德尤为特异，迎娶时新娘登彩舆后，必沿途放声大哭，俟将到男家时，其声始辍"[②]。至今仍有一些农村，流行这种哭嫁婚俗。

---

① 叶春生：《岭南民俗文化》，广东高等教育出版社，2011年，第134页。

② 胡朴安：《中华全国风俗志》，河北人民出版社，1986年，第391页。

# 三、饮食风俗

饮食习俗是广府文化很有特色的一个分支，广府地区饮食以烹制精致、原料新鲜、取材广泛等特点而著称，通过广府饮食文化，可管窥广府文化的主要特点。

## 1.广府菜

粤菜是我国八大菜系之一，广府菜则是粤菜的重要代表，具有品种多样、注重火候、讲求镬气等特质。

取材广泛是广府菜为人所津津乐道的一点。在很多外地人眼里，"广州人什么都敢吃"。事实上，广府菜所采用之素材，确实较其他菜系广泛，鸽、蛇、禾虫、蝎子、蚕蛹、蝉、龙虱、菊等皆可以入菜。光绪年间，广州出现专门烹制蛇羹的蛇王满餐馆（创始人吴满，南海大沥人），能做 30 多道蛇肴，倾倒不少食客。中山神湾的钵仔禾虫，则以营养丰富、风味十足而成为广府人喜爱的珍馐。

取材广泛遇上广府文化融通中外、兼收并蓄的特质，造就了广府菜的品种多样。早在 1956 年，广州菜便有菜品 5000 多个、点心 800 多款、小吃品数百个。广府有"无鸡不成宴"之说，几乎每个地方都有自己的招牌鸡，如信宜怀乡鸡、封开杏花鸡。广州地区坊间长期有"十大名鸡"的评选，其名单伴随着时代的变迁而更新，2023 年广州地区饮食行业协会评选出的"十大名鸡"便涵括花雕鸡、豉油鸡、脆皮鸡、白切鸡、盐焗鸡、五指毛桃水晶鸡、烧鸡等不同做法。在以产鸡闻名的清远，又有椰子鸡煲、猪肚鸡煲、叫花鸡、三杯鸡、鲍鱼花胶鸡煲等各具特色的做法。鱼是广府地区普遍采用的一种食材，在佛山顺德地区，吃鱼的方法已经超过 200 种，鱼肉、鱼头、鱼尾、鱼腩、鱼皮、鱼嘴、鱼泡（鱼鳔）、鱼骨、鱼肠、鱼子……鱼身上无一不可成佳肴，可做酿鲮鱼、鱼生、清蒸、拆鱼羹、鱼腐、鱼面、鱼肠煎蛋、桑拿鱼等，充分体现了广府菜"食不厌精，脍不厌细"的一面。[①]

广府菜讲求"夏秋清淡，冬春浓郁"的季节性味型，有"五滋"（香、酥、脆、肥、浓）、"六味"（酸、甜、苦、辣、咸、鲜）之别。其中，"鲜"尤为广府菜所注重。一名优秀的广府菜厨师，善于根据食材的不同特性，因地制宜地采用不同的烹饪技艺，打造鲜味十足的特色美食。作为个中的佼佼者，顺德厨师在这方面可谓得心应手。俗谚"食在广州，厨出凤城"，凤城即顺德大良。18 世纪末期，顺德厨师挟技出外闯世界。清末民初及 20 世纪 30 年代前后，顺德妈姐（或称"顺德厨娘"）作为中国最早的"家政助理"，精心煲炖老火靓汤，细致入微制作家乡菜点，成为广府妇女精通烹饪的楷模、广州西关美食的制作者、顺德饮食文化的传播者。2004 年，顺德获中国烹饪协会颁发"中国厨师之乡"称号。至 2018 年，顺德辖区内餐饮从业人员超过 10 万人，专业厨师 2 万人左右，拥有 23 位"中国烹饪大师"、22 位"中国烹饪名师"、26 位"广东烹饪名师"、19 位"广东优秀青年烹饪师"和 100 位顺德名厨。众多的厨师，为顺德饮食业的发展提供了充足的人力资源。不少粤菜餐厅以"顺德名厨主理""凤城小炒"作为招牌吸引食客。"凤城名厨"获得外界普遍公认，广州、香港、澳门和海外广府人聚居地的酒楼餐馆，大多乐于聘用顺德厨师。如今的顺德，有着"中国美食之乡""岭南粤菜之源"等美誉，并被联合国教科文组织授予"世界美食之都"称号。由此可见顺

---

[①] 郑永年、张培发：《顺德实践：中国县域发展范本》，中信出版集团，2019 年。

德在广府菜发展中的重要地位。①

广府菜讲究造型寓意，使菜肴形象化，赋予丰富内涵。如北园酒家的"越秀远眺"，南园酒家的"百凤朝阳"，泮溪酒家的"孔雀开屏"，陶陶居的"春燕展翅"，广州酒家的"百鸟鸣春"等，只不过是以鸡为原料制作的菜肴，但一经精心布置，不但寓意好，造型也十分形象、逼真、雅致，使人得到美的享受。广府菜的名称也很讲究寓意，广府人把菜心称作"玉树"，把鸡爪称为"凤爪"，把"鸡翅"称为"华袖"，把冬菇扒菜称为"满地金钱"，把发菜炆猪脚叫作"发财就手"，把苦瓜炒鸡肝喻为"苦凤莺怜"，把蟹黄燕窝比作"鸿门宴会"，鸽肉烩燕窝称为"鹊渡银河"，引起人们无限的遐思。

2.广府饮茶

在广府饮食文化中，饮茶是极具特色的一道风景线。对于广府人来说，饮茶已是生活方式的一种，"一盅两件"（一壶茶，两样点心）则是对"饮茶"更为形象的表达，亲友相聚、商务会谈乃至各种各样的社会活动，几乎都要上茶楼。"得闲饮茶"（有空一起喝茶）更成为日常习惯用语。

广府茶楼，源于清代咸丰、同治年间流行的平民茶舍性质的"二厘馆"（因茶价二厘而得名），光绪前期发展为有闲阶层活动的"茶居"，后来演变成高端的"茶楼"。早在清末民初，来广州上茶楼便成为很多名人的雅好。康有为常去的陶陶居，光绪年间开业，原以经营苏州特色的吃食为主，后转而经营富有广府特色的美食，如猪脑鱼云羹、牡丹鲜虾仁、滋补盐炖鸡。1927年，鲁迅南下广州，也曾做过陶陶居的座上客。1923年起，毛泽东在

① 郑永年、张培发：《顺德实践：中国县域发展范本》，中信出版集团，2019年。

广州工作、生活，曾有诗云"饮茶粤海未能忘"，可见饮茶习俗给他留下过深刻的印象。

广府地区常把上茶楼、茶馆喝茶称为"叹茶"，其中有生活之累的叹息，也有对人生的感叹。但真正到了茶楼，主角却不是茶，而是各式各样的茶点，如烧卖、虾饺、叉烧包、肠粉、萝卜糕、芋头糕、马蹄糕、马拉糕、煎堆、油角、干炒牛河、艇仔粥等，品种繁多，精美别致。

时至今日，请早茶已成为广府地区一种普遍的社交方式，有名的茶楼有广州酒家、泮溪酒家、陶陶居、莲香楼等，茶点品种更达上千种。2022 年，"饮早茶"入选广东省第八批非物质文化遗产代表性项目名录。

# 第二节　文学艺术

在广府独特地理环境基础上，广府民系的文学艺术，一方面保存了许多古越文化积淀成分，另一方面整合、融会中原文化、海外文化成分，在诗歌、绘画、书法、小说、戏剧、音乐、影视等领域形成鲜明的族群和地域特色，在中华文学艺术之林中独树一帜，增添了多彩华丽、凝重深厚的篇章。

## 一、诗歌

唐宋以前，广东诗歌流传下来的甚少，史载西汉惠帝时番禺人张买吟唱"越讴"，可惜其诗已不传。东汉番禺人杨孚，著有《异物志》，内有四言韵语"赞"，生动优美，富有诗味，被视为粤诗之始。魏晋南北朝时期，高州刺史冯融"汲引文华士相与为诗歌"。曲江人侯安都所作五言诗，"亦颇清靡"，但已散佚无考。①直到南朝陈时被誉为"岭左奇才"的南海人刘删，才在唐初编纂的《艺文类聚》留下九首诗，其中一首《赋得苏武》曰：

> 奉使穷沙漠，扰泪上河梁。
>
> 食雪天山近，思归海路长。
>
> 系书秋待雁，提节暮看羊。
>
> 因思李都尉，还汉不相忘。

唐代，广东诗歌在全国崛起，代表人物为开一代诗风的曲江人张九龄（678—740）。他在政治上以苍生为重，傲骨铮铮，公认为"开元贤相"。在诗坛上，张九龄既继承了汉魏风骨的优良传统，一扫"六朝金粉"淫靡之气，更开雄直诗风，处处洋溢着忧国忧民、匡时济世之情。其代表作有《望月怀远》：

> 海上生明月，天涯共此时。
>
> 情人怨遥夜，竟夕起相思。
>
> 灭烛怜光满，披衣觉露滋。
>
> 不堪盈手赠，还寝梦佳期。

唐玄宗称张九龄为"文场元帅"，赞其诗作"自有唐名家皆弗如，朕终身师之，不得其一二"。明代广东诗人丘濬评价自张

---

① 陈永正选注：《岭南历代诗选》，广东人民出版社，2012年，前言第1页。

九龄后"五岭山川赫赫有光"[①]。屈大均也认为"东粤诗盛于张曲江公，公为有唐人物第一，诗亦冠绝一时"[②]。张九龄的诗歌，代表了唐代广府人诗歌成就。

宋元广东诗歌处于缓慢发展时期，虽然全国知名的诗人不多，但留下佳作不在少数。南宋名臣崔与之（1158—1239），清正爱民，备战扬州，使金人不敢进犯，市民安居。数年后离任，作《扬州官满辞后土，题玉立亭》云：

> 天上人间一树花，五年于此驻高牙。
> 不随红药矜春色，为爱霜筠耐岁华。
> 四塞风沉天籁寂，半庭月冷市尘赊。
> 临行更致平安祝，一炷清香十万家。

诗人回顾五年守淮生涯，以经霜不凋的竹子自况，临行还衷心祝愿扬州百姓再保平安。其为民苦心，跃然纸上。

李昂英（1201—1257），番禺人，宋理宗宝庆二年（1226）进士，累任要职，官至吏部侍郎，以正直忠信、骨鲠敢言著称。著有《文溪存稿》二十卷，收诗词125首，诗风刚正遒劲。李昂英被诬夺职休居乡间，曾作诗云：

> 狂妄孤臣罪有余，三年三度挂丹书。
> 群儿过计愁郎罢，外物浮名总子虚。
> 只是儒酸真面目，不题道号混樵渔。
> 亲朋欲语浇教醉，休与时人定毁誉。

---

① 转见李权时主编《岭南文化》，广东人民出版社，1993年，第369页。
② 《广东新语》卷十二《诗语》。

诗人无私无畏，不以得失毁誉为念，直抒块垒，甚为难得，其诗可谓掷地有声。

在宋元政权交迭之际，宋军主力于广东崖门惨遭覆亡，所谓"愤怒出诗人"，这一时期产生了一些充满民族气节、慷慨悲壮的诗篇，在广府诗歌史上写下悲壮感人一页。代表诗人有新会罗蒙正、东莞黎伯元。其中，罗蒙正以盛唐诗的博大高华为宗，实开南园诸子一派的诗风。

在元代高压政策下，很多知识分子至死不仕元，但面对黑暗，又不免徒呼无奈。罗蒙正弟子张撝《厓山吊古》可算是个中典型之作：

> 渔翁知我闲无事，拉我乘舟访鼎湖。
> 野草闲花春寂寞，蛮烟瘴雨昼模糊。
> 磨厓共说张弘范，把酒惟浇陆秀夫。
> 兴废由来总天命，临风何必更长吁。

这算是元代广东大部分诗人流连山水田园，又不忘家国情怀的一种宣泄。

明初，广东诗人相继崛起，诗歌创作出现空前繁荣，著名诗人孙蕡、赵介、王佐、黄哲、李德合称"南园五先生"，他们在广州组成"南园诗社"，开广东结社之先河，也是岭南诗派形成的标志。他们一扫元诗纤弱萎靡，重振雄直刚健的唐风，《四库全书总目题要》赞为："粤东诗派，数人实开其先，其提倡风雅之功，有未可没者。"只是明初文网甚严，五子诗作多散佚，明嘉靖年间（1522—1566）陈暹辑有《南园五先生诗》百余首传世。其中不乏创新、挑战世俗之作。如孙蕡《昭君》诗云：

莫怨婵娟堕朔尘，汉宫胡地一般春。

皇家若起凌烟阁，功是安边第一人。

此诗颠覆过去对昭君和番的成见，高度赞扬昭君对促进民族团结、安定边疆的贡献。在六百多年前作者就有这种独到眼光，值得称颂。

明中叶，广东又涌现欧大任、黎民表、梁有誉、李时行、吴旦五位代表性诗人，被称为"南园后五先生"。他们重振南园风雅，力图摆脱当时浓厚的拟古主义潮流，继承现实主义传统，留下诗作颇多。欧大任作为五先生之首，咏史诗多为沉郁深厚之作，其《镇海楼》诗在历代吟咏广州镇海楼作品中无出其右者。其诗云：

一望河山感慨中，苍苍平楚入长空。

石门北去通秦塞，肆水南来绕汉宫。

虚槛松声沉暝壑，极天秋色送征鸿。

朔南尽是尧封地，愁听樵苏说霸功。

明末清初，广府诗人多投身拯救民族危亡的殊死斗争，诗歌多壮怀激烈、撼人心魄，在中国诗歌史上占有重要地位。前期有屈大均、陈恭尹、梁佩兰，被誉为"岭南三大家"。他们以反清复明斗争为诗歌主题。如屈大均《春山草堂感怀》组诗十七首，体现诗人与清统治者作殊死斗争的坚强意志，可歌可泣：

慷慨干戈里，文章任杀身。

尊周存信史，讨贼作词人。

素发垂三楚，愁心历九春。

桃花风雨后，和泪共沾巾。

　　陈恭尹（1631—1700），顺德县龙山乡人，其父陈邦彦是抗清烈士。顺治初年，陈邦彦及其家人先后遇害，唯陈恭尹在其父门人庇护下得以幸免。此后，陈恭尹毅然踏上抗清复明的道路。终其一生，陈恭尹写下了大量充满血泪控诉的哀歌，深刻地反映了清初苦难的社会现实。在《感怀》诗中，诗人揭露了迁界给沿海人民带来的深重灾难：

海滨何遥遥，遥遥三千里。一里一千家，家家生荆杞。

空房乳狐兔，荒沼游蛇虺。居人去何之，散作他乡鬼。

新鬼无人葬，旧鬼无人祀。相逢尽一哭，万事今如此。

国家启封疆，尺地千弧矢。人民古所贵，弃之若泥滓。

大风断松根，小风落松子。松根尚不惜，松子亦何有。

　　与屈大均、陈恭尹相比，梁佩兰（1630—1705）的诗歌多集中于行旅、山水、咏物、唱酬等题材，但也写了一些反映民生疾苦、对明末清初的黑暗政治和不合理的社会现象进行抨击的诗。如《养马行》作于耿继茂、尚可喜入粤之时，其时"广州城居民流离窜徙于乡"，但统治者不顾百姓死活，"城内外三十里所有庐舍坟墓，悉令官军筑厩养马"，梁佩兰明颂暗讽，写下此"别开生面之作"。

贤王爱马如爱人，人与马并分王仁。

王乐养马忘苦辛，供给王马王之民。

……

马肥王喜王不嗔，马瘦王怒王扑人。

东山教场地广阔，筑厩养马凡千群。

……

王谕："养马要得马性情。马来自边，塞马不轻。人
有齿马，服以上刑。"白马王络以珠勒，黑马王络以紫缨，
紫骝马以桃花名，斑马缀玉镰，红马缀金铃。王日数马，
点养马丁。一马不见，王心不宁。百姓乞为王马，王不应。[①]

屈大均还将目光转向关注野心勃勃的西方殖民主义者对我国
领土的虎视眈眈。《澳门诗》即表现了他的远见卓识：

广州诸舶口，最是澳门雄。

外国频挑衅，西洋久伏戎。

兵愁蛮器巧，食望鬼方空。

肘腋教无事，前山一将功。

只有在海洋文化孕育下，在西风东渐背景中，屈大均才能写
出这样具有强烈爱国主义精神的诗篇，这也是广东近代诗派兴起
前一个新特点。

经过历史长期发展和积淀，广府诗歌到明末，以胡应麟在《诗
薮》中所称的"岭南诗派"出现在中国诗坛，但其主要成就和风格，
大多出现在鸦片战争以后，故有"近代岭南诗派"之称。

广府地区，历史上首受鸦片之祸害，反抗西方殖民主义的斗
争也最激烈。广东诗坛围绕这一时代主题，出现风云色变、万马

---

① 陈永正选注：《岭南历代诗选》，广东人民出版社，2012年，第311—312页。

奔腾的景象。这个时期涌现的岭南诗人群体，包括陈澧、张维屏、彭泰来、徐荣、冯询等，他们的诗作以歌颂近代中国人民反侵略斗争的事迹和人物为主要内容，饱含激情，气势磅礴，笔锋酣畅，佳作连篇，在岭南诗坛大放异彩。

张维屏（1780—1859），番禺人，第一次鸦片战争期间热情歌颂广州民众抗击英国入侵者，其诗气势凌厉，势不可当，如《三元里》诗云：

> 三元里前声若雷，千众万众同时来。
> 因义生愤愤生勇，乡民合力强徒摧。
> 家室田庐须保卫，不待鼓声群作气。
> 妇女齐心亦健儿，犁锄在手皆兵器。
> 乡分远近旗斑斓，什队百队沿溪山。
> ……

在三元里民众抗英斗争如火如荼时，广州知府余保纯闻讯派兵前来解围，使英军得以死里逃生。诗人仰天呼喊，愤怒鞭挞清政府卖国行为：

> 不解何由巨网开，枯鱼竟得悠然逝。
> 魏绛和戎且解忧，风人慷慨赋同仇。
> 如何全盛金瓯日，却类金缯岁币谋！

鸦片战争后，在维新变法运动和西方资产阶级民主思想影响下，黄遵宪、丘逢甲、康有为、梁启超等倡导、发起"诗界革命"。他们紧扣时代思潮，大胆改革创新，以诗作反映战后社会风貌和社会心态，特别是广东先进人物和历史事件，具有鲜明时代和地域特征，从而确立了广东诗歌在中国近代诗坛上的崇高地位，并产生深远历史影响。

康有为政治上发动、领导戊戌变法，在"诗界革命"中是一员闯将，在诗歌创作中表现出飞动磅礴气势和积极向上、冲破樊篱的改革精神。早期自云："意境几于无李杜，目中何处着元明。"直到晚年，保皇失败，康有为诗风才失去那种震撼人心的力量。

康有为处于社会动荡的大变革时代，诗作表达了强烈、深沉的时代呼唤和革新精神。如《出都留别诸公》一首云：

> 天龙作骑万灵从，独立飞来缥缈峰。
>
> 怀抱芳馨兰一握，纵横宙合雾千重。
>
> 眼中战国成争鹿，海内人才孰卧龙？
>
> 抚剑长号归去也，千山风雨啸青锋。

光绪十三年（1887），康有为经过虎门，写下壮怀激烈、感慨深沉之诗句：

> 粤海重关二虎尊，万龙轰斗事何存！
>
> 至今遗垒余残石，白浪如山过虎门。

戊戌变法失败后，康有为流亡海外，亲见西方民主政治和社会文明，赞美之辞不绝。如1905年在美国所作《游花嫩冈谒华盛顿墓宅》诗：

> 颇他玛水绿沄沄，花嫩冈前草树芬。

衣剑摩娑人圣杰，江山秀绝地萌文。

卑宫尚想尧阶土，遗冢长埋禹穴云。

不作帝王真盛德，万年民主记三坟。

诗中流露出民主思想，反映康有为更多地吸纳西方文化，这也是这时期"诗界革命"其他诗人思想的一个共同倾向。

梁启超在"诗界革命"中，既以其理论彪炳史册，又以新派诗歌创作贯彻这一革命主张，从而成为"诗界革命"的一位积极倡导者。他著有《饮冰室诗话》，极力鼓吹含新意境的新派诗，力图打破旧诗传统的束缚，采用散文化句式自由抒写，熔铸新思想、新知识、新名词，努力创造"旧瓶装新酒"的新诗派。为此目标，他身体力行，创作出《雷庵行》《读陆放翁集》《太平洋遇雨》《东归感怀》《澳亚归舟杂兴》《自励》《爱国歌》《朝鲜哀词》等佳作，或抒发政治改革志向，或表现忧国忧民悲愤感慨，或讴歌新思想新文化，或弘扬爱国主义激情等，以诗风汪洋恣肆、慷慨激昂、生动活泼、极富鼓动性见称。如《读陆放翁集》曰：

诗界千年靡靡风，兵魂销尽国魂空。

集中什九从军乐，亘古男儿一放翁。

梁启超亡命海外，发出"大愿未酬时已逝，抚膺危坐涕纵横"的感慨，但仍自励不已。其《自励》诗云：

献身甘作万矢的，著论求为百世师。

誓起民权移旧俗，更挈哲理牖新知。

十年以后当思我，举国犹狂欲语谁。

世界无穷愿无尽，海天寥廓立多时。

作者努力探求真理、改造社会的精神涌动于字里行间，也是"诗界革命"诗人群体发动这场运动旨趣所在。①

## 二、绘画

"岭南画派"指20世纪初形成于广东的一个美术流派，以高剑父、高奇峰、陈树人为创始人，提出"折衷中西，融会古今"的创作原则，以建立现代化、民族化、大众化的国画体系为宗旨。

我国传统国画发展到清后期，陈陈相因，抄袭模仿成风。"岭南画派"创始人，都有过追随孙中山参加革命活动和在日本留学经历，深受民主革命思想浸染和日本明治维新后美术革新的影响，锐意革新中国画，在理论上创造性地提出融中国传统水墨画没骨法、撞水撞粉法、写生法，日本绘画善于渲染、富于质感、色彩亮丽的特点，西方的透视学、光影法、比例学、解剖学等于一体的主张；在构图上引入具有严密体系的西画构图法则，以自然为依归；并结合我国民族审美心理特点，提出"不拘一格"的构图法则，丰富充实了中国画"置陈布势"方法，打破"三段分疆""宾主相让"等传统定式；在画技上采用笔墨与色彩并重，兼工带写，既继承宋代画院的写生设色、随类赋彩的传统，又博采西洋画家重光重色重环境气氛之长。这样，古今中外绘画艺术理论和技法精髓，都尽可能吸纳、效法，在此基础上提升和创新，形成独特

---

① 以上参见李权时主编：《岭南文化》，广东人民出版社，1993年，第368—387页。

理论建构、画风，蜚声中国画坛。

高剑父（1879—1951），广东番禺人，号剑父，以号行于世。早年师从居廉学画，后在澳门、日本东京学素描，研究东西方绘画和制版印刷技术。1915年与高奇峰、陈树人合作出版《新画选》，开创中西合璧、形神兼备的岭南画派，三人被誉为"岭南三杰"。著有《绘画发微》《蛙声集》《印度艺术》《谈艺杂录》《春睡艺谈》《我的现代国画观》等。代表画作有《东战场的烈焰》《昆仑雨后》《雷峰夕照》《山村晓雨》《烟雨江山》等，今广州盘福路原有春睡画院，后在原址建高剑父纪念馆，为画界人士常履之地。

高奇峰（1889—1933），广东番禺人，名嵡，字奇峰，后以字行于世，是高剑父之弟。幼时在高剑父指导下研习绘画。1907、1913年两次赴日本，学习绘画和制版印刷技术。1918年任广东甲种工业学校美术及制版系主任，先后培养一批美术巨子，如张坤仪、黄少强、赵少昂、叶少秉、容漱石、何漆园、周一峰等，被称为"天风（楼）七子"。他高度重视师法自然，坚持写生，强调东西画法的结合，主张艺术为人生服务，提倡用美术唤醒国民，冲破旧意识束缚。在表现手法上，他以翎毛画走兽、花卉、山水，尤喜画鹰、狮子、老虎，所画花鸟小品则清丽脱俗，别具一格。高奇峰工诗，每以画相配，相得益彰。代表作有《枫鹰图》《雄狮》《虎啸》《孤猿啼雪》《秋江白马》等，有《奇峰画集》《高奇峰先生遗画集》传世。

陈树人（1884—1948），广东番禺人，名韶，字树人。16岁师从居廉学画，后留学日本，毕业于日本京都美术学校，回国后与高剑父、潘达微创办《时事画报》，积极宣传民主革命思想。民国初肇，一边在政府任职，一边坚持钻研艺术，曾撰文《新画法》，介绍西洋美术史和绘画技法。陈树人工诗善画，尤长于花鸟、山水画，熔画、诗、书于一炉。对岭南山水情有独钟，作画多达千幅以上。其艺术风格独特，既融会中西，更注重创新。在构图上，山水画脱离传统三叠式，着重从大自然吸取养分，构成不同画面，布局有势；花鸟画则采用均衡、对称、照应等手法，使虚实相生、互为补充；在色彩上，注重色、形、势相互关系，尤善用绿色作为调色；对线条笔墨也很讲究，能以简洁清新的线条表达对象的形体、质感，线条纵横穿插画中，产生强烈节奏感和韵律感效果。陈树人画作甚多，先后出版《陈树人画集》《桂林山水写生集》《陈树人近作》《陈树人中国画选集》等，代表作《岭南春色》《鼎湖飞瀑》《太和洞口玉带泉》等。今广州东山署前路有陈树人纪念馆。

岭南画派创立以后，代有其人，卓然成家者有肇庆黎雄才（1910—2001）、阳江关山月（1912—2000）、中山方人定（1901—1975）、广州苏卧农（1901—1975）、番禺赵少昂（1905—1998）、台山杨善深（1913—2004）等。[①]

# 三、书法

书法在广东源远流长，西汉南越王墓出土"文帝行玺"等古印，字势庄重、雄强、刚劲、气度非凡；而广州龙生岗东汉墓出土陶罐上墨书"藏酒十石，令兴寿至三百岁"，流露出意态潇洒风韵。这两种书风在同一时代并存，说明书法在广府一开始就有多元性特点。

魏晋南北朝本为我国书法史上灿烂时期，但在湿热气候下，书法作品在广东保存甚为困难，几乎片羽不见。迨到隋唐，北方

---

① 参见《岭南文化百科全书》，中国大百科全书出版社，2006年，第262—263页。

书法如百川奔流，光芒四射，投照到广东，留下明亮的书影。保存至今的唐人作品，书风成熟，风格醇厚，奔放自由，兼具南北书风之长。代表作有肇庆七星岩李邕《端州石室记》、张九龄《阴堂志铭》、陈谏《南海神广利王庙碑》等，都以字体结构方正，笔势浑圆、起伏，风神洒脱著称，显为高手所书。

宋代为我国书法史上一个高峰，也是广东进入大规模开发之始，文教肇兴。但同样是纸质作品难以保存的原因，书法在广府多反映在摩崖石刻中，较为集中的有肇庆、英德、清远等地。肇庆七星岩石室洞内有余翼、包拯、张肃、祖无择、周敦颐、黄公度等题咏石刻 76 则，与溶洞气脉相感应。这些题刻诗文，既有庄重遒劲，也有挥洒自如之作。在阳江金鸡阁、阳春通真岩、清远峡山、英德南山、碧落洞等，这类石刻不乏其例，隶行草篆诸体俱备，机趣沉蕴，各有个性。

元代文坛寂寥，书法在广东也一片荒芜，偶见于摩崖石刻，也缺少可称道者。明代随着广东经济文化振兴，特别是受惠于官方的提倡，书法在广东进入兴盛时代，但不出帖学范围。明中叶，以新会陈献章为前驱的广府书法家群体，跻身全国书法之林。他们的特点在于依靠个人创作，极少依傍古人、追摹时风，不拘一格，自鸣天籁，坚持一种独立、自由的精神，反映广府书法家的傲骨和气节。特别是陈献章，以他创立的"江门心学"为宗旨，"其书（法）植骨于欧阳询，又参用苏轼、米芾以取势，以生辣枯峭而治甜熟萎靡，自成体貌。不管用毛笔也好，用茅龙也好，都沉雄苍劲，朴茂绝伦"。明人游潜《梦蕉诗话》则曰："陈征士献章作诗脱略凡迹。其书法得之于心，随笔点画，自成一家。"①

———————————

① 李公明：《广东美术史》，广东人民出版社，1993 年，第 459 页。

清人论之说："白沙真迹走龙蛇，望之是字是云霞"①。在明代书坛上，开一股刚劲清风。陈献章书作《朱熹敦本轴》和《种萆麻诗》分藏于上海博物馆和广东省博物馆。

明代广府书法家很多集哲人、诗人身份于一身，视书法为修身养性的一种方式。陈献章门人湛若水，便是与王阳明齐名的哲学家、文学家，他在书法上得其师陈献章心法，书风挺拔沉雄，自成一格。赵善鸣、王渐逵、黄常等亦以书名世。明中后期广府地区最杰出的书家当数黎民表和欧大任。黎民表草书《题张野仙天台山图歌》，笔力圆劲，法度谨言。

沉痛于明亡不仕清而寄情于诗书山水的隐逸派书法家，多以道风高峻见长，尤以草书驰名。代表者有番禺屈大均、顺德陈恭尹和彭睿壦，被称为三大遗民书家。屈大均作为一代书法高手，各体皆精，唯祸于清初文字狱，墨迹传世不多。现存于广州美术馆的《杜甫八阵图句》行书轴，以笔势沉着、恣肆洒脱著称，同时蕴含着痛切的时代感受。陈恭尹在书法上也有很高造诣，其隶书被认为是清初广东第一高手，"实是借隶之形，用篆、行、草之笔法，天骨开张，完全摆脱时流摹形画角之弊"②。另陈氏行草亦佳，知名当世，所书《镇海楼赋》今藏广州市博物馆。彭睿壦孤高抗俗，自号"龙江村獠"，尤工草法，时人誉为"草圣"。代表作《菜根谭》立轴，被认为可与同时代书法大家黄道周、傅山并肩而无愧。

明末清初遁入空门而能书者也不在少数，被称为释氏派。声名昭盛、影响深远者有番禺函昰、光鹫、今无，新会今㯺，南海深度等。其中函昰、今㯺（1618—1690）出于番禺海云寺。"函

---

① 马国权：《明清广东书法》，香港大学文学馆编印，1981年，第7页。
② 李公明：《广东美术史》，广东人民出版社，1993年，第459页。

是书法仿黄山谷、米南宫，早岁遒健，晚益苍劲方整"[1]，有行书《梅花诗》等传世。今袺为函昰弟子，潜心佛理多年。著有《借峰诗稿》《岭南花逸韵谱》。广东省博物馆收藏其《行书诗卷》七律 12 首，该作品获后人高度评价。实际上有明一代，广府书坛奇峰挺立，不让北国江南，呈一时代书风。

清代，广东书法硕果累累，独步全国书坛。在书法理论上有康有为《广艺舟双楫》等著作问世。它们对书法艺术历史、分野、特色、地位等阐述精到，为时人称绝。若按书法内容划分，则有所谓帖派、碑学、篆隶、篆刻四大书流格局。帖派兴起于清初，顺德苏珥、黎简，南海吴荣光、谢兰生、朱次琦、梁佩兰，番禺陈澧、庄有恭、张维屏和梁鼎芬，新会胡方等，各有建树，饮誉一时。吴荣光书法深得康有为赞赏，被视为能与中原抗衡的粤中一大家。其书势朗健豪逸，广州美术馆藏其《行书十一言联》。朱次琦作为一代大儒，兼工书法，广东省博物馆藏其"幽士高怀云出岭，骚人秋思水同堂"联为稀世珍品，价值连城。而陈澧作为著名学者，其所临汉碑《祀三公山碑》《天发神谶碑》，风骨朴茂，深有神趣，为后来者所宗。

广东碑学盛于晚清，实际上在鸦片战争前后，已呈现"碑帖合流"局面，难分畛域。前驱者为顺德李文田，以临隋唐碑为世所重，其清光绪五年（1879）临华山庙碑等四种隶书屏幅，藏香港中文大学文物馆。后又质疑王羲之《兰亭序》真伪，南北轰闻，余波振荡至今。但广东碑学主将，非康有为莫属。康氏所著《广艺舟双楫》，含书法史论、赏鉴、实践等内容，震撼九州，为中国书法史之巨著，垂世于永久。康氏尊碑卑帖，道其缘由，在于

---

[1] 汪宗衍：《明清之际广东书画家》，《中国文化研究所学报》第 8 卷第 2 期，1976年，第 461 页。

碑学体现了魄力雄强、气象浑穆、笔法跳越、点画峻厚、血肉丰美等十大美学原则，对后世影响极大。而康氏行书格局，开张博大，气势纵横奇宕，笔意浑厚洒脱，成一大家风范。所书《石门铭》《灵庙碑阴》《六十人造像》等即体现了他的书风。其高足梁启超亦一代书法名家，书风平和，充满"阴柔"之美和浓浓书卷气。广州美术馆藏其一楷书联"春已堪怜，更能消几番风雨；树犹如此，最可惜一片江山"，吸引游人驻足良久，感慨万千。此外，康门弟子东莞崔斯哲之隶书，顺德罗惇曧、罗惇曼兄弟之章草书等，亦成就颇高，在广东书坛上大放异彩。[①]

清代，广府篆、隶和篆刻诸家峰起，高手林立，气象万千。如番禺黄子高篆书《琅琊台刻石》及其专论《续三十五举》堪称广东篆书第一。至于篆刻诸家，人物众多，风格各异，自成一体，成就灿然可观，驰誉广东书坛。

明清广东书坛群才崛起和他们的厚重艺术积淀，为清末民初以后吴道镕、林直勉、胡汉民、叶恭绰、潘飞声、商衍鎏、陈洵、陈垣、商承祚、容庚等广东书法大家的产生，奠定了坚实的历史基础。

# 四、小说

广府文学，有着与别处不同的文学传统。横亘在北端的南岭的屏障作用，造成岭北与岭南文化质态的巨大差异，使广府文化与中原文化相比，被视为一种边缘文化，但也正由于有了这种游离的边缘性，广府文学得以远离文化权威和主流文化，它负累较

---

① 以上参见陈永正《岭南书法史》（广东人民出版社，1994年）、李公明《广东美术史》（广东人民出版社，1993年）相关章节。

轻，不必一脸凛然正气对人进行道德说教，只需诙谐地调侃几句，便可将严肃的社会问题潇洒地表现出来，于是便有了吴趼人的《二十年目睹之怪现状》。南海的惊涛骇浪，造就了广府人开放的视野与心态，使他们勇于开拓、敢于冒险，具有勇为人先的进取精神，加之爱国主义精神的浸润沿袭，使广府文学迥然有别于江南文学的柔美之姿，于是出现了梁启超热情激昂的《新中国未来记》。"重商逐利"的传统，使广府人具有较强的务实观与世俗性，他们讲究生动、明快、洒脱、通俗，不好呆板、矜持、故作高雅，广府文人倾向世俗化的情趣，善于从琐碎的平凡生活中提炼出内蕴的感动，比如黄谷柳脍炙人口的《虾球传》。而历史上的多次移民潮，近代以来的西风东渐，又使广府文化具有了兼容性和丰富性，在较为自由和宽容的社会环境里，呈现出多元并存、色彩斑斓的文学景象，使这方水土滋养出极具地方色彩的广府文学。

整个古代时期，广府小说的作品都比较零碎，未能形成有影响的群体。相比起中原小说的蓬勃发展，它起步较晚。近代以后，广府因其地理优势，得风气之先，小说创作取得了很大的成就，在数量和质量上都走在全国前列。

广府是近代最早接受西方文明洗礼的地区，由于临海的地理优势，毗邻港澳，广府小说善于汲取西方艺术手法，在创作、思想、内容等方面都有了时代性的突破，为新文学水到渠成的出现起到了桥梁作用。

被誉为"清末四大谴责小说家"之一的吴趼人，祖籍佛山，所著小说多署名"我佛山人"，多以广府地区的人物故事与风土民情为描写对象，在中国文学史上享有很高的声誉。他的代表作《二十年目睹之怪现状》开谴责小说之先河，与清末的爱国主义文学一脉相承，社会影响极大。全书 108 回，通过主人公"九死一生"的经历，反映了中国自 1884 年中法战争至 1904 年近二十年的社会面貌，揭露了朝廷的腐败与贪官污吏的丑态，以幽默和机智的语言对社会怪象进行反讽，极具讽刺意味。吴趼人还著有《恨海》和《九命奇冤》。其中《恨海》被阿英的《晚清小说史》誉为"晚清的讲史"小说中"最好的一部"。《九命奇冤》在艺术手法上则显得日臻成熟，胡适称其"用西洋侦探小说来做一个总结构"。吴趼人的小说，在传统小说与现代小说之间起到了继往开来的作用，使广府文学乃至岭南文学在整个中国文学中脱颖而出，为世人所瞩目。

继吴趼人之后，广府另一多产小说家、番禺人黄小配亦不可小觑，他先后发表了《大马扁》《廿载繁华梦》《洪秀全演义》《宦海升沉录》等 15 种中长篇章回体小说，影响最大的首推《洪秀全演义》。这部小说将西方手法与中国传统手法相糅合，促进了传统小说向现代小说演变的进程。同时期较有影响的小说家还有梁启超，他提出"小说界革命"，认为新小说与旧小说在意境、题材上应有所不同，提倡以小说为更新道德的手段，从而改良社会。他的《新中国未来记》即是利用小说来宣扬自己的政治观点。

地理环境也能激发作者的灵感，很多触景生情的文字，便是在独特的自然环境诱发下而挥洒成文的。这在广府小说中表现得极为明显。广府的自然风光、民俗风情是广府作家群进行创作的灵感来源，且不说在广府小说中那绚丽多姿的热带风貌、粤港风情，单单是那平实贴切的俚语方言，就让人感到"粤"味十足。

原籍湖北荆州的欧阳山，便是其中一位杰出代表。他在广州初登文坛，而为欧阳山带来最高声誉，且最具鲜浓的广府特色的小说当推他在 20 世纪五六十年代创作的《三家巷》。全书共五卷，不但在语言上熔铸了广州方言和北方方言，浓厚的"粤味"使得小说地域特色极为突出，而且通过纤微毕现的民俗风情刻画，勾勒出一幅鲜活的广府风情图。

中国当代文学家里，广州籍作家陈残云的创作表现得多彩多姿，他的作品在内容上描绘了历史和现实中珠江流域各式各样的生活，在文学样式上尝试过各种体裁，并每每有力作问世，为广东小说创作添上了浓烈的一笔。20世纪40年代，陈残云创作了轰动一时的中篇小说《风砂的城》和家喻户晓的电影剧本《珠江泪》；50年代，他除了以《羊城暗哨》等剧本享誉文坛外，还以一批中篇小说跻身中国著名小说家之林；60年代，他凭长篇小说《香飘四季》成为国际知名作家；七八十年代，他以中篇小说《深圳河畔》、长篇小说《山谷风雨》《热带惊涛录》等又获得"赤脚作家"的赞誉。

广府通俗文学的扛鼎之作《虾球传》在岭南文学史上更具有掩不住的熠熠光华。尽管作者黄谷柳不是广州人，但《虾球传》是用广州方言写成且描写了广州等地的人情风物，是广府小说的代表作。小说的主人公虾球是个流浪儿，作品通过他曲折的人生反映了珠江三角洲一带的社会生活。作者继承了传统章回小说的笔法，又汲取了现代小说的优点，并融入鲜明的地方特色。小说对粤港社会的风物人情、市民风俗有着睿智的洞察与独特准确的描写，对广府通俗小说的影响绵延至今。

临海的地理环境，催生了广府小说开放、创新的格调，而历时弥久的商业传统，又使广府小说具有通俗、贴近生活、趣味十足的特色。《虾球传》《三家巷》等作品多体现在对民间性与市民生活的峭拔与渲染，在描写市民生活、市民命运方面颇有建树，在文学的大众化、民族化方面做了有益的探索。《香飘四季》、《三家巷》(第一部)、恩平籍作家吴有恒的代表作《山乡风云录》形成了岭南文学在当代长篇小说创作中的高峰，标志着岭南文学的进一步成熟，在全国占了一席之地。他们无不是作家在岭南风情的浸淫下的有感而作，并因其鲜明的地域特色而成为独特的"这一个"。

诚如黄伟宗先生所言，黄河文化具有"黄河之水天上来，奔流到海不复回"的庄严与雄浑，长江文化有如"大江东去，浪淘尽，千古风流人物"一般的气派与开阔，而珠江文化则反映出"海上生明月，天涯共此时"的兼容、平实与简洁明了的清新。在中国文学史上后来居上的广府小说，正是在珠江文化这种海洋性文化所浸润的氛围中，追求平实，摒弃浮躁，成就了其内在涵动、开放创新的艺术特性。[①]

## 五、粤剧

广东民系复杂，方言众多，民间艺术、习俗多彩多姿，又深受内地、港澳、海外文化影响，诸多因素相互碰撞、融合，形成种类繁多的地方戏剧。粤剧为最主要地方剧种之一，流传于广东、广西粤方言地区与港澳地区、海外华人聚居地，是最能体现广府文化特质和风格的文化艺术之一，享有"南国红豆"之誉。

粤剧初时以官话演唱为主，夹杂粤方言演唱和道白，清末开始用粤方言演唱，20世纪20年代开始普遍用粤方言演唱，30年代经过重大变革，成为一成熟地方剧种。其唱腔以板腔体为主，

---

① 以上参见广州文化地理研究项目组编：《广州文化地理研究报告》（未刊稿），2007年，第161页。

曲牌体为辅。前者有梆子、二黄两类及相关板式和唱法，后者有牌子、小曲两类及相关乐曲。除传统的管弦乐和打击乐，还引进了小提琴、萨克斯管、吉他等西式乐器伴奏。粤剧唱腔慷慨激昂和哀怨悲叹兼具，极富表现力和感染力，因此形成以后宛如出谷之莺，很快从发祥地向四面八方扩散。

粤剧剧目，至清末民初盛时多达 3000 多种[①]。早期传统剧目有《一捧雪》《二度梅》《三官堂》《四进士》《五登科》《六月雪》等所谓"江湖十八本"；同治年间（1862—1874）又有《黄花山》《西河会》等"新江湖十八本"；到光绪中叶，则出现《仕林祭塔》《黛玉葬花》等"大排场十八本"，可谓不断翻新，与时俱进。经过整理，影响较大的剧目有《平贵别窑》《宝莲灯》《西河会》《罗成写书》等，其内容多与婚嫁爱情有关。如道光年间佛山凤凰仪班的 48 个剧目中，有 17 个是以上题材，如《八美图》《忘鞭寻美妓》《陈世美不认妻》等。光绪《广州府志》收录《佛山谣俗》诗云：

> 行乐乡中羡佛山，肯将螺髻换云鬟。
> 优场亦罢香花供，唱出清词菩萨蛮。

诗中市井文化气味很浓，显见粤剧的出现和反映的内容与珠三角商品经济发展具有密切联系。粤剧传统剧目的著名演员有李文茂、邝新华、肖丽湘、千里驹、李雪芳、苏州妹、靓元亨等；20 世纪三四十年代，则有薛觉先、马师曾、白驹荣、廖侠怀，被称为"粤剧四大家"；后来则以红线女声誉最高，影响至大。今

---

① 赖伯疆：《广东戏曲简史》，广东人民出版社，2001 年，第 155 页。

广州建有红线女粤剧艺术中心，集中反映粤剧马（师曾）红（线女）流派艺术成就。

# 六、广东音乐

广东音乐是一个很宽泛的概念，广义而言，包括器乐、民歌、戏曲所构成的音乐体系。在这里仅述狭义广东音乐，即作为广东地方乐种的"广东音乐"（粤乐），也就是广府音乐。

广府音乐指形成、流传、发展于粤方言地区的纯以器乐演奏的民间音乐，在广东境内分布在珠三角、西江流域及粤西一带，从使用人口和占地范围而言，它是一种强势音乐，也是广府文化重要组成部分。

广州是广东音乐的摇篮，且历史悠久。西汉南越王墓出土多套件青铜编钟、甬钟和勾鑃，显见宫廷里拥有一支相当规模的乐队。唐代广州万商云集，成为世界性贸易港口，域外音乐传入，并与当地音乐融合。宋代，中原古琴艺术随人口迁移传入广东，形成岭南琴派。南宋小朝廷败亡新会崖山，留下一批琴谱，被后人收集整理成《古冈遗谱》（新会旧称冈州）。

明中叶以来，中原古乐、昆曲和江南小曲小调等随戏曲"外江班"进入广东，被吸纳为广东音乐一部分，故后来广东音乐有不少曲目风格颇类江南丝竹乐①。鸦片战争以后，西洋音乐，包括风琴、小提琴、萨克斯管、电吉他、木琴等乐器以及作曲技法、演奏手法等更多地传进广东，与广东音乐原有的琵琶、筝、箫、三弦、椰胡、提琴、二胡、月琴等乐器技法相配合，使广东音乐成为中西结合的乐种，地域文化风格鲜明地不同于其他乐种，在

---

① 朱道忠：《广东音乐乐汇中的音形》，《民族民间音乐研究》1986年第3期。

我国乐坛上独树一帜。

清末民初，广东音乐出现严老烈、何博众等代表人物，他们创作的《旱天雷》《倒垂帘》《连环扣》《雨打芭蕉》等名曲流行至今。

广东音乐内容丰富，有赞美广东山川风物的，如《山乡早春》《雨打芭蕉》《赛龙夺锦》等；有反映人民生活情趣的，如《渔樵问答》《饿马摇铃》等；有倾诉人生困苦的，如《昭君怨》《双声恨》《寡妇弹情》；有表现对美好生活向往的，如《双飞蝴蝶》《孔雀开屏》《鸟投林》等；更有表露欢乐情调和积极向上精神的，如《娱乐升平》《步步高》等。这些有标题的乐曲，结构精悍，平白易懂，易奏易诵，多可填上歌词，付诸演唱，或成为粤剧、粤曲唱腔。而其演奏技巧和使用的乐器，中西并用，多元交会，旋律优美动听，节奏清新明快，音色清脆悦耳，有人评论广东音乐"有一种珠圆玉润、婉转回荡的特色"[1]；又曰"粤乐较少深沉的人生喟叹与哲理深思，较少士大夫的典雅习气，也没有类似中原古曲那种悠深旷远的历史苍凉"[2]。这种平民性、世俗性、娱乐性、创新性的特质使其能历久弥坚，赢得千百万听众。

# 七、曲艺

广府地区的民间曲艺，种类众多，形式多样，以下择要介绍木鱼歌、龙舟歌、粤曲等几种。

1. 粤曲

粤曲是曲艺声腔与戏曲声腔融合的产物，既吸收了木鱼、龙

---

① 朱道忠：《广东音乐乐汇中的音形》，《民族民间音乐研究》1986年第3期。
② 余其伟：《广东音乐述要》，《羊城今古》1995年第1期，第44页。

舟、南音等曲种，又吸收了粤剧的梆黄及部分牌子，属于唱曲类声腔复合型曲种。19 世纪中晚期诞生于珠江三角洲地区的粤曲只有百来年历史，但在广府文化折中中西、融合古今的地域特性驱动下，尽显开放性和兼容性，较少保守性和凝固性，使曲种得以迅速发展壮大。

粤曲起初以失明女艺人"师娘"（也称瞽姬）应邀登门演唱或沿街卖唱为主。民国初年，师娘开始进入茶楼开设的曲艺茶座演唱，发展出"一几两椅"的演出模式。1917 年左右，明眼女艺人（称为女伶）逐渐取代师娘演唱粤曲。女伶时期，粤曲改用粤语演唱，形成子喉、平喉、大喉三大腔系，同时吸收了大量的小曲、小调，使粤曲呈现出清新、鲜活的开放性。其中，三水县人小明星创造的"星腔"，时至今日在粤剧曲艺界仍有很大的影响力。

在演唱曲目方面，粤曲多取材于粤剧或仿效粤剧主题曲的模式撰写新曲，有时也把广东音乐的曲调填上词，使粤曲、粤剧和广东音乐经常出现同腔同调的情况。[①]

2. 咸水歌

"咸水歌"古称"疍家歌"，是生活在咸淡水地区的水上居民操粤方言演唱的渔歌，主要分布于珠海、中山、番禺、顺德、新会、东莞等地。沿海地区的阳江、湛江、电白、香港、澳门等地也有与咸水歌相近的渔歌。其中中山咸水歌尤具代表性。20 世纪 60年代，中山咸水歌歌手何福友等应邀参加全国民歌会演，受到刘少奇、周恩来等党和国家领导人的赞赏。2006 年，中山（坦洲）咸水歌入选我国第一批国家级非物质文化遗产名录。

咸水歌没有固定的曲谱，多数靠口传身授而流传，常常是一

---

① 罗丽：《粤剧与广府文化》，江苏人民出版社，2020 年，第 251 页。

种旋律配合不同的歌词来唱。因演唱场合不同，可以分为高堂歌、姑妹歌、自叹歌等。其中，姑妹歌常用于男女传情、调侃对唱。如"劳动有歌真寂寞呀哩，对岸有人好对歌呀哩"，"妹好呀哩，哥仔割草正无聊，与你对歌好合时呀哩"。

3. 木鱼歌

木鱼歌主要流行于珠三角和广东沿海地区，因说唱时以敲击木鱼作声而得名。木鱼唱词是七言韵文体，半文半俗，以四句为一小段。明末清初《花笺记》的问世，标志着木鱼歌发展到成熟阶段。此书描写苏州才子梁芳洲与杨瑶仙、刘玉卿的爱情故事。主人公梁芳洲藐视科举功名，认为它比不上爱情重要，是一个中国式的"生命诚可贵，爱情价更高"的封建礼教叛逆者的形象。此书不但在广东家喻户晓，而且早就传入欧洲，被译成英、法、德等文字。著名诗人歌德读后大为感动，写下《中德四季晨昏合咏》诗十四首，高度颂扬中国传统文化的精神力量。《花笺记》中精妙之处写一个多情女子伤心绝望：

脂与粉，落池塘，有谁重讲理红妆。
碎宝镜，破瑶琴，世间谁系我知音。
丢玉笛，碎琵琶，两行珠泪湿罗纱。
烧彩笔，擘花笺，妆台无望写诗篇。

东莞木鱼歌堪称木鱼歌的"活化石"。2011年5月，东莞木鱼歌入选第三批国家级非物质文化遗产名录。

4. 龙舟歌

龙舟歌原是珠三角乡村的土歌，演唱者以男性为主，配以小锣小鼓，内容以平安、发财、长寿为主。唱龙舟歌是旧时南海、顺德地区常见的贺岁形式，如一首喜庆吉祥龙舟歌唱道：

> 龙舟到，到你门庭，恭喜你家和万事兴。
>
> 老少平安多吉庆，富贵荣华又添丁。
>
> 周年旺相真兴盛，飞黄腾达锦绣前程。

### 5. 竹枝词

竹枝词也是流行于广府的一种民间歌谣。竹枝词本出四川，后经唐代刘禹锡、白居易等诗人倡导风靡全国，也传入岭南，到清代自成一派，称"岭南竹枝词"。以地区不同，又有广州竹枝词、香港竹枝词、白鹅潭竹枝词等之别。其中不乏文人雅士之作，但源泉主要在民间，故富于浓郁的生活气息和乡土情调。正如《羊城竹枝词·自序》云："竹枝词者，风骚之流亚，里巷之歌谣也。……发自然之天籁，相题构意，曲曲传神。"实际上，民间歌手不乏从竹枝词中吸取有用养分的，而竹枝词能在广东自成一格，也离不开其他民间歌谣的滋润和影响，由此形成你中有我、我中有你的分布和传播格局。

广府竹枝词为数甚多，光绪十二年（1886）辑《羊城竹枝词》489首、作者139人，同治八年（1869）杏岑果尔敏作《广州土俗竹枝词》89首，委实是一个巨大文化宝库。如梁芳田《羊城竹枝词》写广府人民在鸦片战争中英勇杀敌，就气概凛然：

> 飞凫一鼓去如风，夫婿家家亦自雄。
>
> 我愿郎君起舞剑，斩鲸直出虎门东。

但广府人并不排外，非常欢迎远道而来的友好商人、使者。黄洪《羊城竹枝词》云：

> 青草年年长越台，鹧鸪啼处木棉开。
> 花光万点红如火，照见重洋海舶来。

广州是举世闻名的花城，除夕有花市习俗。清末一首竹枝词，写尽花市醉人风光：

> 羊城世界本花花，更买鲜花度年华。
> 除夕案头齐供奉，春风吹暖到人家。

# 八、影视

凭借优越的地理位置、浓厚的商业氛围、较早开放的社会经济，广府的影视业创出了不俗的实绩。民营影视制作企业的加盟，更给广州影视作品注入了新的活力。无论是20世纪60年代的《南海潮》《七十二家房客》等一系列给南国电影带来声誉的优秀影片，抑或后来荣获"华表奖"的《军嫂》《走出硝烟的女神》等主旋律影片，使广府的影视作品在全国屡获殊荣，成为个中翘楚。

广府影视作品有鲜明的地方特色，它趋新、求美，紧跟时代，保持生活中的原汁原味，撷取现实生活中的朵朵浪花，用明晰亮丽的画面语言铺陈于银幕荧屏，鲜活地表现出时代脉搏的跃动。同时它又传承了广府文化海纳百川的特质，对其他地区的优秀文化采取了"拿来主义"，广采博收，具多元性美学特色。

由于占地利之便，得风气之先，早在1925年，中国电影的拓荒者——新会人黎民伟就在广州编演了岭南第一部改编自文学名著的电影《胭脂》。省港大罢工期间，许多电影工作者移居广州，促进了广州电影业的发展。从1926年到1934年，广州一共出产了22部故事片，其中包括第一部默片《爱河潮》、第一步粤语片《铁马贞禽》，还有《热河血泪史》《十九路军光荣史》等纪录片。

广府影视业的真正发展成熟，则是新中国成立以后。新中国成立之初，章敏、洪道、王为一等人从香港回广州筹办过电影厂。1958年珠江电影制片厂成立以后，更是开创了穗港影视的新纪元。

广府特有的地域风貌是广府电影独树一帜的保障。20世纪六七十年代，珠影以大量富有岭南特色的影片在国内影坛引人注目，如《南海潮》《七十二家房客》《大浪淘沙》《跟踪追击》等故事片。这些影片获得了很好的口碑，确立了广府电影在全国影坛的地位，而且将广府特有的历史文化、人物故事、风情风物传播到了全国各地，形成了广府电影独特的风格。

海外华侨、华人中，广府人占有相当比例。广府影视作品里自然少不了华侨文化的反映。获1979年获文化部优秀影片奖的《海外赤子》反映了华侨的行为、生活方式，对华侨的爱国情怀进行了真切表述。

作为近代革命策源地，广府近代史上涌现了许多风云人物。广府电影有不少反映伟人生平和史迹的作品。如1984年获得第四届中国电影金鸡奖最佳导演和最佳男主角奖项的《廖仲恺》、被誉为开创了中国史诗巨片新时代的《孙中山》等影片，展现了壮观的历史场景和伟人的风采，也体现出广府文化创新、包容、开放的地域特色。

改革开放最先在珠三角这片热土上试行，进而引起一系列社会、生活的变革，市场经济、流行文化、打工文化等引起了影视人的关注，成为他们的绝佳素材。处于改革开放前沿阵地的珠江电影制片厂，摄制了一系列优秀影片。其中，1984 年出品的第一部反映个体户生活的《雅马哈鱼档》，展现了改革开放大潮下广州缤纷而鲜活的市井百态，打响了"南国都市电影"的第一枪，揭开了广府影视的辉煌新篇章，迅速走红全国。之后《街市流行曲》《花街皇后》《特区打工妹》等一系列极富南国都市风情的影片，也颇为引人注目。

广府电视剧最突出的特色便是对时代特色的把握。如首部反映金融商业领域改革开放的《商界》，以广州商界的激烈竞争为主线，描摹中国波澜壮阔的商品经济大潮。反映改革开放成就且"广味"浓郁的《公关小姐》，荣获飞天奖和金鹰奖等荣誉，让北京、上海等文化重镇对广东文化刮目相看。《外来妹》扫描数百万外来打工妹涌入珠三角的社会大图景，吸引全国26家电视台争相播放，形成影视史上的一个热点。电视剧《情满珠江》将中国改革开放前沿的壮丽图景展现在荧屏，折射出时代精神和拼搏者观念的裂变。1994 年，《情满珠江》在中央电视台播出，先后获得飞天奖、金鹰奖和全国"五个一工程"入选作品奖，创下了中国电视剧历史上获奖数量最多的辉煌纪录。

广府影片同广府文化一样，善于借鉴、吸收外来文化的优长。再加上得益于地缘优势，港台剧和国外的影片往往最先在广州登陆，这也提升了广府影视业借鉴外来文化的优势。如《女子别动队》《烈火金钢》等影片在表现民族精神的同时，借鉴了国外枪战片、谍战片的成功之处，大大增强了影片的观赏性和吸引力。

广府文化平实、贴近生活、注重娱乐性的特性，催生了不少雅俗共赏的影片。警匪片《警魂》《伏虎铁鹰》等集思想性和娱乐性于一体。

通观广府影视作品，无论电影《烈火金钢》《警魂》，抑或电视连续剧《情满珠江》，无不具有"鲜活明丽而不失凝重，平实流畅而不失奇拔，炽烈火热而不失深沉的美学特征"。它们紧跟时代，在新旧观念的裂变嬗递中，流露出历史流转的沧桑感。

同时，广府影视作品的视觉语言大都是平实流畅，不以雷霆万钧的叙事风格哗众取宠，而是用通俗剧的形式畅言剧情波澜，寓妙意奇思于平淡朴实的画面之中，于高收视率的通俗剧包装中体现出编导高峻奇拔的情思。[①]

## 第三节　宗教与民间信仰

佛教、道教等宗教产生后，在不同时期传入广府地区。广府文化对外来文化的兼容性，使得外来宗教在广府地区得到比较顺利的发展和传播，形成广府丰富多样的宗教文化。

## 一、佛教

在宗教方面，对广府文化影响最大者，首推佛教。广府是佛教传入我国最早的地区之一，南宗禅的发祥地，佛教文化源远流长，历史上保存下来的遗迹遗址分布甚多，佛教文化景观见于各个角落。

佛教自东汉从海上传入广府，经隋唐兴盛，宋元发展，明清

---

① 以上参见广州文化地理研究项目组编：《广州文化地理研究报告》（未刊稿），
2007年，第175—177页。

时广东禅风颇振。广州光孝寺、六榕寺、大佛寺、海幢寺，肇庆庆云寺、新会叱石寺等先后落成，高僧大德经常外出升帐讲法。如明中后期罗浮山永福寺真空和尚每出山说法，听者常至千人。憨山德清居粤五年，常往返曹溪，中兴六祖之道，大畅禅风，声名远播。其弟子道丘，世称栖壑和尚，任广州白云山蒲涧寺住持时，四方学者云集。清初，一些有志之士在抗清失败后出家，许多地方留有他们的踪迹。是时，广州附近海云寺、大通寺、海幢寺等，皆为重要禅林。

若论佛教对广府文化的影响，禅宗和六祖惠能是无法绕过的。禅宗于南朝时由达摩传入中国。达摩，相传为南印度人，南朝宋末（一说南朝梁时）航海到广州。达摩登陆广州的地方，被称为"西来初地"。后人在此建西来庵，清朝改名华林寺（位于今广州市荔湾区下九路西来正街）。相传达摩一苇渡江后，在嵩山少林寺面壁参禅，少林寺因而被称为禅宗祖庭，达摩被称为中国禅宗初祖。

惠能（638—713），一作慧能，俗姓卢。祖居范阳（治今河北涿州），其父落籍岭南。惠能幼年丧父，移居南海，家境贫困，以卖柴奉养母亲。某日在卖柴回家的路上，听到有人诵念《金刚经》而产生向佛之心，遂离家往黄梅（今属湖北）东禅寺，拜禅宗五祖弘忍为师。

惠能在东禅寺劈柴、舂米数月后，有一天，弘忍命弟子作偈呈验，以择法嗣。大弟子神秀作一偈云：身是菩提树，心如明镜台；时时勤拂拭，莫使惹尘埃。惠能也作一偈，云：菩提本无树，明镜亦非台。本来无一物，何处惹尘埃。

两相比较，弘忍更倾向于惠能，但考虑到神秀在寺内有众多的支持者，而惠能根基浅，又来自当时被视作蛮荒之地的岭南，如果公开传衣钵予惠能，无疑要遭遇重重阻力。因此，弘忍于当天夜晚秘密向惠能宣讲《金刚经》、传其衣钵后，随即送惠能速回南方。

惠能回到岭南后，潜藏怀集与四会隐遁修悟 15 年。其间，惠能蛰居山林，与农夫猎户为伍，使他对本地的民情有了深入的了解。针对底层民众多数不识字的现实，他对佛教义理做简单化、通俗化处理，使之不仅易于为社会各阶层接受，而且成功地完成了中国佛教从诠释佛法到创造理论、改变修持方法的转变。

唐高宗上元三年（676），惠能从怀集到南海法性寺（今广州光孝寺）。其时印宗法师讲《涅槃经》，有二僧辩论风吹幡动，一个说风动，一个说幡动，争论不已。惠能插口说："不是风动，不是幡动，仁者心动。"众人为之惊诧。印宗法师询知惠能是禅宗法嗣，即拜为师，集众僧在法性寺内菩提树下，为惠能剃发。居二月，惠能开示禅门，说般若波罗蜜法。其后不久，惠能即移居曹溪宝林寺（今南华寺）。惠能在曹溪说法 30 余年，禅法大盛。所说法语，由弟子记录，整理为《法宝坛经》（也称《六祖坛经》），这是产生于中国本土的唯一一部被称为"经"的佛教典籍。

在惠能之前，禅宗以静修为主，僧人长期脱离生产。惠能则坚持全体僧员农禅并做。这种"农禅并修"的做法，正是注重实用、实际、实效的广府文化的体现。① 为区别于原以静修为主的北方禅宗，惠能所创禅宗被称为南禅宗。注入新鲜血液的南禅宗，不仅在广府地区产生广泛影响，而且向北方发展，成为中国佛教的主流。

自佛教传入广府地区以来，高僧大德代有其人。正所谓"五

---

① 黄伟宗：《黄伟宗集》，广东人民出版社，2018 年，第 219 页。

岭巍巍，斯为佛国。曹溪发源，演于（希）迁、（慧）寂；万派千江，皆其涓滴"[1]。由此集结而成的高僧群体，既有土生土长的广府人，也有生长于他乡但主要活动在广府的。据统计，收入《岭南文化百科全书》的高僧有25人，其中大部分是广府人或落籍广府。除惠能以外，值得提及的还有希迁、大颠、文偃、憨山、栖壑、函昰、大汕、虚云等，正由于他们的努力和奉献，广府禅文化在中国佛教乃至中国文化史上占有重要一席之地。

希迁（700—790），俗姓陈，世称石头和尚，广东高要人。12岁出家南华寺，拜六祖惠能为师。惠能圆寂后，先后往江西吉州青原山、湖南衡山，师事行思和尚、怀让禅师。唐玄宗天宝初，任南岳衡山南寺住持。广德二年（764）驻锡长沙招提寺，一时四方参禅者云集，有高足21人。希迁主张"即心即佛，心佛众生"，认为"心"造万物，为万物之理，付诸实践，即"触目是道"。在修持方法上，创立"回互"禅法，即不同方法互不相犯，而是相涉融合。此法深得怀让等推崇，使其名重一时。其弟子继承宗风，形成曹洞宗，影响及日本、朝鲜。圆寂后，唐僖宗谥其"无际大师"。著有《参同契》《草庵歌》。前者为其禅学思想代表作，至今仍为日本曹洞宗弟子必读经典。

契嵩（1007—1072），俗姓李，字仲灵，广西藤县人，北宋皇祐年间（1049—1054）入京师，将所著《禅门定祖图》《传法正宗》《辅教编》上呈宋仁宗。仁宗阅后大为称赏，下诏褒赐"明教大师"。宰相韩琦、大臣欧阳修等请契嵩至府上相见。大臣强至作诗赞其曰："浩荡藤州老，雄文鼓大编。声名元自重。述作许谁传。成诵惭空久，相逢偶未缘。承明内外相，交口誉

---

[1]《鼎湖山在犙禅师塔铭并序》，光鹫辑：《鼎湖山志》卷三。

师贤。"

栖壑（1586—1658），俗姓柯，法名道丘，晚号栖壑，广东顺德人。17岁在广州永庆庵出家，翌年赴南华寺，师事憨山大师，深得憨山器重。崇祯四年（1631）南归广州，驻锡白云山蒲涧寺。九年（1636）上肇庆鼎湖山开山弘法，将庆云庵扩建为庆云寺，使之成为广东一大丛林。永历三年（1649），南明永历帝朱由榔上庆云寺，栖壑为之说法。顺治十四年（1657）应平南王尚可喜之请到广州做法事，超度被入城清军屠杀的居民亡灵。栖壑住持庆云寺23年，建丛林十余处，受戒弟子3000余人。

函昰（1608—1685），俗姓曾，名起莘，号天然，广东番禺人。崇祯六年（1633）中举，翌年赴京会试不第，遂断绝功名。崇祯十二年（1639）投庐山道独禅师，为曹洞宗三十三传法嗣，次年住持广州光孝寺，重振禅风。此后，先后住持福州长庆寺、庐山归宗寺、罗浮山华首台寺、丹霞山别传寺、广州海幢寺等。函昰既习禅，还精通天台、唯识、贤首诸家之学，是一大学问僧。门下高徒多为南明遗老和著名文士。道光《广东通志》称"天然之徒，皆士大夫也"，计有3000人之多，屈大均、南明兵部尚书刘远生等均在此列。住持光孝寺时，曾为抗清志士陈子壮起兵谋划。平南王尚可喜仰其高名，以礼延请，函昰一见即归山，其重气节如此。函昰不仅精通佛理禅机，而且工书善文，以论理缜密、门风高峻、禅俗掺和见称。其耿烈清介的遗民风骨，反映了鲜明的时代风貌。如《秋兴八首》之一，即洋溢着高度爱国主义精神：

谁向峰头数劫灰，河清海竭两徘徊。

新亭泪尽河山在，故国歌残禾黍哀。

落落燕泥秋社没，亭亭雁字朔风催。

渊明不解长林意，烂醉东风任菊开。

多少黍离之悲，兴亡之恨，写尽这位诗僧悲壮之声。

函昰著作甚丰，计有《首楞严直指》《楞伽心印》《金刚正法眼》《般若心经论》《名刹语录》《瞎堂诗集》《禅醉诗草》《禅醉》《梵笔》《天然和尚梅花诗》《丹霞天然老和尚古诗》《天然和尚同住训略》《丹霞诗》。其数量之多，在广东堪为翘楚。由于其书多表达强烈反清思想，故被清廷列为禁书，但仍有不少保存至今。

## 二、道教

道教为我国本土宗教。它追求长生不死、得道成仙的信仰宗旨，对各阶层人士都有很大吸引力。道教是多神教，诸神庞杂，在民间更容易流传，且与风俗文化相互渗透，构成五光十色的文化景观。

道教有自己的神仙系统，传入岭南以后，地方诸神不断补充加入，使其谱系更加复杂。东晋葛洪在罗浮山建冲虚观，是道教在广东传播之始。迭经变迁，到清初，道教全真派丘处机十二代弟子杜阳栋抵广，道教才有较大发展，全盛时全省有道士、道姑千余人，宫观也不在少数。20世纪20年代，广东道教式微，宫观颓坏，道徒四散。到新中国成立前夕，全省仅剩宫观20所，道士道姑数十人。但这仅是所谓正统道教的历史变化，实际上道教作为一个庞杂的大系统，教门林立，举凡敬神事鬼的活动和场所，大部分可以归入这个系统。南海所属佛山镇，明代有庙28座，清代 134 座，民国 136 座。其中关帝庙 11 座，天后庙 6 座，三圣庙 5 座，帅府庙 5 座，真君庙 6 座，华光庙 11 座，花王庙 5 座。[①]此外，还有数不清的神祇来源于神话传说、小说、戏曲、市井江湖等。

历史上道教组织和人数向无准确统计。1950 年广东省有道观 13 所，道士、道姑 481 人，分布在 17 个县市，以罗浮山人数最为集中，其余散见于广州、南海西樵山、清远、广宁、四会、普宁等，以广府地区为主地。主要宫观有广州三元宫、纯阳观、黄大仙庙，清远飞霞洞仙观，西樵山云泉仙馆，罗浮山冲虚观、黄龙观，惠州元妙观等。从数量统计而言，道教群体算不上庞大。但道教是个多神教，在民间有很大势力，如道馆、善社、斋堂等组织，许多供奉神灵场所及信徒根本无从统计，他（它）们散布于广大城乡。抗战前广州斋堂便多达 200 余所。

道教节日很多，重要的神诞日，如二月初二土地诞、三月二十三天后诞往往要举行隆重斋醮仪式，有些节日还有热闹的庙会集市。道教活动一般在道场进行，至于家庭和个人奉神行为则难以历数。旧时很多家庭都有一个神龛，供奉土地神。

道教斋醮活动也使用音乐，称为法事音乐或道场音乐，包括独唱、齐唱、鼓乐、吹打、合奏等多种形式，可灵活组合。特别是道教音乐与广府方言及铃、鼓、铙、钟等民族乐器相结合以后，成为民间音乐一部分，除了在宫观演唱以外，还在民众集会和各种红白喜事中演唱，形成热闹的场面。

道教讲究占卜、符箓、炼丹、养生诸术，修道者多以名山为基础，修建宫观庙宇。久而久之，修道地成为风景名胜地，如南

---

① 佛山市宗教事务局：《佛山市宗教志》，1990 年，第 55 页。

海西樵山、博罗罗浮山等不但有被人格化了的岩洞、石蛋等，还有历代骚人墨客留下的大量摩崖石刻，丰富了道教文化。

广东道教界也产生了一批致力于道教理论创造、研究的学问家，颇有道行的宫观住持、道长及其论著，其中不少有科学、医学、养生、健身等价值，在广东科技史上占有重要地位。代表性人物有陈楠、李明彻等。

陈楠（？—1213），字南木，号翠虚子，惠州博罗人。早年师事薛道光，受太乙刀圭金丹法。常以泥土掺"符水"搓成小丸，为民治病，世称"陈泥丸"。后上罗浮山修炼内丹，又传景霄太雷法。他发扬"道即金丹"思想，认为炼丹过程也是入道过程。陈楠被尊为道教内丹派南宗四祖，著有《翠虚篇》。

李明彻（1751—1832），广东番禺人。12岁上罗浮山，潜心道学，博览群书，涉及诸子百家、天文、数学、测绘、书画等。后云游四方，入京师，拜石和阳为师，深得《道德经》《黄庭经》《阴符经》要领。又在钦天监学习天文、占候、推步之术。南归后曾往澳门，向西洋教士学习天文、地理、数学。回广州后，积十几年功力，写成天文著作《圜天图说》，出版后受到两广总督阮元赞许。阮元主持纂修《广东通志》，他负责《舆地略》部分修纂。道光四年（1824），在广州漱珠岗创建纯阳观，又在岗顶建朝斗台以观天象，为广东现存最早天文台。著述除《广东通志·舆地略》以外，还有《道德经注》《论道书》《黄庭经注》等。

# 三、伊斯兰教

隋大业六年（610），穆罕默德于麦加公开传教。唐初，阿拉伯传教师斡葛思自大食航海抵广州，始建礼拜寺于广州，赐号怀圣，自此，伊斯兰教文化开始在广府地区传播。

唐代，广东海外贸易与文化交流更为活跃，入居的阿拉伯人和波斯人数量大增。他们在广州的聚居地曰蕃坊。唐代时广东本地人多信佛教，伊斯兰教文化在广东主要为阿拉伯人所接受。另外，唐政府规定中国人不得私与外国人交通、买卖、来往。这也有助于保持伊斯兰教风俗文化，蕃坊也就成了广州城市文化一个孤岛。

作为一种传入中国较晚的外来宗教，伊斯兰教在广东社会文化背景下，为自己获得充分的发展空间。特别是它的宗教生活与家庭生活合而为一，更具持续精神力量，由此产生的宗教文化景观特别强烈，影响也至为深远。

伊斯兰教建筑文化，有自己一套词汇体系和符号系统，建筑个体与城市结构体系是有机地结合在一起的。广州怀圣寺与光塔，即为这种结合的杰作和范例。此外，还有南胜寺、濠畔寺、东莞寺、东郊寺、佛山清真寺、肇庆东西二寺等。另外，广州还有先贤古墓，常有穆斯林来朝拜。

元代以后，伊斯兰教文化在广府地区渐趋衰落。明中叶，广东地区动乱频发，朝廷曾调"达军"入粤，以补兵力之不足。达军出身草原民族，其中不少是信仰伊斯兰教的回民。景泰年间，黄萧养在珠三角起事，海宁伯董兴被派往平定叛乱，一同参与的即有达军。事平之后，一些达军便留在广州，以便遇警调用。道光、光绪时期，又有一些伊斯兰教徒从省外迁居肇庆等地，主要从事商业和工业。据统计，至2010年，广东回族主要分布在广州市和肇庆市，共约1.5万人。

# 四、天主教和基督教

于唐代传入中国的景教，被认为是基督教前身。最迟至晚唐时，景教已传入广府地区，但没有留下多少遗迹。葡萄牙人租住澳门后，天主教也随之传入，1576年在澳门成立教区，管辖范围曾广至包括中国、日本、越南及南洋诸岛（菲律宾除外）在内。1580年，意大利耶稣会士罗明坚在澳门创办了中国第一所外国人学习汉语的学校"经言学校"（利玛窦称为"圣玛尔定经言学校"）。1584年，罗明坚编就印行《天主实录》，这是第一部西方人用中文撰写的著作。最迟于1586年，罗明坚主持编纂了第一部中外辞典《葡汉辞典》，开西方人编纂学习汉语词典的先河。[①]

1583年，意大利耶稣会传教士利玛窦从澳门进入肇庆传教，被认为是天主教传入我国内地之始，肇庆也成为天主教最早传入内地的一站。在肇庆居住的6年时间里，利玛窦修建了中国内地第一座天主教堂"仙花寺"，绘制了中文标注的《山海舆地全图》。利玛窦系统地学习了中国传统文化，广泛涉猎儒、释、道等方面的经典，良好的中文基础和素养为他日后的成就奠定了基础。此外，利玛窦还传入了欧洲文艺复兴时的成果，如西方现代数学、几何、西洋乐等自然和人文知识，为广府文化吸收外来先进文化作出了贡献。

早在康熙年间，佛山已有天主教传播。但随着雍正对天主教的禁革，天主教被禁止在内地活动，在广府地区也基本绝迹。

嘉庆年间，英国教士马礼逊到广州传教。马礼逊努力进修中文，曾编《华英字典》。其间，马礼逊认识了刻字工人梁发。梁

---

① 《利玛窦的"铺路人"：再观罗明坚的中国之行》，澎湃新闻，2022年9月13日。

发在 1816 年入基督教，1832 年编印《劝世良言》，其中多是梁发自己阐发基督教教义的文字。后来洪秀全在广州得到这本书，受到启发，创立了拜上帝会，发动了轰轰烈烈的太平天国运动。

鸦片战争以后，伴随着西方列强的坚船利炮，一批接一批传教士来到广府地区。特别是第二次鸦片战争结束，《天津条约》规定外国传教士可自由进入中国内地传教，越来越多的教派派员到中国传教。仅佛山便有英国循道卫理公会、中华基督教伦敦会、公理会、金巴仑长老会、希伯仑会等。[①] 至 1949 年，广东的教堂 222 所，其中珠三角地区 147 所，占比近 70%。

近代史上天主教和基督教的传入，建立在中国被西方列强武力侵入的基础上，必然带有侵略性。但伴随着传教活动，西方的医学、教育、地理等先进文化也被引入广府地区，客观上促成了近代广府人较早"开眼看世界"、接受外来先进文化。

# 五、民间信仰

史学大师谭其骧先生在说到"中国文化时代差异和地区差异时"指出："除了崇信菩萨神仙之外，还有形形色色数不清的各种迷信，如算命、看相、起课、拆字、堪舆、扶箕、请神、捉鬼等等，无一不广泛流传，深入人心。"对长期远离正统文化中心的广府地区而言，尤其如此，加之古越人迷信遗风，名目繁多的民间信仰充斥广府各个地区。道教与这些民间信仰无截然分明界线，很难界定它们的归属。

---

① 罗一星：《明清佛山经济发展与社会变迁（增订本）》，广东人民出版社，2021 年，第 511 页。

广府水网稠密，流量又大，古人对江河中水文现象缺乏科学认识，以为水中鬼怪作祟，加上广东江海多鳄伤害人畜，鳄被视为龙的化身，龙母信仰由此产生，主要流行于西江流域和珠三角。大小龙母庙遍布，新中国成立以前数以千计，在肇庆、顺德、广州及广西梧州等较为集中，仅德庆就有三百多座，德庆悦城龙母祖庙尤为著名。这座规模宏大的庙宇始建于秦汉，代有修葺，至今已有两千多年历史。从南朝《南越志》、唐《岭表录异》到清初《广东新语》等，古籍多载龙母温姓，秦始皇闻其有德于民，有功于国，欲纳进后宫，夫人不从，赴京途中折回，病逝于德庆悦城。传其曾豢养五龙子，而她也被尊为龙母。自汉以来，各朝对龙母封赠有加，道教"三天上帝"亦封龙母为"水府元君"。龙是古越人图腾，龙母实是母系社会时期西江地区古越人某个支系的首领，被神化以后，成了当地保护神。农历五月初八为龙母诞，来自西江地区、珠三角乃至湖南、江西等省的善信数以万计。在佛山龙母庙，过去"男女祷祀无虚日"[①]。咸丰年间顺德有乡庙84座，其中龙母庙2座，与天妃庙一起致祭[②]。广西贵港、广东增城等地龙母诞同时演神戏，并与天妃庙一起致祭。肇庆至今尚存宋代白沙龙母庙，2001年修复，也是当地旅游景点。

天妃为我国东南沿海航海保护神，天妃初兴于福建，称"妈祖"，元代封为"天妃"，清晋封为"天后"。天妃信仰由福建传入广府地区后，凡河网发育和临海地区即有天妃庙，颇有取代南海神之势。又因两神祀日（农历三月二十三日）相同，结果出

---

① 乾隆《佛山忠义乡志》卷十八。
② 咸丰《顺德县志》卷十六《胜迹略》。

现争祭现象。在佛山，乡人祭祀天妃甚勤，仅次于事北帝；在东莞，民众祭祀天妃甚为隆重，"衣文衣，跨宝马，结彩栅，陈设焕丽，鼓吹阗咽，岁费不赀"[①]。咸丰年间，顺德有天后庙47座。[②]据有关方志，广州、佛山、开平、高明、鹤山、高要、封开、四会、广宁、新兴、德庆、郁南、阳江、阳春、中山、花都、台山等地，乃至溯西江入广西沿江各地，都有数量不等的天妃庙。旧时广府地区船民渔民出海前，多要祭拜过天妃方才觉得踏实。

南海神作为海神，其功能也在于保护海上贸易，解救时难。迟至隋代，南海神就流行于珠三角地区，唐玄宗天宝十载（751）朝廷封南海神为广利王，宋仁宗康定元年（1040）加封为"洪圣广利王"，故南海神庙又称洪圣庙。南海神庙在珠三角地区甚多。其中，广州南海神庙（又称波罗庙）建于隋，历史最久，农历二月初十至十三为波罗诞，各地参拜者甚多，旧有"第一娶老婆，第二游波罗"之谚。新中国成立前南海、番禺两县有南海神庙100多座，有的乡多至8座，佛山镇内就有4座，顺德有14座。在珠三角边缘和外围，南海神庙则较少，甚或绝迹，如清远还有洪圣庙，博罗则没有，而高州、化州一带甚至梅县、新兴、阳山等地又出现，不过有的称为龙王庙，有人认为这位龙王即南海神广利王。如江门潮连洪圣殿供奉南海洪圣龙王，把南海神和南海龙王合在一起了。这个分布格局，反映了广州海上丝绸之路大港口的地位和珠三角航运的兴盛。

真武帝，也称北帝。古代以五行对应五方，其中水对应北方，故北帝在广东也属司水之神。珠三角多水，水又为农业命脉，北

---

① 宣统《东莞县志》卷九《舆地略》。
② 咸丰《顺德县志》卷十六《胜迹略》。

帝庙也颇多，以佛山真武帝庙（俗称祖庙）规模最为宏大，影响最广，举镇数十万人参与其中，活动持续三四昼夜。其参与人数之多，场面之热闹，至今未曾稍减。阳江、台山一带过去也多北帝庙。

广府地区崇拜神明多，种类庞杂，连一些怪石、巨树也成为崇拜对象。杏岑果尔敏《广州土俗竹枝词》云："粤人好鬼信非常，拜庙求神日日忙。大树土堆与顽石，也教消受一炷香。"一个家庭供奉多种神祇并不稀奇：大门有门神，院子有天神，堂屋有观音、北帝、天后、华光帝、关帝、金花娘娘、马王等神，住房有阿婆神，水井有井神，厨房有灶神，厕所有紫姑神，照壁有紫微神等。嘉庆《龙山乡志》载，顺德龙山乡有家庙200多座，每个家庭每天烧香一次、两次或三次；神诞每月至少有一次，多则7次，如白衣观音诞、土地诞、张王爷诞、关帝诞等，这自然伴随着频繁的祭祀活动。民国以前，贺县地区一般民众除"敬祖宗外，祭天地，建祠庙，拜神佛，甚至有井、灶、门槛、猪牛栏、田头、社、路头、伯公等，莫不崇祀，迷信实深"①。如此庞杂的神明系统，实为广府多元文化共存、并行不悖发展的一个缩影。

此外，广府还有很多行业神，也属于民间信仰范围。除了很多属全国共有的行业神以外，还有一些由于特定的自然、社会、经济和文化环境形成的神祇。如陶瓷业奉舜为祖师；砖瓦业有窑神；建筑业以鲁班为祖师；搭棚业以有巢氏、鲁班和华光为祖师；冶铁业一业多神，有涌铁夫人、石公太尉等；医药业拜华佗和孙思邈；银钱业供奉玄坛祖师（即财神赵公元帅）；武馆供奉关羽；戏剧业以名伶张五为祖师爷，也有供奉唐明皇李隆基的；赌博业供奉土地神。

---

① 民国《贺县志》卷十。

第八章 广府民系共同心理特征

人类学者普遍认为："人类的历史进程一再表明，具有稳定的和共同的心理特征不仅是区分一个族群的重要标志，而且是维系一个族群的重要纽带，是族群生存与发展中最活跃的动因，是无处不在、无时不有地表现在民族和族群文化中的精神之底蕴。"[①]恰如心理学家马雷特说的："我们必须牢牢记住，对文化来说，文化联系本质是一种心理过程。"[②]广府民系的心理和精神即为其共同的心理特征，并以此区别于其他民系。

## 第一节　广府民系的心理特征

广府民系在长期的历史发展中，形成广府人普遍具备且有别于其他民系的心理特点（性格、情操、爱好等等），亦即广府民系的心理特征。2012 年 9 月 18 日，在广府人的中心地广州举行"倡议召开首届世界广府人恳亲大会暨筹委会成立会议"，广东省、广州市领导及来自港澳、海外五大洲 33 个广府人社团 88 位侨领通过并签署《举办首届世界广府人恳亲大会倡议书》，经过广泛征集意见和反复修改，把"广府人精神"概括为"慎终追远，开拓奋斗，包容共济，敢为人先"。这十六字的广府人精神，实则对应广府民系八种心理特征。

---

① 黄淑娉主编：《广东族群与区域文化研究》，广东高等教育出版社，1999 年，第 476 页。
② 马雷特著，张颖凡、汪宁红译：《心理学与民俗学》，山东人民出版社，1988 年，第 81 页。

# 一、非正统性

中国传统社会，长期以儒学思想为正统思想，其核心观念是"重农抑商"，对于商业贸易，从早期压制到后期任其自生自灭，商人长期处于社会底层。久而久之，社会趋于封闭、保守。而远离中原的广东地区，居民多以海为商，逐海洋之利，形成以海洋文化为主体的心理特征。海洋文化本质与传统农业文化有很大不同，从建立在农耕文化基础的儒家文化视野观察，作为海洋文化载体的广府民系，心理特征是非正统的。

区别于内陆以农耕为主，广府地区盛行海洋文化，商业活动更普遍。《广东新语》说广州"无官不贾，且又无贾而不官"，"民之贾十三，而官之贾十七"。这种几乎全民经商的现象，呈现出与农耕地区迥然不同的景观，也是广府人非正统性的鲜明表现。商业活动讲求等价交换、平等竞争和对私有权的保护，其精神必然与封建的等级专制相对抗。加上广府地区远离政治、文化中心，传统文化的辐射大为减弱，难以成为当地文化的核心，广府文化呈现出比较明显的远儒性。此外，广府文化善于吸收海外文化中的营养部分，这使得非正统性的特征更加明显。

广府人的非正统性，可从二十四史人物中得到某种验证。唐朝前期，广东没有一个进士，唐后期广东有进士5人，占全国进士总人数不到1%。两宋期间词人，广东有6人，占全国词人0.7%，仅在广西之前，而浙江词人却达216人，占全国25%。在二十四史中立传的广东历史人物，唐代3人，宋代7人，明代50人，只在云、贵、桂三地之上。[①]丁文江以二十四史6000多名历史

---

[①] 转见李权时主编：《岭南文化》，广东人民出版社，1993年，第28页。

人物为对象，选取 5000 多籍贯可考者进行统计，广东仅占 60 名，在清朝关内 18 省中排第 14 位，只高于湖南、广西、云南和贵州，远远落后于河南、河北、浙江和陕西等历史人才主要分布中心。这些统计数字，显然可议之处不少，但它们到底说明广府人处在儒家文化核心区外围，被边缘化是不争事实。

自古以来，"学而优则仕"是广大读书人的目标，但广府地区较少受土地、家族、礼教束缚，追求人的平等和人性的自然，讲求世俗生活的情趣。《岭外代答》记载"南海四郡"不愿出仕，而愿出钱请人代为做吏。传统岭南社会流行"田可耕不可置，书可读不可试"的观念。① 人们并不把读书当官作为唯一出路，淡泊功名，无意仕途，实际也是非正统性的表现。

广府文化的非正统性，在近现代史上十分突出。这一时期，广府地区开风气之先，产生一大批敢于同传统文化叫板、敢于说"不"的志士仁人，如洪秀全、郑观应、康有为、梁启超、孙中山，他们以敢为人先的气魄，在全国掀起波澜壮阔的运动，起到振聋发聩的作用，对于推动岭南文化走向近代化，成为时代先进文化贡献匪浅。这一切，对于固步自封的传统文化，无疑是极大的突破和严重的挑战。

## 二、重商性

濒临海洋的生态环境，海陆一体、江海一体、物质生产多元化的经济结构，极容易形成重商传统和追逐利益的心态，这反映在广府商人的特殊地位、生活方式和社会心态等方面。

---

① 转见李权时主编：《岭南文化》，广东人民出版社，2010 年，第 234 页。

受传统"重农抑商"政策影响，古代商人在"士农工商"中排在最后，即使腰缠万贯，在社会上也备受轻视，得不到尊重。而在岭南地区，特别是在商业贸易发达的珠三角，以商为荣、尊重商人成为普遍的社会心态。广州长期是我国历史上重要的对外通商口岸。汉代番禺（包含今广州地区）已是海上丝绸之路一个港口，犀角、象牙、玳瑁、珠玑、银铜器物、丝绸等生产加工和集散的市场，这必须依靠商人的参与才能达到。唐代，外商纷纷来广州贸易，朝廷在广州首置市舶使，开创了古代海外贸易管理的新制度。北宋神宗年间制定的《广州市舶条例》，更成为我国历史上第一部海洋贸易管理的专门法规。明中叶以来，珠三角形成大面积专业性经济作物种植区，大量生丝、蔗糖、果品等被加工制作成商品，销往海内外。清初开放海禁后，广州"借外洋船以资生计者，约计数十万人"[1]。而毗邻广州的佛山，因商品经济繁荣，一跃而与汉口、景德、朱仙共享"天下四大镇"之美誉，又与北京、汉口、苏州齐膺"天下四聚"之殊荣。以上种种，商人是不可或缺的角色，由此形成重商心态。德国地质地理学家、海上丝绸之路概念首创者李希霍芬曾这样评价广东商人："广东商人作为大商人，要求和欧洲一样的价格……大商业属于广东人……广州市及其附近的开化种族，在所有的智能、企业精神、美术情趣方面优于其他所有的中国人……广东人对经营大商业和大交通业有卓越的才能，他们生长在自古形成的氛围中，受其熏陶，形成一个典型的人种。"[2]这里虽充满了西方中心论偏见，但也指出世界对广东人的接受和认同。这里的广东人，实际就是广府人。

近代，面对西方资本主义的入侵，以康有为、梁启超、郑观应、

---

① 庆复：《乾隆朝外洋通商案》，《史料旬刊》1931年第22期。
② 转见谭元亨主编：《广府文化大典》，汕头大学出版社，2013年，第574—575页。

容闳、何启、胡礼垣、孙中山等为代表的先进的广府人，将传统的重商意识上升到理论层面，形成重商主义思潮，并将之付诸实践，希望以此达到救亡图存的效果。康有为在民族危机中很早就意识到工商业与国家命运的关系。他认为，"并争之世，必以商立国"，民族之振兴，在于商业之发达。郑观应更高屋建瓴地在《盛世危言》中指出"以商立国"，认为"欲制西人以自强，莫如振兴商务"，提出与西方列强开展"商战"的主张。[1]孙中山在《建国方略·物质建设》中提出大力发展工商业以满足民生需求，以富民强国。

改革开放以来，广东充分利用地缘、政策和商业底蕴等优势，仅用数十年即完成西方世界花了上百年才实现的产业革命，从一个贫困落后的农业省变成先进工业省，以至有"东西南北中，发财到广东"的说法。

商业文化景观是广府人重商心态的直观反映，广府地区商业文化景观之广泛和普遍，为全国许多地区所不及。茶楼是广府地区颇有代表性的商业文化景观。如今的茶楼，早已超出饮食范围，成为商业活动场所，后来引入卖唱、演艺，茶楼更成为综合性商业文化景观荟萃之地。随着商品经济发展，茶楼"饮茶"扩布到珠三角、西江、北江、东江等广大地区，成为广府商品文化一个缩影。

# 三、开放性

一个系统只有开放，才能获得发展所需的物质、能量和信息。

---

[1] 郑观应：《盛世危言·商战上》，见夏东元编：《郑观应集》上册，上海人民出版社，1982年，第588页。

广府文化，因海而兴，靠海而荣，故与海洋有不解之缘。海洋是一个开放系统，大陆也是一个系统，海陆接触势必产生互动、交流。为此，开放是不可或缺的。开放作为广府人一种重要品质，贯穿整个历史时期，由此造就广府人以开放作为自己的价值取向和行为模式。

汉代，广州成为珠玑、犀、玳瑁等珍宝荟萃之地，这些物品应是从东南亚或印度、西亚一带传入。唐代开通"广州通海夷道"，以广州为起点，经马六甲海峡，远至东非、中东，长达1.4万公里。外国商人、商品、科技、宗教等也假道前来，外商甚至在广州定居。元代大力发展海运，与广州有贸易往来的国家和地区达140多个，远远超过唐宋。明清虽一度实行海禁，但仍留广州对外通商，这使广州获得得天独厚的对外开放条件，得以大量吸收海外文化，广州由此被称为首得风气之先的"南风窗"。张焘在《津门杂记》中说："广东通商最早，得洋气在先"[1]。即是对广东开放及其社会效应的肯定评价。

新中国成立后，经历了一段被帝国主义经济封锁的时期，因此在广州设立中国出口商品交易会这个平台，开展对外贸易，另外也通过香港保持与海外有限联系。这样，在特殊年代里，广州仍能接触、吸收异质文化，丰富文化内涵。此外，数量庞大的华侨华人主要通过广州、深圳口岸进出内地，在某种意义上，这种人员来往也属文化交流范畴，为广府人的对外开放提供了新的机遇和新的内容。改革开放以来，广东是首先对外开放的省份，设立深圳、珠海等经济特区，划定多个沿海开放城市，大量产业、资金、技术、人员、信息等通过各种渠道，在这些城市登陆，广

---

[1] 张焘：《津门杂记》，天津古籍出版社，1986年，第137页。

府人的开放意识达到前所未有的高度。

广府人的开放意识，为国人打开了一扇远视外部世界的窗口，感知海洋时代的到来和海洋文明的力量。历史上，西方的科学、技术、思想、政治制度、经济制度和文学艺术首先传入广东，继而扩布全国。明末，利玛窦在肇庆知府王泮支持下，将西方的天主教、天文、地理、测绘、医药等首先传入肇庆，后扩展到韶关、南雄、南昌、南京、北京，产生很大反响。清初地理学者刘献廷在《广阳杂记》中指出，"地圆之说，利氏东来始知之"。[①] 这彻底颠覆了中国人自古以来认为中国居天下之中和天圆地方的传统天地观，开始以新舆地观来观察世界事物，肇庆也由此成为海上丝绸之路的第一站，利玛窦被誉为中西文化交流第一人。林则徐能成为我国"开眼看世界第一人"，很大程度上缘于他在广州、澳门看到许多新事物，深受西方文化影响，并接受西方文化。鸦片战争前后，西学大举进入广东，形成讲授、翻译西学高潮，先进中国人自觉或不自觉地卷入"西学东渐"时代潮流，掀起改良运动乃至武装起义等重大事件，广州由此成为近代中国民主革命策源地，就绝不是偶然的。

改革开放初期，中央选定广东为全国改革开放的试点，建立了深圳、珠海和汕头三个经济特区。其中，深圳和珠海都属广府地区。广府地区能成为改革开放中重要的实验基地，与开放在广府有深厚的群众基础是分不开的。在此基础上，广府人发挥他们敢闯、敢干、敢冒险的精神，依靠开放政策，创造了广东的经济奇迹。

---

① 刘献廷：《广阳杂记》卷二，中华书局，1985年，第104页。

# 四、务实性

重视现实,把握机遇,不尚虚华,这就是广府民系的务实意识。

古代岭南长期生存条件恶劣,瘴疠充斥,鳄鱼为患,野象横行,人类生存受到巨大威胁,生活在当地者,最要紧、最现实的是要解决生存问题。为此,就要讲求实在,务实由此成为广府先民主要的生活态度和心理特征,也是一种价值判断标准。于己有用有利的,予以接纳和使用;反之,则加以摈弃。如岭南气候湿热,毒蛇猛兽猖獗,古越人采取上层住人、下层养畜的"干栏"式建筑;广府人使用多种植物根茎叶花炮制凉茶,以消除湿热等。明中叶,琼山人丘濬倡导经世致用,发展国家经济,是经世致用学派的先驱。在明清易代残酷斗争中,广府地区出现了集经世致用思想之大成的《广东新语》。《广东新语》作者屈大均(1630—1696)是广东番禺人,一生奔走在反清复明的荆棘丛中,他在考证大量广东地方文献典籍的基础上,经过深入调查研究,写出《广东新语》凡28卷。屈大均主张为人不尚虚华,为学不尚空谈,充满了经世致用思想,为清初这种精神的一个表率。近代,香山郑观应提出"商战""兵战不如商战",声震朝野;容闳主张"勿为大言,只求实际",堪为务实思想的千古警句;孙中山《建国方略·实业计划》,提出建设港口、铁路、公路等规划,从名称看就是广府人务实精神的典范。

改革开放以来,具有发达商业头脑和精明经营意识的广府人很快洗脚上田,不断发展壮大,东莞、中山、顺德、南海被誉为"广东四小虎"。务实则是广府地区经济起飞的关键。"有人说现代广东成就是粤人务实之风的应有回报,这也是中肯的。"①

---

① 韩强:《岭海文化》,花城出版社,2014年,第250页。

# 五、包容性

岭南自古以来就是一个移民社会。秦汉以降，北人一批又一批南下，带来异于本地的语言、风俗和文化。海外移民也借道海洋，进入广府地区。改革开放以来，广府连续多年成为外来人口集中流入地。伴随这些来自不同地区的移民，流入的还有不同地区的文化、思想、行为模式、生活方式，大抵包括中原文化、海外文化、华侨华人文化等，由此形成广府文化多元包容的一面。

文化多元包容具有深刻的哲理依据和实用意义，具有这种禀赋的广府人，能以宽广襟怀和视野对待异质文化，吸收其有用成分，变为自己一部分，丰富文化内涵，提升自身软实力。有此历史文化演变，广府人文化底蕴更加厚重，文化视野更加宽广，到改革开放以后，终于积累了高位势能，以崭新姿态和装束，发起岭南文化的北上，对中国现代化建设作出积极的贡献。

改革开放以来，广府人依靠地缘优势、历史积累人缘资源，大量引入外来文化，加上自己创新，使广府文化变得更加开放和多元。在制度文化方面，吸取市场经济发展经验，吸收现代经济所有制形式和管理模式，在经济生活中广泛应用，结果便是多种经济成分的出现和繁荣，"特区既发展公有经济，也发展私有经济和个体经济，还引进了大量'三资企业'，形成了多种经济成分并存的局面，从而在经济成分上突破了传统经济的单一性"，形成广东经济万紫千红的兴旺景象。论者认为这表现了海洋文化的包容性和多元性与内陆文化的单一性和排他性的区别。[①] 文化的多元包容性，是广府经济突飞猛进的重要因素。

---

① 林炳熙：《浅议海洋文化与特区经济》，广东炎黄文化研究会编：《岭峤春秋——海洋文化论集》，广东人民出版社，1997年，第95—96页。

# 六、变通性

广府人生活在江河稠密的珠三角、南海沿岸、西江干支流，与水有不可分割的关系，由此孕育、造就了广府人变通性的品格，表现为处事不惊、随机应变。

变通是一种哲学理念，也是一种处事方法。文化哲学学者韩强先生认为：在岭南，"变通是渗透于所有社会实践和生活实践中的一种文化精神，人们认为'凡事都可变通'，或'做事都有变通的余地'。粤人大事小事都喜欢琢磨如何变通。花力气在质量、特色、包装、策划和销售上变一变"①。广府人可谓这种变通性的典型。

广府人的变通性，一个重要根源是历代中央王朝对岭南采取不少特殊政策与措施，这种对岭南的特殊政策与措施，自汉代已经开始。赵佗立南越国，尊重越人风俗，以其故俗治。而朝廷对割据岭南的南越国，也采取容忍态度，让其维持了五帝93年半独立局面。直到汉武帝时，南越国宰相吕嘉发动叛乱企图彻底独立，汉武帝才派大军平之。南朝到隋唐，中央对岭南地区实行羁縻政策，保持其相对独立，有利于地方稳定和民族团结。唐代推行科举制，考虑岭南文化教育落后，采取照顾性的"南选制"，使岭南人有机会进入仕途，封开人莫宣卿成为岭南第一位状元。宋元时期，朝廷在广州设立市舶司，是全国有数的几个市舶司之一，广州依靠外贸保持繁荣，中外文化交流频繁。明清时期，虽大部分时间实行海禁，但广州对外通商仍以不同形式进行着。作为千年商都，广州不但造就了一个强大商业集团广州帮，普通市

---

① 韩强：《岭海文化》，花城出版社，2014年，第251页。

民也深受海洋商业文化影响，在珠三角形成近乎全民经商的热潮，进一步提升了开放、变通意识，这是其他地区所欠缺的。

实际上，大海早就造就了广府地区一批主张变革现实、开创新世界的著名思想家，他们的论著和行为鲜明地表现了广府人的变通性。如洪仁玕在《资政新篇》中指出"夫事有常变，理有穷通"，希望借助于变通来推行新政，仿效资本主义国家政治经济制度，对中国进行改造。戊戌变法旗手康有为则大声疾呼："盖变者，天道也"，"能变则全、不变则亡"。他和梁启超主张将儒家文化与西方文化相结合，变法维新。在孙中山的《建国方略》中，许多建设方案都取自西方经验，融汇了力求变通的品格。

# 七、平民性

由于山地阻隔，广府地区远离北方政治中心，儒家文化影响薄弱。岭南又面临南海，便于对外联系，深受海洋文化影响，形成重商、开放、多元文化格局。生活在这个环境的广府民系，较少受封建礼教羁绊，人的自然天性得以张扬，平民性成为这个族群一个重要的特质。

据研究，广东早期的"平民阶层"和"市民社会"在明末已经形成雏形。[①]李权时等认为粤人的生活是市井化的："这一市井社会孕育的居民，其文化形象不是军人、官吏，不是文人学者，不是地主绅士，不是资本家，也不是工人农民，而是城市平民。"[②]清代废除海禁以后，广东重新走上外贸之路。迨鸦片战争以后，

① 韩强：《岭海文化》，花城出版社，2014年，第211页。
② 李权时主编：《岭南文化》，广东人民出版社，1993年，第19页。

沿海先后开放，广东海上贸易继续复兴，广府重商品格和物质生活的多元化，市民阶层队伍的扩大，进一步加快了平民性普及和深入，以及平民社会文化发展。平民阶层的壮大，形成一种强大的社会力量，为清末以来资产阶级民主革命首先在广东爆发，奠定了坚实的社会基础。

广府民系的平民性反映在方方面面。艺术方面，广东音乐以下里巴人为主要听众，产生了《雨打芭蕉》《饿马摇铃》《旱天雷》《步步高》等远近闻名的曲调，广府地区老幼妇孺都可哼上几句。学术方面，六祖惠能将印度佛教中国化、大众化、世俗化，创造了禅宗顿教，完成了佛教史上一次革命。毛泽东赞《六祖坛经》为"劳动人民的佛经"。近代史上，广府不少思想家在他们的论著中，都不同程度涉及平民性问题，最有代表性的是孙中山及其三民主义。民生主义是三民主义之一，也最能反映其平民性思想光辉。民生主义作为孙中山社会革命的纲领，可归结为土地与资源两大问题，"平均地权"和"节制资本"是孙中山方案的核心，都包含着关怀劳动人民生活福利等内容，散发浓厚的平民性气息。日常生活中，广府人穿着也很随意、自由，一件 T 恤、一条牛头裤（短裤）、一双人字形拖鞋，信步于街市、茶楼、酒馆，人不以为怪。1983 年，中国第一家五星级酒店白天鹅宾馆正式对外营业，即使是不在宾馆消费的普通市民，也可进门参观，凸显广州平民城市的气质和乐于分享的精神。

# 八、创新性

广府民系在近现代走到时代前列，对变革中国社会，推动中国历史前进作出重大贡献。其中一个动因，是广府人不断求变创新的性格。

恶劣的自然环境，使北方初来乍到的广府先人，一开始就面临巨大的生存压力，不得不调适自己与环境的关系。求变创新，成为他们扎根繁衍、族群发展的不二之路。为避野兽和瘴疬，采取古越人干栏式建筑，上居人，下养畜。为适应湿热气候，采集多种植物根茎叶花，炮制成凉茶消解。明中叶以后，广府人在沙田基础上，发明基塘农业这种土地利用方式，经济、生态、社会效益甚佳。

在精神文化方面，广府的创新比比皆是。张九龄一扫六朝绮靡诗风，使诗歌回归质朴、平和，还让诗歌的思想和表现力得到前所未有的发展与提高。陈献章突破朱学的樊篱，开创了独树一帜的"江门学派"，在中国思想史上占有重要一席之地，后世尊为"圣代真儒""圣道南宗""岭南一人"等。朱次琦、陈澧开近代先河的务本开新思想，创立了岭南一代新学风。

改革开放引领岭南人思想大解放，也使以敢闯、敢冒险品格出名的广府人在这个背景下大胆创新，在多个领域出现"第一个吃螃蟹"典范，创造了骄人的业绩。其中，深圳、珠海经济特区的设立，是中央借鉴世界上一些国家和地区设置经济特区的经验，结合我国的实际情况作出的重大决策，很大程度上也反映了广府人的创新意志和创新精神。特别是深圳，经过40多年的建设和发展，从昔日的边陲小镇发展成为一座颇具规模，具有一定国际影响力的新兴现代化城市。这一系列成就的取得，离不开创新。深圳被称为一座"创新城市"。深圳自建立经济特区以来，一直是改革的"试验田"、开放的"窗口"，承担为改革开放先行探索的使命，我国改革开放许多先例都是起源于深圳。2019年8月18日，中共中央、国务院明确提出"支持深圳高举新时代改

革开放旗帜、建设中国特色社会主义先行示范区"，其中一个重
要因素，便是深圳的创新发展能力在国内领先。中央作出支持深
圳建设中国特色社会主义先行示范区的决定，其要义就是要继续
发挥这一关键性作用。

## 第二节　民系之间特性比较

民系的心理特征是由民系成员个体性格组成的，借助于一定
数量民系个体性格统计分析，可大致总结出民系的总体特征。

20 世纪 90 年代，中山大学人类学系以黄淑娉教授为首的科
研团队曾对广东广府、客家、潮汕三大民系做人群基本性格的问
卷调查，通过频数分析处理，得到频数较高且被评定为肯定具有
的性格品质。其中，频数最高的是"讲求实际"，其次分别为"灵
活""聪明""整洁""敢想敢干""勤奋"。

此外，被认为基本具有的性格特征还有随和、质朴、热情、
慷慨、真诚、谦虚、活泼、豪放八项。[1]

一般认为，广府人、潮汕人和客家人之间在群体性格上有较
大的差异。为了检验这种说法，研究者对 140 名广府人、105 名
潮汕人和 143 名客家人进行调查，在此基础上对测评结果进行比
较分析。

调查将性格品质按照程度不同分别量化，最大值 5 表示肯定
具有某项性格品质，3 表示基本具有，1 表示可能具有，0 表示
不能肯定，-1 表示可能没有，-3 表示基本没有，最小值 -5 表
示肯定没有。

---

[1] 以上参见《广东族群与区域文化研究》，第 500 页。

### 1. 广府人和潮汕人比较

广府人和潮汕人性格自评的比较

| 性格项目 | 分组 | 均数 | 标准差 | P 值 |
|---|---|---|---|---|
| 热情 | 广府人 | 2.94 | 1.80 | < 0.01 |
| | 潮汕人 | 3.57 | 1.81 | |
| 讲求实际 | 广府人 | 4.23 | 1.60 | < 0.01 |
| | 潮汕人 | 3.48 | 1.85 | |
| 活泼 | 广府人 | 3.31 | 1.66 | < 0.05 |
| | 潮汕人 | 2.82 | 1.95 | |
| 重利 | 广府人 | 1.43 | 2.05 | < 0.01 |
| | 潮汕人 | 0.28 | 2.91 | |
| 淡泊政治 | 广府人 | 1.45 | 2.49 | < 0.05 |
| | 潮汕人 | 0.71 | 3.02 | |

由上表可见，两个民系间自评差异有高度显著性意义的项目包括"热情""讲求实际""重利"三个；而在"活泼""淡泊政治"等项目上的差异具有显著性意义。整体而言，在正性项目上，广府人比潮汕人作出了更加肯定的评价。值得注意的是，这里的"淡泊政治"，确切地说是不热衷于"空谈"，与"讲求实际"，从反、正两面佐证了广府人的务实性。旧时有广府人"认认真真做事，忙忙碌碌赚钱，潇潇洒洒享受"的说法。

### 2. 广府人和客家人比较

广府人和客家人性格自评的比较

| 性格项目 | 分组 | 均数 | 标准差 | P 值 |
|---|---|---|---|---|
| 质朴 | 广府人 | 2.40 | 1.92 | < 0.05 |
| | 客家人 | 2.86 | 1.83 | |
| 热情 | 广府人 | 2.94 | 1.80 | < 0.05 |
| | 客家人 | 3.34 | 1.62 | |

| 性格项目 | 分组 | 均数 | 标准差 | P 值 |
|---|---|---|---|---|
| 整洁 | 广府人 | 3.72 | 1.52 | < 0.01 |
| | 客家人 | 3.16 | 1.88 | |
| 迟钝 | 广府人 | −0.35 | 2.00 | < 0.01 |
| | 客家人 | −1.06 | 2.35 | |
| 保守 | 广府人 | 0.74 | 2.26 | < 0.05 |
| | 客家人 | 5.32 | 2.75 | |
| 重利 | 广府人 | 1.43 | 2.05 | < 0.01 |
| | 客家人 | 0.43 | 2.65 | |
| 淡泊政治 | 广府人 | 1.45 | 2.49 | < 0.001 |
| | 客家人 | 0.41 | 3.04 | |

由上表可见，在"整洁""迟钝""重利"等项目上，广府、客家两个民系的评价意向是一致的，但广府人的评分明显地高于客家人；而在"质朴""热情"两个项目上，客家人的评分略高于广府人。

通过以上总结性比较，可发现广府人普遍肯定的性格特征是热情、讲求实际、活泼、质朴、整洁。虽然调查所处时代距今已有30年左右，样本规模也较小，但调查结果还是能在某种程度上佐证前文所述广府民系的心理特征。相信随着时代的发展、社会的进步，广府民系的正向心理特征又有进一步发展。

# 结　语

广府民系广泛分布于我国岭南地区乃至海外地区，有着悠久的历史、独特的文化特质，对推动中国历史发展和文明进步作出巨大贡献，非常值得讴歌。

基于种种原因，对广府民系从概念、形成发展史、语言、文化、心理特征等方面进行综合研究的成果较少，与这个民系悠久的历史渊源，特别是在中国近现代历史上的重大贡献极不相称，亟待弥补和加强。笔者不揣谫陋，根据斯大林和罗香林教授关于民族和民系的基本理论、知识和方法，探讨了广府民系形成发展的自然和人文社会基础，广府民系的形成和发展史，广府民系的共同语言粤语，分布地域及依托其存在的聚落、宗族和文化特征，广府民系共同的经济生活、文化、心理特征。

在漫长历史进程中，广府民系形成了"慎终追远，开拓奋斗，包容共济，敢为人先"的广府人精神。在新的伟大征程上，这些精神特质，定能激励广府人以崭新姿态，乘风破浪，不断绽放新的时代光彩。